LA GLOIRE
DES NATIONS

Du même auteur

Réforme et Révolution chez les musulmans de l'Empire russe, Paris.

L'Empire éclaté, Paris, Flammarion, 1978. (Prix Aujourd'hui.)

Lénine, la révolution et le pouvoir, Paris, Flammarion, 1979.

Staline, l'ordre par la terreur, Paris, Flammarion, 1979.

Le Pouvoir confisqué, Paris, Flammarion, 1980.

Le Grand Frère, Paris, Flammarion, 1983.

La Déstalinisation commence, Paris, Bruxelles, Complexe, 1986.

Ni paix ni guerre, Paris, Flammarion, 1986.

Le Grand Défi, Paris, Flammarion, 1987.

Le malheur russe. Essai sur le meurtre politique, Fayard, 1988.

Hélène Carrère d'Encausse
de l'Académie française

La gloire
des nations

ou la fin de l'Empire soviétique

FAYARD

« Camarades, nous sommes en droit de dire
que nous avons réglé la question des nationalités. La révolution a frayé la voie à l'égalité en
droits des nations au plan non seulement juridique mais aussi socio-économique, elle a nota-
blement contribué à l'égalisation des niveaux
de développement économique, social et culturel de toutes les républiques et régions, de tous
les peuples. L'amitié des peuples soviétiques
est une des plus grandes conquêtes d'Octobre.
Elle est par elle-même un phénomène unique
dans l'histoire mondiale. Et, pour nous, un des
principaux piliers de la puissance et de la
solidité de l'État soviétique. »

MIKHAÏL GORBATCHEV, 2 novembre 1987*.

« Il est indispensable de nous souvenir que
jadis, avant que le mouvement de l'histoire
russe n'ait été arrêté [par la révolution de
1917], nous étions des gens normaux, nous
savions distinguer le bien du mal, nous savions
voir et entendre. »

ALEXANDRE TSIPKO *Moskovskie Novosti***.

---

* Rapport présenté à la séance commune du C.C. du P.C.U.S. du Soviet
suprême de l'U.R.S.S. et du Soviet suprême de la R.S.F.S.R. pour le soixante-
dixième anniversaire de la révolution, Moscou, A.P.N., 1987, p. 47.
** N° 26, 1990, p. 3.

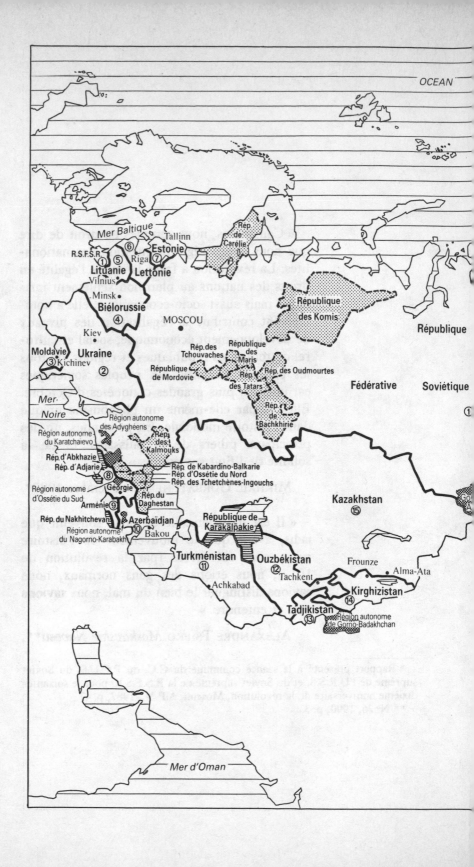

OCEAN

Mer Baltique

Tallinn

R.S.F.S.R. ⑥ Estonie
① ⑤ Riga
Lituanie ⑦
Vilnius Lettonie

Minsk

Biélorussie
④

Kiev MOSCOU

Moldavie Ukraine
③ Kichinev ②

Mer
Noire

Rép. de Carélie

République des Komis

République

Rép. des Tchouvaches
République des Maris
République de Mordovie
Rép. des Tatars
Rép. des Oudmourtes

Rép. de Bachkhirie

Fédérative Soviétique

①

Région autonome des Adyghéens
Région autonome du Karatchaïevo
Rép. d'Abkhazie
Rép. d'Adjarie ⑧
Géorgie
Région autonome d'Ossétie du Sud
Arménie ⑨
Rép. du Nakhitchevan
Région autonome du Nagorno-Karabakh ⑩
Bakou

Rép. des Kalmouks
Rép de Kabardino-Balkarie
Rép. d'Ossétie du Nord
Rép. des Tchetchènes-Ingouchs
Rép. du Daghestan

Azerbaïdjan

République de Karakalpakie

Kazakhstan
⑮

Turkménistan ⑪
Achkabad

Ouzbékistan ⑫
Tachkent

Frounze
Alma-Ata

Kirghizistan
⑭
Tadjikistan
⑬
Région autonome de Gorno-Badakhchan

Mer d'Oman

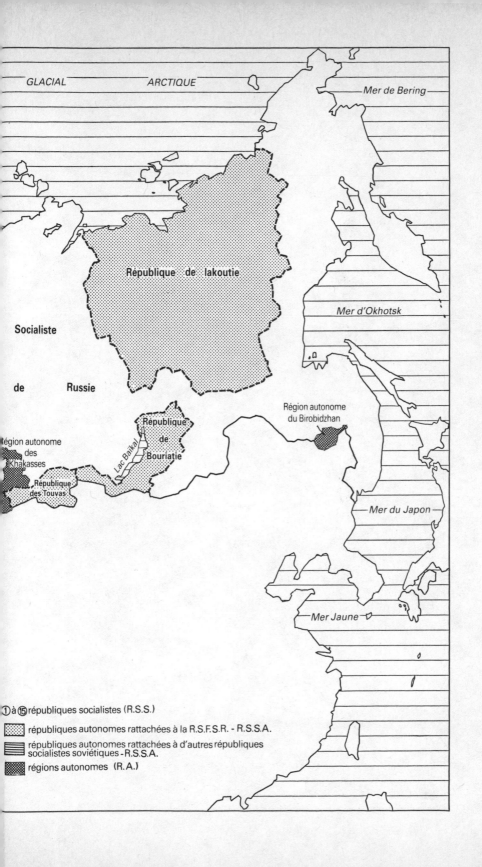

GLACIAL ARCTIQUE

Mer de Bering

République de Iakoutie

Socialiste

de Russie

Mer d'Okhotsk

Région autonome
du Birobidzhan

République
de
Bouriatie

Lac Baïkal

région autonome
des
Khakasses

République
des Touvas

Mer du Japon

Mer Jaune

① à ⑮ républiques socialistes (R.S.S.)

républiques autonomes rattachées à la R.S.F.S.R. - R.S.S.A.

républiques autonomes rattachées à d'autres républiques
socialistes soviétiques - R.S.S.A.

régions autonomes (R.A.)

Introduction

L'Union soviétique survivra-t-elle en 1984[1] ? Cette question, posée par le dissident Andreï Amalrik au cours des années 70, suscita en Occident un étonnement poli ou amusé. Dans son pays, ce fut le silence, l'oubli réservés aux « traîtres » qui ont perdu droit à l'existence même.

La question, au demeurant, paraît alors singulière. A l'époque, l'U.R.S.S. est une superpuissance, l'égale des États-Unis, et la communauté internationale la reconnaît pour telle en 1975 à Helsinki. C'est aussi une puissance impériale ; elle l'est même deux fois. L'empire des tsars, désintégré par la guerre et par Lénine, recomposé par le même Lénine, couvre 22 millions de kilomètres carrés et regroupe 260 millions d'habitants. Empire englobant dans ses frontières des peuples nombreux, il s'enorgueillit d'être un État d'un type nouveau, l'*État de tout le peuple,* où vit une communauté historique nouvelle, le *peuple soviétique.* Au-delà, l'empire originel s'est étendu, grâce à une Deuxième Guerre mondiale et à Staline, à une grande partie de l'espace européen. Occident kidnappé ? Non, répondent les responsables de l'U.R.S.S., mais seconde étape de la révolution, nouveau territoire du progrès humain où s'étendra peu à peu cette communauté historique nouvelle que le peuple soviétique préfigure, le *peuple communiste*.

Tout ici témoigne qu'à l'intérieur de l'Union soviétique, le temps des nations est achevé.

Ceux qui dirigent ensuite l'U.R.S.S. — Brejnev et Kossyguine — lancent la puissance soviétique à l'assaut de pays plus lointains d'Afrique et d'Asie, dont la conquête s'habille en révolutions. Pour la première fois dans l'Histoire, l'Empire n'est plus ramassé sur un espace continu, il va au-delà des mers, à l'image de tous les empires traditionnels. L'ensemble qui se forme ainsi — au nom du progrès de l'Histoire, de la marche vers l'Histoire accomplie, de la *fin de l'Histoire* annoncée par Karl Marx — est un tout solidaire dont l'Union soviétique garantit la cohésion et la pérennité.

Tout, pourtant, n'y est pas conforme à cette cohérence apparente que les dirigeants de l'U.R.S.S. présentent comme une nécessité inexorable, dictée par les lois qui président au destin des hommes et des choses *(Zakonomernost')*. En dépit de ces lois d'une Histoire exigeante, les nations de l'Empire soviétique ne se sont pas toujours comportées comme elles auraient dû le faire. A partir de 1953, de Berlin à Budapest, de Varsovie à Prague, des hommes se soulèvent contre l'Empire et revendiquent le droit de décider de leur destin. Réduits au silence, écrasés par les chars soviétiques au nom des mêmes lois de l'Histoire, les peuples conquis ne se sont jamais résignés. Et, en Union soviétique même, en dépit de soixante-dix années durant lesquelles le *peuple soviétique* a été soumis à la terreur, à la mémoire arrachée, à l'enfermement dans un système de valeurs total et totalitaire, les signes annonciateurs du rejet n'ont pas manqué : démographie déséquilibrée, génératrice de différences et de conflits, quête d'identité, quête du passé, des cultures, langues nationales revendiquées, religions redécouvertes — l'islam en particulier, qui, lorsqu'il devient en Iran, aux frontières de l'U.R.S.S., un élément décisif de la vie sociale, trouve un écho dans cette partie du *peuple soviétique* qui, tout à coup, se veut aussi *peuple musulman.*

Ces crises brutales ou ces ébranlements sourds ont été mal compris en U.R.S.S. et au-dehors.

Le monde occidental, installé dans la certitude que la puissance soviétique était inaltérable, a tenu aussi pour acquis que l'ordre garanti par l'U.R.S.S. ne saurait changer. Le communisme avait gagné la partie, il était irréversible ; les nations, même en révolte, devaient s'y adapter. Le monde de demain n'était-il pas, au demeurant, celui de communautés d'intérêts plus vastes que les nations ?

Les responsables de l'U.R.S.S. n'étaient pas moins convaincus du peu d'importance de ces crises. Bercés par les projets et les bilans grandioses des plans quinquennaux, habitués à écarter d'eux et des sociétés dont ils avaient la charge toute nouvelle contredisant la marche vers l'avenir radieux, assurés de la puissance toujours croissante de l'État soviétique, ils rangèrent tous ces problèmes entrevus dans l'Empire dans la catégorie réconfortante des « péripéties » qui ne sauraient affecter le cours de l'Histoire ni mettre en cause les changements accomplis.

1986 : Andreï Amalrik ne s'est trompé que de deux ans. L'U.R.S.S. si puissante découvre alors en un instant que cette puissance n'est qu'un mythe et que les réussites constantes dont elle se prévalait ne recouvraient qu'une faillite générale. A l'origine de cette révélation, on a coutume de penser qu'il y eut un homme : Gorbatchev. En réalité, il y eut aussi un événement : Tchernobyl.

Venu au pouvoir en 1985, Gorbatchev sait que la puissance de son pays dissimule bien des faiblesses. Mais il considère aussi que le bilan comporte deux réussites incontestables : l'Empire intérieur, l'Empire extérieur. Il s'attache à reconstruire cette puissance, à accélérer le progrès en s'appuyant sur ces deux points forts de l'héritage : le *peuple soviétique* et la partie de l'Europe économiquement et militairement intégrée à la communauté soviétique.

L'explosion de Tchernobyl, le 26 avril 1986, coupe l'histoire soviétique en deux, casse toutes les certitudes. Désormais, il y aura l'avant et l'après-Tchernobyl.

L'explosion, que l'on ne peut longtemps cacher à la société, impose à Gorbatchev un tournant politique radical, la fin du mensonge. Le système politique soviétique n'a pas pu mentir sur Tchernobyl. Bien qu'il n'ait que « distillé » sur ce sujet des vérités partielles, il ne pourra jamais mentir complètement ni imposer à la société *sa* vérité. Or la société soviétique, les peuples qui la composent, découvrent d'un coup à Tchernobyl qu'en U.R.S.S., puissance, progrès, maîtrise de la technologie et de la nature ne recouvrent que faiblesse, retard, sous-développement technique, destruction de la nature. Dès lors qu'ils ne croient plus rien de ce qui leur a été dit, les peuples de l'U.R.S.S. rejettent tout, et d'abord l'image qu'on leur a imposée d'eux-mêmes, celle d'un *peuple soviétique*. Contre l'Empire, ils exigent alors de choisir leur destin. Peu leur importe qu'en condamnant l'Empire, ils condamnent aussi les efforts de Gorbatchev pour y développer la démocratie et restaurer l'économie.

L'Empire russe ne s'est effondré en 1917 que pour se réincarner sous la forme de l'Empire soviétique. Que signifie aujourd'hui ce nouvel effondrement de l'Empire ? N'est-il qu'une éclipse momentanée menant encore une fois à sa réapparition sous une nouvelle forme ? L'Empire d'Alexandre a bien donné naissance à Byzance, transformée ensuite en Empire turc. L'Histoire est prodigue de ces chutes et de ces résurrections. Ou bien s'agit-il d'une fin véritable d'où sortiront des États-nations modernes, voire des configurations inédites ? Dans cet effondrement d'un empire dirigé par une élite puissante, omniprésente, qui sut d'abord gagner le pouvoir et toujours le préserver, quelle a été la part de responsabilité de cette dernière ? A-t-elle mené le jeu ? A-t-elle suivi un projet élaboré ? Ou a-t-elle dérivé au gré des événements ? Cette élite — c'est-à-dire le Parti communiste qui, en U.R.S.S., compte 20 millions de membres, près du dixième de la population active — est-elle poussée aussi hors de l'espace où se joue l'avenir des hommes qui formèrent le *peuple soviétique* ? Ou bien est-elle encore capable de reprendre l'initiative ?

L'histoire de cet effondrement, des rapports que cette élite dont la puissance se confondait avec celle de l'U.R.S.S. entretenait avec les nations, les projets qu'individus, groupes ou peuples multiplient aujourd'hui en U.R.S.S., éclairent peut-être moins l'avenir que cette simple question : après l'âge des révolutions, avec la fin de l'Empire, est-ce l'âge des nations ?

Première partie

L'INCOMPRÉHENSION

CHAPITRE I

Quelle *perestroïka*
pour l'Empire ?

Promu à la tête du Parti communiste — et de l'U.R.S.S. — le 11 mars 1985, Mikhaïl Gorbatchev a eu plus de chance qu'aucun de ses prédécesseurs. Il ne suffit pas, en effet, d'arriver au sommet du système pour être maître du pouvoir. Encore faut-il s'y imposer en éliminant ceux qui incarnent le passé, possèdent des fiefs et des clientèles, et peuvent par là se révéler de redoutables concurrents. Loin de s'achever lorsque le sommet est atteint, la lutte pour le pouvoir ne fait alors que commencer.

En U.R.S.S., cette lutte se déroule dans les rangs du Parti communiste (« noyau dirigeant », selon la Constitution de 1977) où se distribuent responsabilités et emplois. Pour modifier la hiérarchie, quoi de plus approprié qu'un Congrès du Parti qui, réuni tous les cinq ans, peut renouveler tout l'appareil dirigeant ? Tous les maîtres de l'U.R.S.S., de Staline à Brejnev, s'en sont servis, usant de moyens divers pour éliminer ceux qui les gênaient et forger les équipes fidèles qui conforteraient leur autorité. La chance de Gorbatchev, exceptionnelle, c'est qu'accédant au pouvoir en mars 1985, il est tenu de réunir le Congrès onze mois plus tard, alors que Khrouchtchev, par exemple, avait dû attendre trois ans pour bousculer les staliniens et entamer la liquidation du stalinisme. Comme Khrouchtchev, Gorbatchev se pose en homme du changement; il prétend chasser les brejnéviens, mettre fin à la *stagnation* issue du brejnévisme. Son maître mot, en ce temps-là, est *uskorenie*, l'accélération. Homme pressé, il souhaite accélérer le changement, le progrès, le retour à une puissance qu'il pressent menacée. Il était juste qu'à cet homme pressé le destin offrît l'occasion d'aller vite en besogne.

Dans le déclin, la réussite impériale

Le XXVIIe Congrès du Parti communiste, premier congrès du gorbatchévisme, est placé sous le signe des symboles. Ouvert le 25 février 1986, il renvoie par là à l'autre grand congrès, le XXe, commencé le 25 février 1956 par Nikita Khrouchtchev et consacré à l'œuvre de déstalinisation. Après le XXe Congrès, l'U.R.S.S. fut à jamais différente de ce qu'elle avait été sous Staline. Gorbatchev a-t-il accompli une semblable révolution ?

Certes, son rapport sur l'état de l'U.R.S.S., ses échecs et ses incertitudes, est en rupture complète avec l'habituel discours de satisfaction, dévidant un chapelet de réussites inexistantes, que les citoyens soviétiques étaient appelés à prendre pour la réalité de leur pays. Ce ton nouveau, de franchise relative et de lucidité, est en fait approprié à l'évolution des esprits. Depuis des années, les frontières de l'U.R.S.S. ne sont plus tout à fait hermétiques, les hommes commencent à circuler, l'information venue du dehors par des moyens techniques nouveaux présente aux Soviétiques une image différente de leur pays, que nul ne peut plus ignorer. Ce que dit Gorbatchev, chacun le sait au fond de son cœur ; mais ce n'est pas encore la vérité commune autour de laquelle la société pourrait se rassembler. Plus que le contenu du discours de Gorbatchev, c'est ce passage de la *connaissance individuelle* à une *connaissance collective* du réel qui est révolutionnaire en 1986. Or une société civile digne de ce nom ne peut naître sans cette conscience commune.

Mais l'U.R.S.S. est aussi et avant tout une société multi-ethnique. A cette société-là, avec ses différences et ses frustrations, Gorbatchev, fort curieusement, ne sait rien offrir lors de ce XXVIIe Congrès. Dès lors qu'il s'agit de l'Empire — et il lui consacre un long développement —, le discours, si ouvert par ailleurs, retourne à ses vieux démons, et la langue de bois, un moment oubliée, retrouve tous ses droits[1] : « Le peuple soviétique est une communauté sociale et internationale d'un type nouveau » où « les oppressions et les inégalités ont été supprimées » et remplacées par « l'amitié des peuples, le respect des cultures nationales et la dignité nationale de tous », proclame Gorbatchev, renouant soudain avec les formules et les accents que tous les responsables de l'U.R.S.S. ont employés depuis 1922 pour décrire l'Empire. L'U.R.S.S. va mal, sans doute, mais l'Empire se porte bien, même s'il connaît marginalement quelques problèmes ou insuffisances. Dans le bilan de l'histoire soviétique qu'il établit, Gorbatchev retient donc sans hésiter, au chapitre des réussites et de l'espoir, ce que Lénine est réellement parvenu à construire d'original et de durable : l'intégration des peuples dans un État prioritairement voué à l'accomplissement de ce dessein. Parce que c'est là la partie saine de l'héritage et du dur cheminement soviétique, Gorbatchev en conclut que l'œuvre de reconstruction peut s'appuyer sur l'Empire et y trouver ses raisons d'espérer.

Pourtant, à regarder de plus près cette partie du discours consacrée à l'Empire où l'idéologie, les stéréotypes indéfiniment répétés renvoient à un passé que Gorbatchev rejette par ailleurs, on découvre, au détour d'une phrase d'apparence anodine, une vision *centraliste* du problème national. Évoquant les difficultés économiques et la corruption de la classe dirigeante qui y est liée, Gorbatchev s'irrite soudain tout particulièrement de ce qui se passe à la périphérie. Il souligne que certaines républiques sont « parasites », hantées par leurs seuls intérêts, convaincues que la raison d'être de l'Union soviétique est de les entretenir sans qu'elles contribuent en retour au bien commun[2]. La voie à suivre se situe à l'exact opposé de ces comportements néfastes ; chaque république a pour devoir de participer au développement d'un *complexe économique unique* où l'intérêt général prévaut sur les intérêts particuliers des nations de l'U.R.S.S.

Au-delà du caractère quelque peu contradictoire de ce discours, la vision de Gorbatchev est dénuée d'ambiguïté : l'U.R.S.S. doit être un *espace économique unifié*. Y atteindre implique une conception restrictive des droits culturels nationaux et de la politique des cadres. Sur ces deux chapitres où le régime soviétique a durablement affirmé son respect des aspirations nationales (développement de *toutes* les cultures nationales, mise en avant des élites nationales partout, tels furent les slogans de Staline, même si la réalité les démentait), Gorbatchev n'est pas tendre pour les comportements de ses administrés de la périphérie. Certes, dit-il, toutes les cultures sont importantes, mais leur respect ne doit pas faire oublier l'essentiel : leur indispensable rapprochement, leur intégration dans l'idéologie commune, le mode de vie socialiste, la conception du monde du socialisme. Pas de nationalisme étroit, mais des fidélités nationales qui trouvent leur place dans un socialisme unificateur qui donne sa cohésion à la société globale.

Le nationalisme étroit, le localisme *(mesnitchestvo)*, Gorbatchev les dénonce à un autre niveau, capital cette fois pour le fonctionnement de l'État et de l'économie, celui des cadres. Les élites politiques des républiques de l'U.R.S.S. ont tendance, dit-il, à se replier sur elles-mêmes, à pratiquer une politique de « favoritisme national », à préférer, dès lors qu'il s'agit de promouvoir des cadres, n'importe quel compatriote à un Soviétique compétent. De manière plus générale, note Gorbatchev, cette attitude conduit à discriminer dans les républiques tous ceux qui ne sont pas membres de la nationalité titulaire et qui ne trouvent pas, dans le dispositif de commandement, la place que leur assigne leur compétence ou l'importance du groupe auquel ils appartiennent. En clair, Gorbatchev accuse les républiques et grandes régions nationales de l'U.R.S.S. de pratiquer la « préférence nationale », le népotisme, la corruption inhérents à toute politique favorisant le *groupe*, et de mettre par là en cause l'intérêt économique général et le progrès des relations interethniques.

Mais une dérive des comportements locaux...

Étrange discours dont les contradictions méritent examen. D'un côté, Gorbatchev présente en 1986 un tableau idyllique du problème national qui, à la lumière du reste de son rapport, paraît constituer le seul succès réel de toute l'histoire soviétique, succès sur lequel on peut fonder une politique de redressement. De l'autre, il se montre peu indulgent vis-à-vis des revendications et des comportements des républiques périphériques qui, suggère-t-il, ont par trop tiré profit de la *stagnation* brejnévienne pour se replier sur leurs intérêts particuliers. Sans doute ne dit-il pas, comme l'avait fait Brejnev dans les dernières années où il exerçait le pouvoir, qu'il serait temps que les républiques commencent à « payer leurs dettes à la Russie ». Néanmoins, une certaine irritation envers des nationalités trop exigeantes, qui refusent de jouer le jeu du développement commun, transparaît derrière les formules de satisfaction traditionnelles.

Parler d'un *peuple soviétique* comme d'une réalité incontestable et dénoncer le parasitisme et le localisme de certains de ses éléments n'est pourtant contradictoire qu'en apparence. Il ressort clairement des propos de Gorbatchev que, pour lui, ce sont les progrès, l'existence même d'un peuple soviétique issu de tant de peuples différents, qui sont décisifs ; et que les comportements regrettables qu'il dénonce résultent de la combinaison de « survivances » d'un passé tout près de s'engloutir et d'une politique de *stagnation* qui a faussé le développement soviétique.

Malgré des critiques parfois très acerbes, c'est tout de même une perception bien optimiste de l'œuvre accomplie en ce domaine par ses prédécesseurs qui sous-tend ce jugement. Dans l'évaluation pessimiste de son pays qu'il présente au Congrès, Gorbatchev retient la question nationale comme principal élément de réconfort et d'appui pour l'avenir. Ses critiques conduisent au demeurant à des propositions qui vont donner à la *perestroïka* un contenu concret. Dénonçant le *parasitisme* de certaines républiques, il y puise aussitôt un argument pour les exhorter à une mobilisation exceptionnelle dans l'effort économique où il va engager la société. Parasites, incompétentes, ces républiques peuvent d'autant mieux fournir un effort considérable pour le bien commun qu'elles l'ont trop longtemps négligé. Préférence nationale, népotisme et corruption, autant d'accusations qui conduisent tout droit à une purge des cadres locaux et à la possibilité de les remplacer par des cadres dont la compétence, l'utilité seront les vrais critères de choix. Autant dire que Gorbatchev tient là un merveilleux moyen de briser rapidement les *citadelles de pouvoir* que Brejnev avait laissées se créer et se consolider et qui ne peuvent que gêner le nouveau secrétaire général. Plus encore, en s'attaquant au principe du *localisme* dans le choix des cadres, Gorbatchev se donne la possibilité d'envoyer qui il veut pour les remplacer, donc de constituer à travers l'espace soviétique ses propres équipes. Déplorant la part trop faible des « groupes nationaux minoritaires » (en premier lieu, Russes et Ukrainiens) aux postes de responsabilité de ces républiques, il ouvre ainsi la voie à une recomposition de leurs élites dirigeantes dans un sens moins national, donc à un progrès ultérieur de l'*internationalisme*, autre maître mot de son discours.

Le clou planté par Gorbatchev a été enfoncé après lui par Ligatchev, qui apparaît à ce Congrès comme le numéro 2 du Parti. Il prône ouvertement un « échange de cadres d'une république à l'autre, du centre à la périphérie et de la périphérie au centre[3] ». Échange de cadres signifie, en termes clairs, « parachutage » de cadres : vieille politique du pouvoir soviétique dont la finalité était avant tout d'empêcher la formation d'élites nationales stables, par qui la société se serait sentie légitimement représentée. Depuis le début des années 20, le pouvoir a durablement poursuivi un double but : former des élites nécessaires au développement du pays, qu'il fallait prendre dans tous les groupes pour éviter les déséquilibres entre nations dominantes et dominées, générateurs de frustrations et de révoltes ; mais aussi éviter la formation d'élites enracinées dans leurs propres nations et cultures d'origine, au bénéfice d'une grande élite soviétique, avant-garde du *peuple soviétique* à naître. Le compromis stalinien entre *culture nationale* et *culture prolétarienne* trouvait là son expression la plus concrète. Les sociétés nationales conservaient à titre transitoire leurs propres cultures, mais l'élite soviétique était l'incarnation de cette *culture prolétarienne* qui serait un jour commune à tous. Khrouchtchev, puis Brejnev avaient fait un temps des concessions aux sociétés nationales avides de s'approprier leurs élites ; mais l'un et l'autre eurent des sursauts d'inquiétude devant les conséquences d'une possible alliance de la société et de ses élites au sein de la nation. Et Brejnev, au XXVI⁰ Congrès réuni un an avant sa mort, avait lancé un cri d'alarme, constatant que les Russes, ciment humain du système, étaient à la périphérie en position de faiblesse face à des élites nationales plus confiantes en elles-mêmes[4].

En 1986, dans la discussion du problème national, Mikhaïl Gorbatchev est manifestement en accord avec le Parti et avec les réactions de frustration qui commencent à se faire jour chez les Russes. En matière nationale, le nouveau programme adopté par ce XXVIIe Congrès diffère peu du précédent, à ceci près qu'il utilise le concept de « peuple soviétique uni » *(edinyi sovetskii narod)* jusqu'a-lors absent de ce genre de document, même si, depuis 1977, l'idéologie soviétique y a largement recouru. Lorsque le projet de programme est publié, la *Pravda* ouvre ses colonnes au débat public[5]. Il faut en retenir avant tout l'insistance mise sur le rôle de la Russie dans l'histoire soviétique, sur l'apport russe pour arracher les autres peuples de la fédération au sous-développement, sur la nécessité de développer davantage l'usage *commun* de la langue russe et sur sa fonction civilisatrice, enfin sur la nécessité de dessiner plus clairement les perspectives d'avenir : un État unitaire pour un peuple unifié[6]. Sans doute la *Pravda* a-t-elle choisi de mettre l'accent sur les frustrations russes et sur les conséquences à tirer de la certitude que le *peuple soviétique* est devenu alors réalité. Mais ce choix est révélateur des orientations existant au sein de l'appareil du P.C. qui, en 1986, est l'organe politique dominant encore tout le système soviétique. N'est-il pas significatif à cet égard que, contrairement à ses trois prédécesseurs immédiats, Mikhaïl Gorbatchev ne semble ambitionner d'autre titre, à cette époque, que celui de secrétaire général du Parti, laissant à d'autres le soin d'incarner l'État (Mikoyan) ou le gouvernement (Ryjkov) ? La ligne définie par le Parti à son XXVIIe Congrès est donc bien celle qui, à ce stade, doit régir toutes les orientations de l'U.R.S.S.

Reconstruire l'Empire

En décembre 1986, des affrontements opposent à Alma-Ata des manifestants kazakhs aux forces de maintien de l'ordre. Ces premières émeutes dans l'U.R.S.S. gorbatché-vienne — on reviendra plus loin sur l'événement — ne paraissent pourtant pas troubler les certitudes du secrétaire général ni celles de la direction du Parti. S'adressant quelques semaines plus tard au Comité central réuni en plénum le 27 janvier 1987[7], Gorbatchev aborde rapidement le problème des conflits qui surgissent en milieu national, mais il le fait d'une manière plus précise et ouverte que ne le veut une tradition bien établie. Pour la première fois, la *glasnost'* semble gagner ce domaine où prévalaient jusqu'a-lors les formules toutes faites, toujours optimistes. Mais s'il admet que des difficultés peuvent résulter du fait que l'U.R.S.S. est un État multi-ethnique, Gorbatchev ne suggère pour autant aucun changement de cap dans la politique des nationalités. Les causes d'affrontements sont celles qu'il énonçait de manière plus générale au Congrès : localisme, isolationnisme ethnique, voire « arrogance natio-nale », c'est-à-dire comportements hérités d'un lourd passé dont la *stagnation* brejnévienne n'a pas permis de se débarrasser totalement. Comme ses prédécesseurs, il pense que les remèdes à ces survivances résident dans une fidélité

intransigeante à l'idéologie internationaliste et dans une
« internationalisation » accrue de l'encadrement, c'est-à-
dire dans l'abandon par les nationalités de leur attitude
discriminatoire vis-à-vis des autres groupes. Propositions
bien connues qui ne renouvellent pas le débat.

Pourtant, Gorbatchev n'est pas insensible à la dégradation manifeste du climat national. La presse et les experts
commencent à débattre des difficultés spécifiques que le
pouvoir rencontre à la périphérie ; la notion de *conflit
ethnique* fait même son apparition[8]. Dès lors, il n'est guère
étonnant que, célébrant le 70e anniversaire de la révolution
d'Octobre, Gorbatchev s'attarde quelque peu sur ce problème que la réalité quotidienne lui impose de prendre en
compte. Ses remarques sont révélatrices d'un malaise
constant devant la question nationale, voire d'une incapacité à en saisir les données.

Fidèle à l'usage, Gorbatchev répète une fois encore que
le régime soviétique a su résoudre le problème national,
mais il concède que les relations entre nations continuent
à être complexes et imposent au Parti une vigilance
permanente. Pour la première fois depuis son accession au
pouvoir, il inclut néanmoins cette question dans la *perestroïka* et la *démocratisation*, non sous la forme d'une
promesse de réélaboration de la politique des nationalités,
mais comme un élément à introduire dans le débat général.
C'est peu et c'est beaucoup.

C'est peu dans la mesure où il continue à penser — et
il le dit — que *l'amitié des peuples* de l'U.R.S.S., ce mythe
qui traverse toute l'histoire soviétique, est une réussite
qu'il ne faut pas affaiblir par des expérimentations ; c'est
peu parce qu'il est encore convaincu que la puissance de

l'État soviétique, sa gloire historique sont liées à cette
réussite. Ces certitudes le conduisent à condamner d'avance
tout ce qui pourrait introduire en ce domaine de l'instabilité. Mais c'est beaucoup, dans la mesure où il accepte
qu'ici aussi les tabous tombent et que la *glasnost'* s'applique.
En s'engageant en novembre 1987 à débattre également
des problèmes liés à l'État multi-ethnique, Gorbatchev
constate implicitement que ces problèmes sont plus graves
qu'il ne le dit en clair ; et il accepte l'idée qu'ils soient
portés, comme tous les autres, sur la place publique.

Au vrai, il ne fait qu'emboîter le pas aux débats et aux
événements. Depuis l'été 1986, la *glasnost'* commence à lui
échapper et les limites qu'il lui assigne ne sont guère
respectées, notamment pas à la périphérie. En reconnaissant
la légitimité de ce débat, Gorbatchev paraît tendre la main
à ceux qui l'ont engagé. Ne va-t-il pas, comme Khrouchtchev en 1956, évoluer d'une orthodoxie intransigeante
vers une reconnaissance des intérêts nationaux ? Même si
elle ne fut jadis que momentanée, pareille évolution eut
des conséquences durables.

Les Russes au secours de l'U.R.S.S.

Souvent contradictoire dans ses propos dès lors qu'il
s'agit du problème national, Gorbatchev l'est beaucoup
moins quand le pouvoir et ses hommes sont en cause.
Assuré apparemment de la solidité de la construction
soviétique et de ses moyens de contrôle, il prête peu
d'attention aux susceptibilités républicaines. Et il néglige
allègrement les règles de représentation des nationalités qui
avaient été maintenues depuis 1956.

En mettant en place des hommes nouveaux au sein des organes dirigeants — notamment au Politburo et au secrétariat —, Gorbatchev montre une grande propension à la centralisation[9]. Deux signes en témoignent de manière irréfutable : la russification des plus hauts cadres du système et, surtout, leur ignorance de la périphérie.

Le premier trait ressort d'une comparaison entre le dernier Politburo de Brejnev et celui qui se met en place en 1985-1986. Sans doute les chiffres, souvent trompeurs, suggèrent-ils une certaine stabilité des rapports interethniques. En 1982, le Politburo compte 3 membres non russes sur 13 membres votants. Il en va de même en 1987. Mais la représentativité nationale des uns et des autres est loin d'être identique. Les collègues de Leonid Brejnev sont près de lui parce qu'ils sont les plus hauts responsables de leurs républiques, à une exception près. Mais l'Ukrainien Chtcherbitski, le Kazakh Kunaev, tout comme les suppléants, l'Azerbaïdjanais Aliev, le Géorgien Chevardnadze, l'Ouzbek Rachidov et le Biélorusse Kisselev sont tous premiers secrétaires du P.C. et ils vont au Politburo défendre les intérêts de leurs républiques tout autant que pour définir une politique commune qu'ils devront ensuite imposer à leurs compatriotes. Deux ans après l'arrivée de Gorbatchev au pouvoir, il en va tout autrement. Si Chtcherbitski reste au Politburo pour représenter le parti ukrainien, les deux autres représentants nationaux n'ont plus de lien d'autorité avec leur république d'origine. Chevardnadze, qui fut jusqu'en 1985 premier secrétaire du P.C. géorgien, a été promu ministre des Affaires étrangères et hissé à ce titre dans la catégorie suprême des membres pleins du Politburo ; mais son parti n'y est plus représenté.

La même remarque s'applique au Biélorusse Sliounkov, entré au Politburo pour remplacer un compatriote (l'ex-premier secrétaire du parti de Biélorussie, Kisselev) et qui, promu en 1987 secrétaire du Comité central, siège dès lors à ce titre au Politburo. Quant aux six suppléants du Politburo, ils sont tous russes[10].

Non seulement les dignitaires nationaux ne représentent plus que rarement leurs terres d'origine, mais, plus grave encore, des pans entiers de la périphérie cessent de figurer dans les instances supérieures du Parti. Sous Brejnev, membres pleins et suppléants y parlaient au nom des républiques musulmanes d'Asie centrale et du Caucase, de la Géorgie, des deux États slaves, Ukraine et Biélorussie. Il y avait certes des absents (Baltes, Arméniens) ; au moins les peuples les plus nombreux étaient-ils représentés. En 1987, toutes les républiques musulmanes et le Caucase ont disparu du Politburo, sans que, pour autant, les absents de la veille soient venus les remplacer. La prééminence russe se double d'une quasi-omniprésence des Slaves. Et si, au secrétariat du Comité central, Nikolaï Sliunkov n'est pas russe, c'est bien encore d'un Slave qu'il s'agit.

Il faut rappeler ici qu'à certaines époques, le secrétariat ouvrait ses portes à plusieurs secrétaires étrangers à la majorité russe. Trois étaient dans ce cas en 1960, dont un musulman, Muhitdinov, qui avait auparavant dirigé le P.C. d'Ouzbékistan. L'exclusion soudaine de la partie méridionale de l'U.R.S.S., la plus hétérogène sur le plan de la culture, la plus peuplée et la plus dynamique sur le plan démographique, la plus pauvre en général, au bénéfice des Slaves liés par une communauté de culture de religion, de niveau de développement et de comportements sociaux, constitue dès ce moment un grave problème. C'est un univers relativement homogène qui pèse sur les décisions qui se prendront à l'heure de la *perestroïka*.

Circonstance aggravante, les Russes, qui sont au centre du système de décision, n'ont d'expérience que *russe*. Cela aussi s'oppose aux pratiques antérieures. Pendant des décennies, les hauts responsables soviétiques avaient exercé leurs talents dans diverses républiques avant d'arriver à Moscou, et ils avaient en général retiré de ces errances une vue assez complète des problèmes périphériques. Avec Mikhaïl Gorbatchev, tout change. Dans son entourage immédiat, deux hommes seulement ont eu l'occasion de travailler en milieu national : le président du K.G.B. en 1987, Victor Tchebrikov, qui exerça un temps des responsabilités en Ukraine, et le général Iazov, ministre de la Défense, qui commanda momentanément le district militaire d'Asie centrale. Mais un commandement militaire ne pousse guère à se mêler à la population, au contraire. Et le K.G.B. ne porte pas à la popularité. Il est douteux qu'Ukrainiens ou Centro-Asiatiques aient reconnu en ces représentants de la force publique d'authentiques porte-parole de leurs aspirations. Hormis ces deux cas, nul membre du Politburo, nul secrétaire n'a l'expérience des confins de l'U.R.S.S..

Cette situation, inédite au temps du post-stalinisme, a deux conséquences. Pour les nationalités, le sentiment d'être ignorées, voire méprisées à Moscou entraîne, quand les conflits se font jour, la certitude que les problèmes ne se régleront que sur le terrain. Et par la force. Dès lors que les interlocuteurs manquent à Moscou, peut-il en être autrement ? Mais, à Moscou, autour de Gorbatchev, les effets de cette russification ou slavisation du haut personnel politique ne sont pas moins dommageables. Le manque d'expérience conduit toute la direction soviétique à ignorer la pression montante à la périphérie. A l'expliquer ensuite par des causes générales bien connues : corruption, hooliganisme, défauts d'encadrement. A sous-estimer enfin chaque événement qui secoue la périphérie, et l'enchaînement des crises. Entre un conflit interethnique et une émeute devant des magasins vides, Gorbatchev et ses proches ne sauront guère faire la différence. Le spécificité du problème posé par les nations leur échappera largement.

A l'origine d'un tel aveuglement, d'une telle erreur — car le fédéralisme suppose la participation de toutes ses composantes aux décisions qui engagent la communauté —, il y a sans doute le problème d'un homme, Gorbatchev. Tout ce qui, en lui, a séduit le monde — sa modernité, son éducation plus poussée que celle de ses prédécesseurs, son allure « européenne » — avait un revers : russe, né aux confins de l'Empire, mais venu tôt à Moscou pour s'y former, il n'a jamais eu l'expérience de la vie et du travail hors du milieu russe, donc européen. Il représente l'U.R.S.S. développée contre l'U.R.S.S. du sous-développement ; l'U.R.S.S. tournée vers le monde occidental contre celle qui souhaite renouer avec ses racines ; l'U.R.S.S. de la chrétienté contre celle de l'islam. A parcourir dans sa jeunesse la France durant des semaines, cet homme heureux a sûrement beaucoup appris sur elle, mais il lui manque une expérience semblable de son propre pays. Il lui manque aussi de connaître des hommes de cette périphérie et de ces cultures lointaines sur qui il pourrait un jour s'appuyer. Staline connaissait bien le Caucase et les Caucasiens ;

Khrouchtchev, l'Ukraine ; Brejnev, l'Ukraine, la Moldavie et le Kazakhstan ; Andropov, la Carélie. Même le plus insignifiant des secrétaires généraux, l'éphémère Constantin Tchernenko, avait en son temps exercé de hautes responsabilités en Moldavie. Tous y puisèrent des connaissances et s'y firent des compagnons. Gorbatchev n'a su le faire qu'en Russie. Certes, il accorde sa confiance à un Géorgien pour diriger la politique étrangère de l'U.R.S.S., mais justement, ce Géorgien qui fut longtemps un haut responsable du K.G.B., qui connaît parfaitement ses compatriotes et leurs aspirations, est, par ce choix flatteur, écarté des problèmes internes où son expérience eût pu se révéler précieuse. Que l'on prenne la liste des conseillers de Gorbatchev : russes pour la plupart. Si l'économiste Aganbeguian est arménien, c'est un Arménien de Moscou, parfaitement intégré, et qui ne redécouvre ses origines que quand un double malheur, massacre et tremblement de terre, s'abat sur les siens. Faut-il s'étonner si Gorbatchev, pour ceux qui ne sont pas nés russes, est avant tout perçu comme un Russe ?

Le malentendu entre Gorbatchev et les nationalités de l'U.R.S.S. commence dès 1985. Celui qui se veut passionnément héritier de Lénine pense l'U.R.S.S. en termes léninistes. L'important pour lui n'est ni la nation ni le fédéralisme, mais l'ensemble soviétique qu'il faut reconstruire. Comme Lénine, il ne connaît de son pays que la Russie ; comme Lénine, il pense que cela importe peu, car le pouvoir, installé au cœur du pays, doit tout résoudre. Au slogan cher à Staline, *kadry vse rechaïut* (« les cadres résolvent tout »), Gorbatchev pourrait opposer un slogan que Lénine a inscrit dans les faits et auquel il redonne vie : *vlast' vse rechaïet* (« le pouvoir résout tout »). Or le pouvoir ne connaît pas de frontières nationales ou territoriales. Convaincu qu'armé de son pouvoir et d'un projet irréfutable il sera compris, Gorbatchev n'a pas perçu que dans le climat national déjà délétère de l'U.R.S.S. des années 80, son léninisme acharné ne pourrait que provoquer la révolte. L'épuration des cadres corrompus, indispensable pour engager une politique de reconstruction, va accentuer le malentendu et accélérer un processus de désintégration auquel le nouveau secrétaire général est longtemps demeuré aveugle.

CHAPITRE II

La « maffiacratie »

La corruption n'est pas en U.R.S.S. un phénomène inédit. Tout le système politique qui prône l'égalitarisme et dissimule les privilèges de la *nomenklatura* encourage les abus, les trafics et la corruption. Mais l'idéologie qui affirmait avec constance que le communisme avait produit un *homme nouveau,* foncièrement honnête et dévoué au bien commun, rejetait tous les faits de délinquance aux marges de la vie sociale. Les comportements déviants étaient assimilés à l'anormalité et supposés relever du traitement psychiatrique plutôt que punitif. Sans doute ceux qui avaient vécu dans les camps et témoigné — comme Evgenia Guinzbourg, Chalamov, Soljénitsyne, Boukovsky et combien d'autres — en avaient-ils rapporté un tableau saisissant de la criminalité soviétique. Qui avait lu *L'Archipel du Goulag*[1] ne pouvait nourrir la moindre illusion sur l'« homme nouveau » et savait que les bas-fonds de l'U.R.S.S. n'avaient rien à envier à ceux des sociétés les plus criminelles. Mais la presse soviétique a durablement projeté des comportements sociaux l'image irénique requise par le système. Le fait divers y était rarissime, les lettres de lecteurs, qui devaient parfois tenter de briser ce mur du silence, soigneusement filtrées. Au demeurant, la criminalité aurait fait mauvais ménage avec les articles et images glorifiant systématiquement les exploits des travailleurs de choc soviétiques.

Sans doute est-il arrivé que fasse irruption dans cet univers aseptisé quelque épisode scandaleux suggérant que l'honnêteté pouvait être battue en brèche. En 1972, lorsqu'Édouard Chevardnadze succéda à la tête du P.C. de Géorgie à Vasili Mjavanadze, il ne fut question en U.R.S.S. que de la *vraie* raison de ce changement : la corruption. Mjavanadze parrainait un système de corruption qui couvrait toute la vie publique de Géorgie. Tout était prétexte à pots-de-vin et le premier secrétaire du Parti et son épouse, tels qu'ils furent alors présentés, préfigurent étonnamment le couple Ceausescu : ambitieux, arrogants, usant en tous domaines de leur autorité, ils accumulaient datchas, fourrures, diamants. Dès cette époque, on entrevoit qu'en U.R.S.S. l'argent a peu de signification, que seuls comptent les biens. Mais si Mjavanadze fut déchu, le pouvoir resta discret sur les manifestations de criminalité qui avaient causé sa disgrâce. Chevardnadze fut chargé de « nettoyer » les écuries d'Augias, on insista peu sur la corruption elle-même, qui avait pourtant atteint une dimension prodigieuse.

Peu après, en 1976, le premier secrétaire du P.C. ukrainien, Chtcherbitski, laissa entendre que son prédécesseur, Piotr Chelest, avait perdu tout sens moral. Mais, une fois encore, la volonté de maintenir une image idéale de la société soviétique vint contredire ou affaiblir les efforts déployés pour corriger des pratiques de corruption que la société soupçonnait sans en discerner l'ampleur.

En 1979, le « scandale du caviar » (du caviar était dissimulé dans des boîtes portant la mention « hareng » et écoulé dans des établissements de luxe ou à l'étranger au prix du caviar, la différence de prix entre hareng et caviar étant empochée par les organisateurs du réseau) mit en évidence l'existence d'une authentique organisation criminelle où étaient compromis le ministre et le vice-ministre de la Pêche d'U.R.S.S., le secrétaire de l'*obkom* de Krasnodar, le président du Conseil municipal de Sotchi et bien d'autres personnalités politiques. Mais la plupart étaient liés à Brejnev ou à Kossyguine, trop de hauts fonctionnaires étaient impliqués dans l'affaire ; le pouvoir central opta pour une certaine indulgence et pour la discrétion. Si les Soviétiques en surent quelque chose, ce ne fut pas par le canal de leurs journaux, mais grâce aux radios étrangères qui menèrent grand tapage autour de ce qui eût mérité de constituer une véritable affaire d'État[2].

Il faut attendre 1982 et la mort de Brejnev pour qu'enfin le silence soit brisé. La corruption qui s'était développée autour du vieux secrétaire général, si avide de décorations rentables, de droits d'auteur pour des ouvrages médiocres qu'il n'avait pas même écrits, de voitures de luxe étrangères dont il faisait collection, partait de sa propre famille et envahissait tout. Mais, à l'époque, cette corruption est si insolemment étalée que la société, consciente de la dérive du système, estime normal d'adopter les mêmes comportements. C'est cette généralisation de la corruption qui, lors de son accession au pouvoir, pousse Andropov à une réaction brutale et surtout ouverte.

Le 11 décembre 1982, la presse, *Pravda* en tête, rend compte d'une réunion du Politburo consacrée à la corruption et à l'indignation sociale face à cette dégradation des mœurs au sein de la classe dirigeante[3]. Le 18 décembre, un décret applicable dès le 1er janvier suivant met en place un système de sanctions destiné à freiner une corruption que la presse, enfin libérée de l'obligation de se taire, décrit en détail. La campagne menée par Andropov, même si elle fut ralentie par sa maladie, puis par l'arrivée au pouvoir de Tchernenko, ne pouvait plus être arrêtée.

Le scandale avait atteint la famille de Brejnev ; le retour au silence devenait impossible. Dans les deux années qui séparent le début de la crise de l'avènement de Gorbatchev, on voit disparaître — mises à la retraite semi-honteuses ou suicides présentés comme des accidents cardiaques — un certain nombre de membres de la *nomenklatura*. Les mises à l'écart, les disgrâces plus ou moins officielles se font toutes au nom de la lutte contre la corruption ; et ce thème envahit si fortement la vie sociale que toute mort subite au centre du système est aussitôt reliée à ce phénomène. On soupçonne chaque décès de dissimuler un suicide, bon moyen d'échapper à la justice. Ce qui caractérise ces deux années, c'est à la fois cette obsession rampante de la corruption et le fait qu'on la débusque plutôt au centre du système, c'est-à-dire en Russie. Jusqu'en 1985, l'attention se porte sur les malversations commises aux hauts niveaux de la *nomenklatura*, tant il paraît évident qu'un maximum de puissance fournit un maximum de moyens pour en tirer bénéfice[4].

De la corruption à la maffia : la question ouzbèke

Avec l'affaire Rachidov, le problème de la corruption se déporte soudain du centre vers la périphérie, et revêt une tout autre dimension.

Charaf Rachidov avait été, sous la *stagnation* brejné vienne, l'un des musulmans favoris du pouvoir central Porté à la tête du P.C. d'Ouzbékistan en 1959, sous Khrouchtchev, après avoir présidé aux destinées de sa république, membre suppléant du C.C. depuis 1962, Rachidov avait toujours été couvert d'honneurs par Brejnev. Il est vrai qu'il était pour celui-ci un interlocuteur idéal, puisqu'il soutenait avec force, mais dans le mensonge absolu, tous les projets et exigences de son maître. Sur deux chapitres décisifs, Rachidov avait durablement convaincu le pouvoir central que l'Ouzbékistan — qua- trième république de l'U.R.S.S. par la population dès 1979 (troisième aujourd'hui) et première république musulmane — était un modèle d'intégration économique et culturelle. Au début des années 80, il avait planifié et annoncé des récoltes de coton exceptionnelles (6 millions de tonnes par an ; l'Ouzbékistan est le premier producteur de coton d'U.R.S.S.) qui ne pouvaient que satisfaire la mégalomanie de Brejnev. « Toujours plus ! » annonçait-il, et Moscou se contentait de ces chiffres peu plausibles. Il en allait de même avec les progrès de la langue russe parmi les peuples non russes, autre thème cher à l'équipe au pouvoir. D'un recensement à l'autre, Rachidov rendait publics les incroyables succès de sa politique linguistique[5]. En quelques années, toute la population d'Ouzbékistan, vieillards et nouveau-nés compris, avait réussi, semblait-il, à devenir

totalement bilingue. Si le *peuple soviétique*, parlant une
langue commune et totalement dévoué au bien commun
par l'effort économique, existait quelque part, c'était bien
dans l'Ouzbékistan de Rachidov ! Rien d'étonnant, dès lors,
à ce que Brejnev l'ait maintes fois solennellement décoré ;
ni qu'au lendemain de sa mort subite en octobre 1983, il
ait reçu du pouvoir soviétique l'hommage dû à un membre
du Politburo[6].

Hélas pour sa mémoire, l'année suivante, l'assaut lancé
contre la corruption par Andropov atteint l'Ouzbékistan
où l'on commence à murmurer que les réalisations économiques grandioses qui ont assuré la gloire de Rachidov
doivent peut-être plus à la manipulation des chiffres qu'à
une réalité vérifiable. Le C.C. du Parti d'Ouzbékistan,
réuni en plénum en juin 1984, fait écho à ces rumeurs,
mais laisse le défunt Rachidov à l'écart de bruits aussi
désobligeants. Durant deux années — 1984-1986 — l'Ouzbékistan est soumis à une épuration systématique ; de
nombreux cadres du Parti et de l'État sont éliminés ; mais
le discrédit qui les frappe n'inclut pas encore le sommet
de la hiérarchie et ne singularise pas outre mesure le cas
ouzbek.

En 1986, le changement est radical. Dès janvier, le
congrès du P.C. ouzbek attaque sans réserves Rachidov et
ses méthodes de gestion par la corruption. Rachidov est
aussi l'une des vedettes illustrant le thème de la corruption
au XXVIIe Congrès du P.C.U.S. qui se tient un mois plus
tard. Sa condamnation posthume est spcctaculaire : tous
les honneurs qui lui avaient été rendus lors de sa mort
sont annulés, sa dépouille retirée de la sépulture officielle
à Tachkent[7]. Avec lui tombe l'ancien Premier ministre

d'Ouzbékistan, Khudaiberdiev, acculé à une démission apparemment respectable (son âge) en novembre 1984, mais que le P.C.U.S. chasse de ses rangs en 1986. Rachidov étant hors d'atteinte, la mort lui ayant épargné une condamnation, c'est tout son entourage qui, à partir de 1986, est déshonoré. Cette fois, les propos cessent d'être feutrés. A Moscou, on dénonce un vaste « complot ouzbek » qui aurait conduit à un truquage économique systématique, dissimulant les réalités de cette république où régnaient corruption et népotisme. Le dommage causé à l'économie soviétique par de telles pratiques explique la rigueur de la purge qui s'engage alors. Les condamnations à mort de responsables locaux (à Boukhara, Shahrizabz, etc.) s'ajoutent aux lourdes peines de prison et aux expulsions. Toute la hiérarchie de la république en est bouleversée. Les révélations tombent sans arrêt. Tout est corrompu en Ouzbékistan : non seulement l'économie a été sabotée, mais tout le système d'accès aux emplois a été miné par des pratiques criminelles. L'enseignement supérieur, qui fournit les cadres, est d'un niveau très bas, car la sélection des étudiants s'y faisait au gré des relations, parentés, pots-de-vin. Le corps enseignant, complice de ces agissements, devait lui-même ses diplômes et positions aux mêmes types de critères. L'université d'État de Tachkent, traditionnellement prestigieuse, devint dans toute la presse soviétique un objet de dérision.

Plus grave : l'accusation qu'en Ouzbékistan, toute la promotion des élites par octroi de diplômes s'était faite en fonction de l'appartenance au groupe national, et non au gré des aptitudes. Depuis la fin des années 50, le pouvoir soviétique avait déployé de grands efforts pour développer des élites nationales, accordant des moyens considérables au système éducatif. Cet effort, destiné à assurer l'alignement culturel de la périphérie la moins développée — musulmane — sur le reste de l'U.R.S.S., se trouve ainsi mis en cause. Ces élites ne seraient donc que de fausses élites sur lesquelles on ne peut fonder aucune espérance de progrès ! En quelques mois, l'Ouzbékistan est tombé du rang de république d'avant-garde à celui de pays sous-développé intellectuellement, moralement et économiquement.

De cette dénonciation générale plusieurs éléments méritent d'être soulignés. Tout d'abord, que la corruption y est présentée comme un phénomène d'une tout autre envergure que dans le reste de l'U.R.S.S. Il apparaît rapidement que ce phénomène est si généralisé et enraciné que la solution n'en appartient plus aux Ouzbeks. Plus totalement corrompus que les autres citoyens de l'U.R.S.S., ils ne peuvent s'arracher seuls à de si fâcheuses habitudes. Plus le temps passe, plus se multiplient les révélations sur l'ampleur de la crise ouzbèke et la difficulté d'y mettre fin. La presse centrale[8] ne se prive pas de constater qu'il ne suffit pas de chasser des centaines de responsables et des milliers d'employés. La corruption en Ouzbékistan est progressivement détachée du problème général de la corruption pour devenir la *question ouzbèke*, autrement dit une condamnation de tout ce peuple et de sa tradition politique.

La mise à l'index de l'Ouzbékistan est encore aggravée par la propagation d'informations sur la criminalité proprement dite qui y règne. Ici, c'est l'hebdomadaire *Ogoniok*, le plus ardent défenseur de la politique de restructuration gorbatchévienne, qui joue un rôle décisif. Une enquête systématique de ses collaborateurs conduit à cette révélation, bouleversante pour une U.R.S.S. encore proche du climat de rigueur morale antérieur : en matière de criminalité organisée, l'U.R.S.S. n'a rien à envier aux sociétés les plus dépravées[9]. Et au premier rang de cette criminalité que nul ne soupçonnait jusqu'alors, on trouve la *maffia* d'Ouzbékistan, réseau de gangs parfaitement organisés et spécialisés, aussi importants et influents que les maffias de Sicile ou des États-Unis. Non seulement l'enquête d'*Ogoniok* révèle l'existence de ces réseaux et décrit dans le détail leur organisation et leurs activités, mais elle insiste surtout sur l'articulation entre cette maffia et l'élite politique et administrative de la république. De fait, la conclusion d'*Ogoniok* est que la maffia a pénétré dans toute la vie ouzbèke, qu'elle contrôle aussi bien la corruption économique que la criminalité ordinaire. C'est elle qui assure la « protection », c'est-à-dire le racket des entreprises individuelles, légales ou illégales, elle qui monopolise le trafic de drogue, le contrôle de la prostitution, mais aussi les « meurtres sur ordonnance ». Le prix à payer pour se débarrasser d'un gêneur est même parfaitement codifié. Tout un chacun peut, pour 33 000 roubles, confier à un tueur fourni par le syndicat du crime le soin de se défaire d'un rival politique, d'un mari gênant, voire du directeur de sovkhoze qui refuse de fermer les yeux sur les activités illégales de son comptable. Que la maffia ouzbèke soit en cheville avec les chefs du Parti et de l'État, qu'elle compte dans ses rangs des responsables de la police, qu'elle attire l'élite des jeunes diplômés, est cependant peut-être moins grave, dans le procès qui lui est fait, que la révélation de son organisation sur des bases claniques coïncidant avec les anciennes structures de la société. A insister sur ce lien, ceux qui traitent de la maffia suggèrent qu'il ne s'agit pas en Ouzbékistan d'un épiphénomène, mais bien du développement de vieilles traditions.

L'affaire fait grand bruit. La presse a donné le signal de sa mise à nu. Lors de la XIXe conférence du Parti, en juillet 1988, les délégués ouzbeks sont attaqués à plusieurs reprises pour complicité avec la maffia. Que pense l'U.R.S.S., installée devant les postes de télévision, d'une nation représentée en cette circonstance solennelle par des criminels notoires ? C'est en traquant la maffia ouzbèke que deux « petits » juges inconnus de tous, Gdlian et Ivanov, acquièrent la stature d'incorruptibles défenseurs du Droit qui fera leur popularité[10].

Que la corruption et la criminalité sévissent en Ouzbékistan, voilà qui ne fait pas de doute. Mais la *glasnost'* a appris aux Soviétiques que leur pays tout entier était mis en coupe réglée aussi bien par la *nomenklatura* que par les gangs. L'Ouzbékistan est-il un cas extrême ? Peut-être. Mais, à trop le souligner, le pouvoir central provoque chez les Ouzbeks des réactions très vives, voire irréparables. Dénoncés si fortement, ceux-ci ont le sentiment d'une discrimination systématique. C'est cette humiliation que traduisent parfaitement certains de leurs intellectuels, par ailleurs parfaitement intégrés à l'U.R.S.S. Dans un article retentissant[11], le journaliste Kamal Ikramov, fils du chef du Parti communiste ouzbek Akmal Ikramov, liquidé par Staline en 1938, s'indigne : faut-il, sous prétexte d'épurer une élite corrompue, créer une *question ouzbèke*, comme si tout un peuple était collectivement responsable et collectivement criminel ? Cette « spécificité » ouzbèke ne peut que souder, en dernier ressort, le peuple autour de ceux qui le dirigent, si contestables soient-ils, contre l'ensemble du pays qui le singularise de la sorte. La mise en cause de la compétence des élites s'ajoute à l'humiliation et aux inquiétudes de la population. Si ses élites sont dénoncées pour incompétence, n'est-il pas logique qu'on songe à la placer sous l'autorité d'élites plus compétentes, c'est-à-dire de Russes ? La nécessité de la « circulation des cadres », que Ligatchev a prônée au XXVIIe Congrès, trouverait ici une nouvelle justification. Pour les Ouzbeks, le soupçon naît alors que, s'ils sont dénoncés comme « plus mauvais » que d'autres, c'est parce que la « russification » qui s'est opérée dans les organes du Parti depuis l'avènement de Gorbatchev les prive des défenseurs qui, à ce niveau, auraient pu rétablir quelque équilibre dans l'analyse des phénomènes de corruption ; c'est aussi, peut-être, que la russification au sommet n'est pas fortuite . les Russes, dont la part dans la population soviétique décroît, n'auraient-ils pas l'intention de maintenir leur autorité sur l'ensemble au nom de quelque supériorité morale ? Staline proclamait jadis qu'ils avaient été les meilleurs défenseurs du pays pendant la guerre ; dénonçant les « peuples collabora-teurs[12] », il avait par là hiérarchisé les nations de l'U.R.S.S. et légitimé la prétention du peuple russe, « le meilleur », à guider les autres. En 1987, les Ouzbeks s'interrogent : la hiérarchisation de la corruption et du crime n'aurait-elle pas la même fonction — donner au centre russe, d'où est partie l'opération de « purification », une nouvelle légiti-mité à guider tous ceux qui ont sombré dans le crime, peuples foncièrement corrompus et criminels, comme d'autres peuples furent jadis, aux mêmes fins, accusés de collabo-

ration et relégués au bas de l'échelle du patriotisme ? Ce
soupçon qui grandit dans la société ouzbèke nourrit non
seulement les solidarités nationales, mais aussi des solidarités islamiques. Il n'est pas indifférent de constater que
l'indignation d'Ikramov devant le sort fait aux Ouzbeks est
relayée par un écrivain azéri, Mirza Ibragimov[13]. Ainsi
grandit l'idée que la lutte contre la corruption sert à des
fins multiples, qu'elle contribue en dernier ressort à instaurer une autorité russe sur les peuples musulmans que leur
croissance démographique et leurs problèmes économiques
devraient au contraire faire bénéficier d'une plus juste
répartition des responsabilités et des ressources. A la
périphérie musulmane, le rejet d'une purge et, au-delà,
d'une *perestroïka* dont la Russie est l'initiatrice et la
première bénéficiaire en termes politiques est ainsi l'une
des conséquences de la campagne menée contre l'Ouzbékistan.

L'éternel « vilain »

La hiérarchie de la criminalité instituée par l'épuration
place la Géorgie dans une catégorie assez voisine de
l'Ouzbékistan : celle des incorrigibles. Avec les mêmes
conséquences. Parce qu'elle fut dès 1972 la première
république à connaître une purge pour « faits de corruption », parce que cette purge dura treize ans, jusqu'à
l'arrivée au pouvoir de Gorbatchev, on aurait pu penser
que la Géorgie serait épargnée par le grand nettoyage. Déjà
les Géorgiens s'étaient étonnés de la constance avec laquelle
Chevardnadze avait multiplié accusations et mises à l'écart,
et ils insinuaient que ce qu'il avait traqué si obstinément

dans leur république, ce n'était pas la corruption, mais le sentiment de fierté nationale. Quand, en 1985, il est appelé à succéder à Gromyko aux Affaires étrangères, son successeur Djumbar Patiachvili se lance à son tour dans une campagne d'épuration des cadres promus par Chevardnadze, dit « Monsieur Propre ». En quelques mois, il se débarrasse de trois ministres, deux secrétaires du Comité central et un secrétaire régional du Parti, de plusieurs hauts fonctionnaires du P.C. et du gouvernement, de deux responsables de journaux et de hauts fonctionnaires de la police. Tous, sans exception, sont accusés de corruption, de népotisme. Mais s'il se réclame de son prédécesseur, Patiachvili ne se prive pas de laisser entendre que le règne de Chevardnadze, l'épurateur, n'a nullement changé le climat moral de la république, et que tout y est à reprendre à zéro. Au XXVIIᵉ Congrès, il expose au Parti qu'en Géorgie, les tendances les plus conservatrices survivent ; que la république est dominée par une volonté générale d'appropriation qui, à tous les niveaux, nourrit une morale sociale contraire au socialisme. De là la perpétuation de comportements déviants : corruption, sabotage de l'économie, prolifération des activités clandestines qui minent l'économie légale. De cette mentalité tournée vers la propriété privée, la Géorgie ne pourra se défaire, dit Patiachvili, que par une véritable *guerre de classes*[14]. Ce discours militant, où les accusations contre une société gangrenée sont indéfiniment répétées, signifie-t-il que Chevardnadze était lui-même incompétent dans la lutte contre la corruption ? Ou bien que la Géorgie, comme l'Ouzbékistan, est par tradition et culture un milieu propice au développement de telles tendances ?

La seconde thèse est largement acceptée en Russie où la sympathie pour la Géorgie a, de longue date, fait place à l'exaspération devant ce qu'on appelle l'« affairisme géorgien », qui n'est autre que l'efficacité des petits entrepreneurs, légaux ou non. Au fil des années, les Géorgiens ont paru plus habiles que d'autres peuples à tirer avantage des activités parallèles qui fleurissaient en U.R.S.S. et permettaient d'améliorer une vie quotidienne très difficile. Les légendes courant sur la richesse des Géorgiens et leurs activités illégales ont survécu à la mise au pas de Chevardnadze qui a fortement bridé, au cours des années 70, l'esprit d'initiative de ses compatriotes. Dans l'ensemble, l'opinion soviétique était préparée à accepter l'idée que, comme les Ouzbeks, les Géorgiens devaient encore subir une purge sévère.

Mais, en Géorgie comme en Ouzbékistan, les effets de ce traitement jugé discriminatoire sont on ne peut plus négatifs. Déjà, dans les années 70, s'ils reconnaissaient volontiers les méfaits de Mjavanadze et de ses complices, les Géorgiens considéraient que l'épuration menée par Chevardnadze avait pour principal objectif de briser leurs comportements indépendants. Ils ont toujours été conscients que les pratiques dénoncées n'étaient pas limitées à leur république ; de fait, leur généralisation dans les années brejnéviennes était partout patente. Enclins dès 1972 à se sentir victimes d'une politique plus antigéorgienne que moralisatrice, ils ont à plusieurs reprises — notamment au cours des grandes manifestations de 1978 — donné libre cours à leur exaspération. Mais, jusqu'en 1985, cette exaspération était compensée par une certaine confiance dans le jeu politique ambigu de Chevardnadze. Certes, celui-ci épurait la république pour le compte de Moscou ; mais il la défendait aussi à Moscou. Membre du Politburo, il y faisait entendre les thèses de l'intérêt national géorgien et c'est lui qui, en 1978, face aux manifestants de Tbilissi, sut éviter l'intervention des chars qui encerclaient la capitale. Il sut aussi faire admettre à Moscou que les revendications culturelles qui étaient à l'origine des manifestations (les Géorgiens exigeaient que la langue géorgienne fût inscrite comme *langue officielle* dans leur Constitution) devaient être acceptées, sous peine d'explosions incontrôlables. Après 1985, la Géorgie ne dispose plus de porte-parole à Moscou et Patiachvili n'est, aux yeux de ses compatriotes, qu'un instrument du pouvoir central chargé de décapiter les cadres géorgiens et de réduire une société humiliée au silence. Dans la fureur épuratrice qui s'acharne contre eux, les Géorgiens, comme les Ouzbeks, voient un moyen de briser les nationalismes les plus ancrés dans la conscience sociale, et une justification au pouvoir accru du centre sur la périphérie.

La corruption, prétexte à russifier : le Kazakhstan

Si Ouzbeks et Géorgiens ont droit à une mention spéciale au palmarès de la délinquance, les autres républiques ne sortent pas indemnes de cette purge, et toute l'Asie centrale y figure en bonne place. Une fois encore, le thème implicite, la dénonciation sournoise d'un lien entre corruption et traditions sociales, pèse sur la politique d'épuration que Gorbatchev a héritée d'Andropov. Toutes les républiques ont leur lot d'épisodes humiliants. En Kirghizie, une purge brutale culmine avec le limogeage, le 2 novembre 1985, du

premier secrétaire du P.C., Usoubaliev, en poste depuis
près de trois décennies et qui sera, avec plusieurs de ses
collaborateurs, chassé ignominieusement du P.C. de
l'U.R.S.S.[15]. Il est le premier haut responsable d'Asie
centrale à connaître un tel sort. Jusqu'alors, les limogeages
étaient plus discrets. Le Turkménistan et, dans le Caucase,
l'Azerbaïdjan sont de même inscrits au tableau d'infamie
des républiques malhonnêtes où l'épuration, par vagues
successives, suggère qu'il s'agit là de maux profonds que
les intéressés sont incapables de surmonter seuls. Mais
c'est le cas du Kazakhstan qui éclaire le mieux la nature
du conflit qui va opposer la périphérie au centre à partir
du problème réel de la corruption.

La purge au Kazakhstan est fort intéressante, en raison
de ses conséquences sur la composition du Politburo au
centre, et sur les relations interethniques à la périphérie.
En 1985, le Kazakhstan pèse d'un grand poids en U.R.S.S.,
même si la progression de la population d'Ouzbékistan l'a
fait reculer de la troisième à la quatrième place. Un
peuplement de 14 millions et demi de personnes, une
position géographique sensible, aux confins de la Chine,
des ressources industrielles non négligeables ont assuré à
cette république une représentation au Politburo. Le premier secrétaire du P.C. kazakh, Kunaev, très proche de
Leonid Brejnev, est membre de l'instance suprême du Parti
depuis 1971. Quand la corruption devient une préoccupation générale du pouvoir soviétique, Kunaev reste discret.
L'attaque contre ces pratiques dans sa république va partir
de Moscou, non du pouvoir local, comme il est pourtant
alors de tradition[16]. C'est la *Pravda* qui monte à l'assaut
contre les abus de pouvoir et la prévarication qui sévissent

dans cette république ; la campagne ainsi engagée conduit
à l'éviction, en peu de temps, de la moitié des secrétaires
du C.C. kazakh, de plusieurs responsables régionaux du
Parti, du chef du gouvernement et de nombreux cadres
dans tous les secteurs. Au milieu de cette tourmente,
Kunaev paraît d'abord inamovible. Tout son entourage, ses
collaborateurs, des parents même sont discrédités, voire
traduits en justice. Il ne les défend jamais, les accuse
parfois, tout en ne participant que de loin au discours
épurateur. Au Congrès du parti kazakh, en février 1986, il
critique certes quelques responsables de la république[17].
Mais rien n'indique qu'il se solidarise avec l'effort de
rénovation générale prôné à Moscou. Pourtant, il survit au
XXVIIe Congrès, conserve alors son poste au Politburo ; et
ce n'est qu'au terme de nouvelles attaques, venues une fois
encore de Moscou, qu'il « tombe ».

   Comme en Ouzbékistan, tous les comportements de
l'encadrement kazakh sont dénoncés : une économie aux
résultats faussés, dont les ressources sont mises en coupe
réglée (les responsables se font construire des écuries de
courses en détournant les moyens financiers et le matériel
des sovkhozes), et qui est gérée par des hommes incom-
pétents. On revient ici au problème des cadres locaux et
de leur aptitude à assumer des responsabilités. Ce qui est
en cause au Kazakhstan, c'est la *préférence nationale*, voire
clanique, appliquée comme critère de sélection au cours
des études[18]. Puisque l'œuvre éducative accomplie en Asie
centrale a ainsi été dévoyée, il est logique de placer aux
postes de commande ceux qui ont la compétence nécessaire
au redressement, c'est-à-dire les Russes. C'est au Kazakh-

stan que Gorbatchev va tirer les conséquences des accusations portées contre la pratique du népotisme en Asie centrale, justifiant par là tous les soupçons qui entourent la politique d'épuration et provoquant la première confrontation violente entre ethnies.

Le 16 décembre 1986, Kunaev est limogé ; il perd à la fois la direction de son parti et son siège au Politburo. Si ce limogeage d'un homme vieilli (il a plus de soixante-dix ans), proche compagnon de Brejnev et dont tout l'entourage avait déjà été éliminé, était prévisible, ce qui l'était moins, c'était le choix de son successeur. L'homme désigné à son poste, Guenadi Kolbin, est à première vue parfaitement adapté au nouveau style des dirigeants soviétiques. Proche de Gorbatchev par l'âge — cinquante-neuf ans —, par sa formation supérieure, il a de solides références d'apparatchik, il est compétent et efficace. Il a travaillé en Géorgie avec Chevardnadze, à Sverdlovsk avec Ryjkov, et y a combattu la corruption et l'alcoolisme durant la période andropovienne. Mais, et cela est capital, Kolbin est russe. Depuis la disparition de Staline, un accord tacite a régi la répartition des pouvoirs, au sein des partis des républiques, entre Russes et nationaux. Aux nationaux le poste de *premier secrétaire,* c'est-à-dire de « patron » de la république, qui traite de pair à compagnon avec Moscou, siège d'office au C.C. du P.C.U.S., et parfois au Politburo ; aux Russes le poste de *second secrétaire,* qui contrôle toutes les nominations. Cet équilibre, toujours maintenu depuis 1956, a suffisamment rassuré les nationalités pour les convaincre de ne jamais contester les nominations à ces deux postes. L'arrivée du Russe Kolbin au Kazakhstan, qui rompt la tradition, place à la tête du parti kazakh deux Russes et souligne un changement de politique que la russification des organes centraux du Parti suggérait déjà. Non seulement Kolbin est russe, mais il n'a pas d'expérience du Kazakhstan, ni plus largement du milieu musulman. Sa nomination indique bien la volonté de recourir à un homme qui n'a jamais manifesté aucune affinité, aucun intérêt commun avec ses nouveaux administrés.

En recourant à la méthode, de longue date abandonnée, du « parachutage », Gorbatchev montre tout à la fois sa méfiance envers les cadres nationaux, son ignorance des susceptibilités locales, sa préférence pour ses compatriotes russes. Certes, il peut plaider que le Kazakhstan, peuplé de plus de Slaves que de Kazakhs (en 1979, pour une population totale de 14 684 283 habitants, les Kazakhs sont 5 289 349, les Russes 5 991 205, les Ukrainiens 897 000[19]) et où le nombre des seuls Russes dépasse celui des Kazakhs, a quelques raisons de réserver une plus grande place aux cadres russes. La décision de nommer Kolbin est à cet égard conforme au discours du XXVIIe Congrès, à l'insistance mise sur le rôle souvent insuffisant des minorités slaves dans les républiques. Elle se fonde aussi sur le doute jeté sur la compétence des élites nationales en raison de la sélection par affinités de groupe qui y est pratiquée. Pour ces divers motifs, il est peu plausible que la nomination d'un Russe à la tête du parti kazakh ait été faite par inadvertance. Tout indique au contraire le désir de l'équipe Gorbatchev de mieux contrôler la périphérie, en premier lieu la périphérie méridionale et islamique.

A la fin des années 80, l'évolution récente de cette région

ne peut en effet qu'inquiéter Moscou. Plus grave que la
corruption et la criminalité, dont on sait déjà au centre
qu'elles ne sont pas le propre des seules républiques
musulmanes, est la combinaison des traditions sociopoli-
tiques locales et de l'islam. Dans toute cette périphérie
voisine d'un espace musulman que la révolution khomei-
nyste a projeté dans un tourbillon fondamentaliste, le poids
des traditions ne cesse de grandir. Les relations sociales,
l'autorité, les conceptions économiques tendent à s'écarter
du modèle soviétique pour retrouver d'autres moules. On
a suffisamment souligné, au début des années 80, le double
comportement de Kunaev : lorsqu'il siégeait au Politburo,
à Moscou, il affectait un comportement soviétique et
s'exprimait comme un Soviétique ; mais, dans sa république, il redevenait un chef de clan, retrouvant d'autres
solidarités, d'autres modes d'autorité. L'éloignement de
Moscou, le pouvoir immobile de Brejnev, indifférent au
fond des choses et préoccupé des seules apparences, avaient
favorisé une telle évolution. Kunaev a eu d'autant plus de
facilités à retrouver dans sa république ce type d'autorité
qu'il était puissant à Moscou. Et la révolution islamique
d'Iran est venue conforter en milieu musulman la certitude
que cette « désoviétisation » des rapports d'autorité et des
rapports sociaux était une manière de prendre part au
grand mouvement qui bouleversait la communauté musulmane tout entière. Là où Moscou ne voyait que de
condamnables résurgences d'un univers disparu, les populations d'Asie centrale ont de plus en plus interprété cette
évolution comme une réconciliation avec leur identité. Le
malentendu à cet égard est déjà très profond quand
Gorbatchev accède au pouvoir.

La nomination d'un Russe à ce poste « réservé » est en définitive on ne peut plus maladroite. L'évolution démographique récente du Kazakhstan ôte en effet toute pertinence à l'argument d'un fort peuplement russe. Après avoir été durablement minoritaires dans leur république, non seulement en chiffre absolu, mais surtout par rapport aux Russes, après avoir paru décliner inexorablement, le groupe kazakh, au cours des années 60 et surtout 70, a amorcé une soudaine remontée, témoignant d'un dynamisme démographique imprévisible jusqu'alors. Cette remontée conduit à la fin des années 80 à un renversement de tendance, puisque les Kazakhs, pour la première fois, dominent nettement le groupe russe (6 531 921 Kazakhs pour 6 226 000 Russes[20]). Leur espoir de devenir un jour le groupe majoritaire de la république est désormais fondé, grâce à une natalité élevée et à une population jeune. Si cette évolution a été peu perçue à Moscou, les Kazakhs en ont pris conscience et en ont tiré un légitime sentiment d'assurance.

Dans la mesure même où il a ignoré ces nouveaux rapports de population et leur signification, le pouvoir central a jugé que le Kazakhstan était le lieu idéal pour tester un changement de la politique des cadres, pour modifier le partage des responsabilités en vigueur jusqu'alors, et, dans la confusion ainsi créée, reprendre le contrôle de populations inquiétantes par un encadrement plus russifié qu'auparavant[21]. En fait, le pouvoir central a imaginé que, dans le lointain Kazakhstan, avec son fort contingent d'Européens, il serait aisé d'imposer une nouvelle politique des cadres, et qu'un tel précédent pourrait ensuite être étendu ailleurs.

Calcul désastreux qui, ignorant la situation réelle de la république, y a provoqué la première grande insurrection que l'U.R.S.S. ait connue depuis les émeutes de Novotcherkassk en 1962. Mais, en 1962, le système soviétique était assez puissant et l'information suffisamment inexistante pour que rien ne transpire de cette tragédie et de la centaine de morts qu'elle coûta. En 1986, le pouvoir ne peut taire les événements qui bouleversent l'U.R.S.S. et les effets de cette première insurrection seront considérables sur l'ensemble du pays.

Les Kazakhs n'acceptent pas, ils le prouveront alors, la hiérarchie de la corruption décrétée à Moscou. S'il faut remettre de l'ordre dans leur république, ils s'en chargeront, mais ils se refusent à admettre que la vertu soit à Moscou et le mal à la périphérie, et que cela permette au centre de poser au guide ou au *frère aîné*. Ici comme à Tachkent ou à Tbilissi, la lutte contre la corruption ne produit guère de résultats pour ce qui est de la restauration d'une morale sociale. Sans doute entraîne-t-elle une valse continue des cadres, ce qui ne contribue guère au bon fonctionnement de l'économie. La *perestroïka* exigerait au contraire une certaine stabilité des responsables. L'instabilité régnante mine tout effort continu et l'établissement d'une autorité réelle. Dans le désordre croissant, ce sont encore une fois les gangs et les trafiquants qui font la loi face à des cadres qui, sachant leur emploi précaire, préfèrent se soumettre d'emblée à l'autorité des « parrains » qui se multiplient.

A cet échec de l'effort de moralisation de la vie publique[22] s'ajoute celui, plus grave, qui concerne les relations interethniques. Pour ignorer ou mépriser les directives moralisatrices du pouvoir central, les nations de la périphérie ne

les ressentent pas moins comme des injures, des tentatives
visant à les placer en position d'infériorité. Et l'hostilité à
l'égard du centre, des Russes — puisque aussi bien tout le
centre est dominé par eux — ne fait que croître. Dans
cette périphérie qui vit difficilement, l'épuration, nécessaire
mais maladroite, a précipité l'enchaînement des suspicions
et des haines, lequel ne peut déboucher que sur la violence.

Deuxième partie

EXPLOSIONS

CHAPITRE III

« Le Kazakhstan aux Kazakhs ! »

Manifester ne fut jamais simple ni même admis en U.R.S.S. La dernière manifestation de masse dont les citoyens soviétiques aient eu connaissance se produisit le 7 novembre 1927, à Moscou. Ce jour-là, presque tous les compagnons de Lénine, héros de la révolution, rassemblés contre un pouvoir où Staline occupait déjà une place centrale, furent dispersés par la police, matraqués, accusés ensuite d'avoir tenté d'arracher le pouvoir au Parti. Leur châtiment fut exemplaire — avec le temps, ils furent tous tués —, à la mesure de leur forfait.

La leçon ne fut pas perdue. On ne manifeste pas dans la patrie des travailleurs ; ces derniers étant au pouvoir, contre qui manifester ? Ceux qui s'y risquent sont de toute évidence des ennemis du peuple.

Des décennies de calme public suivirent. Au début des années 60, pourtant, l'Occident eut vent de soulèvements ouvriers dans quelques villes russes. La hausse du prix du

pain aurait déclenché l'explosion. Mais on y prêta d'autant
moins d'attention que le silence pesant sur ces événements
en U.R.S.S. même rendait toute information difficile à
évaluer[1]. L'idée prévalut donc que les citoyens soviétiques
étaient disciplinés, passifs, habitués à subir sans rechigner.
C'est une idée que tous les responsables soviétiques ont
eux-mêmes durablement partagée. D'où leur surprise et
leur désarroi quand, le 17 décembre 1986, de graves
émeutes éclatent à Alma-Ata, capitale du Kazakhstan.

Quelques mois après la difficile mise en œuvre de la
glasnost' autour de la catastrophe de Tchernobyl, on peut
penser que la volonté de rendre publics les événements qui
marquent le pays a enfin prévalu. Les émeutes d'Alma-Ata
vont permettre de mesurer les progrès accomplis en ce
domaine. Ils sont loin d'être remarquables. Le 18 décembre,
l'agence Tass annonce que des émeutes ont secoué durant
quarante-huit heures la capitale du Kazakhstan, mais
qu'elles sont jugulées. L'information fournie par Tass, puis
par d'autres sources, est mince. Des jeunes gens armés de
barres de fer, de pavés, se seraient rassemblés sur la grand-
place en criant : « Le Kazakhstan aux Kazakhs, et seulement aux Kazakhs ! » Actes de vandalisme ? Monômes qui
dégénèrent ? Les premiers récits sont laconiques. Combien
de manifestants ? Quelques centaines ou quelques milliers ?
Il faudra la persévérance de quelques journalistes étrangers
pour qu'un tableau plus précis se dessine. Près de dix mille
manifestants, parmi lesquels de nombreux étudiants et
écoliers scandant des slogans nationalistes. Le but de leur
expédition : les édifices publics, et d'abord le siège du
Parti. En face, une troupe déployée à la va-vite, renforcée
par des chars et des voitures blindées. Et une répression

brutale dont le bilan exact n'a jamais été établi. Deux
morts, dit le rapport officiel, dont un du côté des manifestants, l'autre du côté des forces de l'ordre. Beaucoup plus,
diront les Kazakhs. Des blessés en nombre, cela est certain,
et des arrestations.

Le calme revenu, au soir du 18 décembre, Moscou
dépêche à Alma-Ata un membre du Politburo, Solomentsev, qui mène l'enquête mais ne se montre guère plus
explicite lorsqu'il s'exprime sur les faits et dresse leur
bilan. Ce silence sera durable[2], tout comme les approxi-
mations sur le nombre de morts et l'ampleur des manifestations. Pas plus à Moscou que dans la presse locale ou
dans celle d'Asie centrale, les émeutes d'Alma-Ata ne font
recette. A croire qu'il s'agit là d'un événement mineur,
alors que, pour la première fois en U.R.S.S. depuis
longtemps, une grande émeute a eu lieu, et qu'on en parle
publiquement.

Dans l'U.R.S.S. de 1986, le recours aux forces de l'ordre,
la répression contre de jeunes manifestants contredisent le
discours ouvert de Gorbatchev. Sans doute l'indifférence
qui prévaut — car, à lire les lettres de lecteurs aux
journaux, on n'a guère l'impression qu'une volonté d'information se manifeste au sein de la société — tient-elle pour
partie à l'éloignement géographique et au rapide retour au
calme. Lorsque ces manifestations sont annoncées, elles
appartiennent déjà au passé, l'ordre a été rétabli. La célérité
avec laquelle elles ont été matées a sans doute été
interprétée comme un signe de leur faible importance.
Alors que cette rapidité témoigne surtout, en fait, de
l'impréparation et de l'inexpérience de ceux qui sont
descendus dans la rue. En 1986, manifester est en U.R.S.S

un acte trop rare pour que ceux qui s'y livrent sachent se défendre et faire durer leur mouvement. Cela explique aussi probablement que les victimes n'aient pas été très nombreuses[3].

En revanche, les explications sur les causes de cette crise abondent. Les émeutes sont le fait de « jeunes voyous », alcooliques et drogués, prêts à tous les coups de main, que poussent en avant des « nationalistes extrémistes ». Ailleurs, on explique gravement que tout a été provoqué[4] par les partisans de l'ancien premier secrétaire du P.C. kazakh, Kunaev, démis peu auparavant. Ses proches, ses collaborateurs, son clan, bénéficiant des avantages énormes que procurent les habitudes de corruption auxquelles le Kazakhstan était en proie sous son règne, ne peuvent se résigner à la perte de leurs privilèges. Ils ont jeté une jeunesse instable dans les rues pour démontrer que sans Kunaev, le désordre s'installe. Pour partiale que soit cette explication, combinée par la suite avec la thèse de la pure manifestation de voyous, elle touche à la vérité, non par le complot qu'elle évoque, mais parce qu'elle met l'accent sur les changements politiques survenus à cette époque au Kazakhstan. Là fut en effet le détonateur.

Non à l'encadrement russe !

L'origine immédiate de la crise d'Alma-Ata, cela ne fait aucun doute, est la nomination de Kolbin en remplacement de Kunaev[5]. Le problème réside bien dans sa nationalité et est aussitôt ressenti comme tel sur place. Le pouvoir central prend d'ailleurs rapidement conscience que même cette république n'est pas un terrain favorable à sa tentative de russifier la direction du Parti, fût-ce momentanément. Le 10 janvier 1987, soit trois semaines après les émeutes, l'équilibre ethnique est rétabli à la tête du Parti. Le second secrétaire, celui qui toujours est russe, cède sa place à un Kazakh[6]. Mais il n'empêche : les habitudes ont été trop bousculées, c'est le premier secrétaire russe qui siégera éventuellement au Politburo à Moscou ; et la répression a pris le visage du Russe Kolbin. La population du Kazakhstan ne tient pas quitte le pouvoir central. Il lui faudra néanmoins attendre deux ans et demi pour voir à nouveau un Kazakh à la tête du Parti de la république. Celui qui y est nommé en juin 1989, Nursultan Nazarbaev, jouit d'une bonne réputation à Moscou, mais aussi au Kazakhstan.

Le refus opposé par les Kazakhs à l'expérience russificatrice semble donc avoir prévalu, avec un retard de deux années qui illustre bien la piètre compréhension que l'on a à Moscou des réactions locales et des problèmes de la république. Quand ils crient : « Le Kazakhstan aux Kazakhs ! », les manifestants sous-entendent : « Non à la mainmise russe sur la république ! » Cette sensibilité nationale aiguë, la première à se manifester dans l'U.R.S.S. de Gorbatchev, a deux causes bien compréhensibles : la situation démographique de la république — source d'inquiétude pour les uns, source d'espoir pour les autres — et la situation matérielle des Kazakhs.

« *Nous sommes les plus nombreux* »

Comme souvent en U.R.S.S., le sentiment national s'affirme d'abord ici en données humaines. Longtemps le Kazakhstan fut considéré comme une aberration de la

politique des nationalités, vouée à la disparition. Cette
politique prévoit que toute république de l'U.R.S.S. est
caractérisée en premier lieu par l'existence d'un groupe
national majoritaire. Le Kazakhstan, terre de colonisation
russe, défaiait ce principe. Le peuple kazakh a toujours été
minoritaire dans sa république, et moins nombreux que les
Russes qui y vivaient. Le tableau ci-dessous éclaire l'évolution du Kazakhstan, même s'il ne fait place qu'à quatre
groupes nationaux, alors que plus de vingt nationalités y
cohabitent, dont certaines ne comptent pas plus de quelques
centaines d'individus.

	1959	1970	1979	1989
Population totale	9 294 000	13 008 000	14 684 300	16 463 115
Kazakhs	2 795 000	4 234 000	5 289 400	6 531 921
Russes.........	3 974 200	5 521 900	5 991 205	6 226 400
Allemands......	648 000	858 000	900 207	956 235
Ukrainiens	762 000	933 000	897 964	895 964
Ouzbeks	137 000	216 000	263 300	332 000

Tableau[7] significatif à beaucoup d'égards. En négatif,
parce qu'il traduit le destin contrasté, longtemps tragique,
du peuple kazakh. Il rappelle des motifs de frustration qui,
à l'heure où tout peut être exprimé publiquement en
U.R.S.S., acquièrent une force explosive. Pourquoi les
Kazakhs sont-ils en minorité ? Parce qu'ils ont été physiquement détruits dans les années 20, quand la volonté du
pouvoir soviétique d'en finir avec le nomadisme (un

Soviétique peut-il être nomade ?) coûta à ce groupe un million de morts : le quart de sa population !

Au souvenir du véritable génocide que fut la politique de sédentarisation, les Kazakhs ajoutent parmi leurs griefs la politique de colonisation dont ils furent victimes. Russes, Ukrainiens, Biélorusses, les colons se sont multipliés sur leurs terres, les repoussant de la partie la plus fertile du pays vers le Sud qui l'est beaucoup moins. Et si ce n'était que les colons ! Staline utilisa cette république comme lieu d'accueil des « nations punies » pour collaboration (Tatars, peuples du Caucase) ou encore de peuples déplacés préventivement (Allemands de la Volga). Dans ce Kazakhstan devenu au fil des ans une mosaïque nationale, les Kazakhs minoritaires (à l'aube des années 60, ils représentent moins du tiers de la population totale de la république) auraient dû logiquement se dissoudre, s'intégrer aux Russes plus nombreux, qui sont pour le pouvoir la force assimilatrice. En dépit de cette situation, ils ont gardé leur république ; mais le poids des Russes, au centre et chez eux, leur laissait peu d'illusions sur le caractère national de l'État qui portait leur nom. Le Kazakhstan a durablement ressemblé à une simple extension de la Russie.

Humiliation pour ce statut concédé, inquiétude face à l'amoindrissement de la population — 3 800 000 Kazakhs au recensement de 1897, 2 900 000 seulement en 1934, alors que partout le reste de la population croît —, douleur au souvenir des victimes de la sédentarisation : pendant des décennies, les Kazakhs n'ont pas eu lieu de se réjouir. Et voici soudain qu'au milieu des années 80, coïncidant avec le tournant gorbatchévien, on assiste non seulement à l'arrêt d'un déclin qui semblait inéluctable, mais à un renversement de tendance. Au recensement de 1989, les Kazakhs passent en nombre devant les Russes, et progressent à vive allure : non seulement ils deviennent majoritaires, mais ils sont en passe de constituer près de la moitié de la population de leur république.

Sur ce point encore, les responsables de l'U.R.S.S. sont trop longtemps restés fermés aux états d'âme de leurs administrés. Ils n'ont pas compris à temps les amertumes de peuples qui se sentaient menacés dans leur identité, leur survie. Ils n'ont pas entendu les cris de triomphe qui éclatèrent au milieu des années 80, quand les intellectuels kazakhs qui ne cessaient de jauger les progrès démographiques de leurs compatriotes constatèrent qu'ils avaient pris la tête du peloton, et qu'à la fin du siècle l'espoir de laisser les Russes loin derrière eux devenait une certitude. Toutes les humiliations s'effaçaient au bénéfice d'une idée : le Kazakhstan redevient kazakh, il doit donc revenir aux Kazakhs !

Or, c'est au moment même où les Kazakhs analysent leurs progrès démographiques en termes de pouvoir — s'ils sont les plus nombreux, ils doivent tenir la plus grande place dans la répartition des postes d'autorité, y faire la décision — que l'on choisit à Moscou de russifier l'appareil communiste du Kazakhstan. Certes, les manifestants de décembre 1986 n'avaient pas une idée très exacte de cette percée démographique et n'étaient pas descendus dans les rues poussés par le résultat des recensements. Mais le constat de ce progrès — décisif pour la fierté nationale — tient une très grande place dans l'évolution des esprits et dans l'agitation nationaliste qui explose alors. Pour l'avoir ignoré, le pouvoir central dut faire face à cette première grande manifestation populaire et opter pour une répression brutale qui, en quelques heures, ternit l'image de Gorbatchev dans cette partie de l'U.R.S.S. Il n'y est plus perçu depuis lors comme un homme de renouveau, mais comme un traditionnel russificateur et comme l'ordonnateur de la répression.

Chacun pour soi ?

Plus nombreux qu'auparavant, plus nombreux que les autres et d'abord que les Russes, les Kazakhs prennent également conscience qu'ils sont parmi les plus défavorisés de la fédération et qu'en ces années de déclin de l'U.R.S.S., leur appauvrissement est l'un des plus rapides[8]. Sur l'échelle de la prospérité des quinze républiques soviétiques, le Kazakhstan, malgré ses grandes potentialités, se situe aujourd'hui parmi les trois derniers, juste avant le Tadjikistan et la Turkménie, les plus misérables républiques de l'U.R.S.S.

En termes de développement, le Kazakhstan devançait en 1970 la Moldavie, l'Arménie, l'Azerbaïdjan, la Géorgie, la Kirghizie, l'Ouzbékistan, le Tadjikistan et la Turkménie. S'il se situe encore en 1985 au-dessus de ces quatre derniers États et reste en tête de l'Asie centrale, ce n'est qu'un succès très relatif, car, partis de plus bas, l'Ouzbékistan et la Kirghizie progressent beaucoup plus vite que lui. Les raisons de ce recul spectaculaire ne manquent certes pas. Le Kazakhstan est une grande victime de la spécialisation économique qui fut longtemps à la mode en U.R.S.S. Tant que l'économie soviétique misait sur l'industrie lourde, que le charbon était nécessaire au développement, le

Kazakhstan bénéficia de la sollicitude et des investissements du centre. Il en bénéficia encore quand les successeurs de Staline voulurent étendre les espaces cultivés pour résoudre l'éternel problème de l'agriculture soviétique. A l'époque de la conquête des terres vierges, le Kazakhstan devint la « nouvelle frontière », et la ruée vers la terre kazakh apporta à la république des moyens considérables. Mais ces politiques se sont épuisées ; les terres, devenues moins fertiles parce que trop sollicitées, ont été oubliées ou négligées au détriment d'autres régions. Éloigné du centre, pauvre en main-d'œuvre qualifiée, le Kazakhstan n'a pas paru digne de devenir zone industrialisée aux yeux des planificateurs en quête de nouveaux projets pour une économie essoufflée.

Mais l'abandon et la régression ne suffisent pas à tout expliquer. L'appauvrissement est une donnée commune à presque toute l'U.R.S.S. En revanche, les projets économiques de Gorbatchev sont particulièrement inquiétants pour les habitants de cette république. Jusqu'en 1985, en effet, les Kazakhs pouvaient se satisfaire d'une économie en régression, le système des transferts de ressources qui prévalut longtemps en U.R.S.S. permettant au Kazakhstan de bénéficier de la prospérité relative et des efforts des républiques mieux dotées. La situation générale est en effet la suivante : certaines républiques ont une production suffisante et utilisent leur revenu national de manière équilibrée (c'est le cas de la Russie, de l'Ukraine, de la Géorgie, etc.) ; d'autres vivent nettement au-dessous de leurs moyens, comme l'Arménie et l'Azerbaïdjan ; les plus pauvres sont aidées. De toutes les républiques de l'U.R.S.S., le Kazakhstan est celle qui vit le plus au-dessus de ses moyens, bénéficiant de transferts de ressources qui représentent près du cinquième de son revenu national. Pis encore, il vit en décalage croissant avec ses moyens : plus sa production baisse, plus le revenu consommé augmente. République relativement peuplée, le Kazakhstan coûte cher à l'U.R.S.S.[9]

Aussi longtemps que nul n'évoquait ce problème, il ne préoccupait guère les Kazakhs. Mais quand Gorbatchev tonne contre les « parasites » et les « profiteurs », quand il annonce que chaque république devra assurer son autosuffisance, alors l'inquiétude gagne ceux pour qui cette réorientation fondamentale risque de se révéler coûteuse. Avant même que des textes précis ne soient publiés, la logique gorbatchévienne de l'autonomie comptable, l'« aidetoi, le Ciel t'aidera » qui sous-tend tout son discours à l'égard des nationalités, a semé l'émoi à la périphérie, et d'abord là où son prix promet d'être le plus lourd, au Kazakhstan.

La peur de lendemains économiques difficiles, au moment même où la population du Kazakhstan amorce une spectaculaire remontée qui exige des moyens accrus, explique aisément le climat qui règne dans la république en 1986. D'autant plus que, n'étant plus représentés à Moscou, dominés chez eux par un chef de parti russe, les Kazakhs tendent à interpréter les décisions de Gorbatchev comme autant de mesures destinées à maintenir la prééminence russe dans leur république et à nier leurs progrès.

L'« *internationalisme* », toujours

Après la répression, le choix d'une politique pour le Kazakhstan devient d'une grande urgence. La première leçon à tirer du soulèvement d'Alma-Ata, c'est qu'il faut éviter de nourrir dans la société des sentiments de solidarité avec les émeutiers. Donc expliquer les raisons de leur révolte, et tenter d'y remédier. Pourtant, la réaction du pouvoir soviétique est loin d'être adaptée au caractère inédit de l'événement. A Moscou, l'analyse classique l'emporte sur toute réflexion approfondie. Mais comment aurait-il pu en être autrement quand nul — hormis Solomentsev — ne se déplace durant de longs mois pour venir voir sur le terrain ce qu'est ce Kazakhstan agité dont les nouveaux dirigeants de l'U.R.S.S. n'ont qu'une vague idée ? Il faudra attendre le mois de décembre 1987, un an après les émeutes, pour que le Premier ministre Ryjkov se rende à son tour à Alma-Ata. La négligence du pouvoir central est grande envers ces confins déshérités.

La visite de Ryjkov, qui marque un certain changement à cet égard, a été précédée par un débat au sein du Politburo du P.C.U.S. et par une résolution du Comité central qui s'efforce enfin d'offrir des émeutes une version sérieuse[10]. Cette analyse reste pourtant très superficielle. Les coupables, ce sont encore et toujours Kunaev et ses affidés. En violant les principes du léninisme, ils ont laissé se créer une situation malsaine dans la république. Ils sont aussi responsables de la dégradation des relations interethniques. Jusqu'à ce point, le débat manque d'intérêt et l'on pourrait croire que ces attaques ont surtout pour but de régler définitivement l'affaire Kunaev et de préparer son exclusion du Parti. Par ces deux considérants, le document du Comité central mérite cependant de retenir l'attention. A cause de la leçon générale qui s'en dégage : si le soulèvement a pu avoir lieu, c'est que l'internationalisme au Kazakhstan était en recul ; la solution proposée coule de source : en revenir à la conception de Lénine, c'est-à-dire éviter de faire trop de place aux sentiments nationaux. L'internationalisme, c'est ce qui unit le peuple travailleur des républiques à l'U.R.S.S. ; si Kunaev a une responsabilité dans les journées tragiques de décembre 1986, c'est précisément de n'avoir pas su le propager avec persévérance[11]. Le texte du Comité central confirme en outre, au passage, que la jeunesse du Kazakhstan n'en est pas à son coup d'essai, qu'en 1979, elle s'était déjà manifestée dans la ville de Tselinograd. L'incident évoqué, que nul n'avait pu vérifier à l'époque, était en fait une émeute marquée de violences interethniques. Les étudiants de la ville s'étaient soulevés à l'annonce de rumeurs évoquant la transformation de la région de Tselinograd en *territoire allemand*. Il fallait satisfaire enfin la revendication des Allemands déportés en 1941 par Staline[12] et privés depuis lors de territoire propre. Cette remarque incidente, qui accuse Kunaev d'avoir déjà sous-estimé en 1979 l'importance des tensions ethniques au Kazakhstan, montre bien, en dernier ressort, combien cette sous-estimation fut aussi grande à Moscou. Si le « projet allemand » fut abandonné, rien ne fut fait à l'époque pour apaiser frictions et méfiances entre les communautés du Kazakhstan

Mais pas plus qu'en 1979, les responsables du P.C.U.S. ne remarquent en 1987 combien la cohabitation de groupes ethniques meurtris — les uns parce que la déportation leur impose de vivre loin de leur territoire d'origine, les autres parce qu'ils se sentent envahis — peut être génératrice de violences. Leur réponse à cette situation est sempiternelle et simpliste : l'internationalisme résout tout, aux responsables politiques locaux de le développer.

L'internationalisme est aussi le maître mot de l'action menée sur le terrain par Kolbin, à qui échoit la tâche difficile de ramener le calme dans les esprits après l'avoir imposé dans la rue. Il s'y emploie avec un succès incertain et une conception embarrassée des choix à opérer.

Au lendemain de la répression, le P.C. kazakh met en place deux instances spécialement chargées de traiter les relations interethniques. Créations qui témoignent que ce parti ne croit guère à l'explication des « voyous manipulés », mais comprend parfaitement que la crise a des origines profondes. Un *Comité des relations interethniques* est créé le 9 janvier 1987 au sein du département d'agitation et de propagande du P.C. de la république, pour réfléchir aux problèmes posés par la cohabitation des diverses nationalités et avancer des solutions concrètes destinées à améliorer leurs rapports. Le Comité central du P.C. kazakh se dote aussi d'une commission spécialisée dans les problèmes interethniques, et ouvre des antennes de cette instance aux échelons régionaux du Parti[13].

A une époque où les hauts responsables de l'U.R.S.S. persistent à croire que le *peuple soviétique* existe, la création de ces instances représente un remarquable progrès. Mais l'initiative est locale et ne suscite pas d'intérêt particulier à Moscou. Dès ce moment, le décalage grandit entre la perception qu'ont des événements et des problèmes latents le pouvoir central d'un côté, ceux qui le représentent à la périphérie de l'autre. Tout russe qu'il soit, Kolbin s'astreint durant plusieurs mois à un réel effort de réflexion et d'accumulation de connaissances sur les données du problème national au Kazakhstan.

Pour première mission, la commission du Comité central est chargée d'établir le portrait-robot du manifestant de décembre, et de proposer une analyse sociologique de la jeunesse kazakh. Ce travail améliore grandement l'image des insurgés : aux voyous succèdent dans les descriptions de vrais étudiants, comme en 1979, que nul ne présente plus comme alcooliques ou drogués. En revanche, la commission souligne chez cette jeunesse des défauts qui, pour elle, expliquent en partie son esprit de révolte. La mauvaise formation dispensée à ces étudiants condamne une politique erronée de promotion nationale.

Le pouvoir soviétique a en effet encouragé la création d'élites nationales d'une manière plus ou moins comparable à la politique de promotion des Noirs aux États-Unis. Prônant l'indulgence pour un niveau intellectuel parfois inférieur à celui des Russes lors de l'admission dans les établissements d'enseignement supérieur, le pouvoir a voulu former de gros bataillons d'étudiants nationaux en y sacrifiant les critères qualitatifs. Les effets de cette politique sont pervers. Trop d'étudiants kazakhs encombrent les universités : de 70 à 90 % des étudiants d'Alma-Ata, où la population kazakh ne représente que 40 % de la population totale, sont des Kazakhs. Cette masse fait chuter le niveau général des études et crée un milieu national trop homogène, bien éloigné de l'hétérogénéité voulue du *peuple soviétique*. Sélectionnés selon des critères qualitatifs peu exigeants, ces étudiants ont en outre bénéficié de tous les

avantages de la « préférence nationale ». Sur le programme
fédéral de promotion des nationalités s'est en effet greffé
un programme local de « promotion des compatriotes »,
quel que soit leur niveau[14]. Et ce niveau est par définition
détestable.

Conclusion logique de ce constat : ces étudiants, souvent
inaptes aux études entreprises, sont par là même inaptes
aux emplois qui exigent de véritables compétences. Le
décalage entre une masse de diplômés et les besoins réels
du pays est générateur de frustrations, dont les révoltes de
1986 sont peut-être déjà un symptôme.

Au chapitre d'une formation inadaptée aux exigences de
l'U.R.S.S., il convient aussi de verser le dossier linguistique.
Le Comité central doit constater que l'un des échecs
majeurs de l'éducation au Kazakhstan — à tous les niveaux
— est son incurie à propager la langue russe, indispensable
à la communication entre ethnies ; elle n'a d'ailleurs pas
davantage réussi à apprendre le kazakh à ceux qui affirment
le connaître à la perfection. Sans doute les enquêteurs ont-
ils éprouvé quelque satisfaction à prétendre que les jeunes
Kazakhs qui manifestèrent à Tselinograd ou à Alma-Ata
pour défendre leurs droits nationaux n'étaient pas même
capables de s'exprimer correctement dans leur langue.
Mais, au-delà de l'intention maligne, le constat rejoint un
grand sujet de mécontentement des élites kazakhs, à savoir
que le système éducatif est défavorable à leur langue et
qu'en dernier ressort, il condamne les Kazakhs à toujours
recourir au russe.

Les commissions mises en place par Kolbin n'ont pas
été inutiles. En ouvrant la boîte de Pandore des revendications linguistiques, elles ont permis à la population

kazakh de se mieux connaître, de se faire entendre, d'en tirer l'espoir qu'une politique tenant compte de ses aspirations lui permettrait de mieux protéger ses intérêts nationaux. La presse kazakh a pu enfin donner de la publicité à cette situation paradoxale : dans la république, la langue kazakh a théoriquement les mêmes droits que la langue russe, et la formation d'élites nationales est le corollaire logique de ce statut ; mais, dans la pratique, le russe est devenu la langue de la vie publique. Les exemples abondent : aucune administration ne comprend une requête formulée en langue kazakh, ne dispose de formulaires dans cette langue ; les bureaux — économiques, sociaux, etc. — où travaillent des Kazakhs ne possèdent qu'un petit nombre de machines à écrire en caractères adaptés à la langue nationale ; et les dactylos formées à utiliser le kazakh doivent laisser la place à un personnel russe ou russifié ; le matériel audiovisuel dans les écoles est en langue russe, etc. Avant toute politique de promotion des élites nationales, il faut, constatent les commissions spécialisées, assurer à l'évidence la promotion de la langue dans toute la vie publique.

Pour un responsable russe — Kolbin, en l'occurrence —, le choix d'une ligne claire est d'autant plus difficile. S'il a encouragé l'effort d'investigation des commissions créées au lendemain des émeutes, il tente ensuite de tenir la balance égale entre les aspirations nationales et les intérêts centraux. D'un côté, il se fait l'avocat du progrès du kazakh et admet que les cadres russes — et plus généralement tous les Russes — doivent cesser, en ne parlant que le russe, de donner l'impression de vivre en pays conquis. Il est vrai que cela y ressemble : alors que

62 % des Kazakhs disent être bilingues en 1989 (ce qui est probablement exact, car comment auraient-ils survécu dans une république dominée jusqu'alors par les Russes ?), 0,9 % des Russes seulement ont une connaissance du kazakh[15]. En dénonçant ce mépris des Russes pour le milieu où ils vivent, Kolbin se pose en exemple d'un comportement changé : il s'engage lui-même, devant des auditoires parfois chaleureux, souvent ironiques, à maîtriser la langue de la république en l'espace d'un an ! Mais, d'un autre côté, il s'irrite des exigences des Kazakhs sur ce chapitre. Quand ceux-ci demandent que des jardins d'enfants soient ouverts pour scolariser leur progéniture dans la langue nationale, il rétorque avec impatience que le progrès ne se décide pas dans les jardins d'enfants. Et qu'il faut aussi que les Kazakhs maîtrisent réellement le russe, au lieu d'en avoir une connaissance approximative, s'ils souhaitent participer efficacement à la vie publique.

En avril 1987, une réunion consacrée aux relations inter-ethniques débat à Alma-Ata de l'ensemble de ces problèmes. Elle témoigne de la volonté d'équilibrer deux positions contraires : celle des Kazakhs, qui réclament la promotion de leur langue, et celle des Russes, qui estiment être discriminés dans les universités et dans les emplois publics où les Kazakhs continuent d'entrer de manière prioritaire. En donnant des gages aux deux parties, Kolbin les laisse toutes deux sur leur faim et se prépare à de nouveaux conflits[16].

Est-ce par souci de soumettre les exigences de la situation locale à la ligne suivie au centre ? Ou simplement parce que l'influence des deux communautés opposées s'équilibre ? Toujours est-il que face à ce dilemme, la conclusion de Kolbin relève plus du vœu pieux que d'une politique réaliste. Tout se résout dans l'internationalisme, répète-t-il à l'envi.

Internationaliser les mentalités n'est pas tâche aisée. Pour y atteindre, Kolbin dessine une voie immédiate : l'internationalisation des emplois et du milieu de travail[17].

Russes et Kazakhs mènent de longue date des existences séparées. Éleveurs par tradition, les Kazakhs sont absents du monde industriel. Entrer dans une entreprise comme ouvrier, qualifié ou non, n'est pas considéré comme prestigieux au sein de cette communauté. En milieu urbain, les Kazakhs préfèrent les emplois tertiaires ou les postes administratifs des usines. Ils évitent ainsi de côtoyer de trop près les ouvriers russes et peuvent utiliser entre eux leur langue jusque dans la vie professionnelle. Une fois encore, le problème linguistique et une perception traditionnelle de la hiérarchie des emplois contribuent à séparer les communautés, y compris dans les villes pourtant propices au brassage ethnique.

Le développement économique de la république doit passer par un effort accru d'industrialisation qui fournirait des emplois à une main-d'œuvre locale en augmentation et créerait enfin dans le monde du travail une communauté humaine dépassant les différences nationales. Après les émeutes d'Alma-Ata, le pouvoir local, sous la direction de Kolbin, s'efforce de pousser les jeunes Kazakhs vers les entreprises. Peine perdue ! Ceux-ci se plaignent que, pour y parvenir, on leur ferme la porte des universités où, pensent-ils, le pouvoir entend installer à leur place des représentants d'autres communautés. Bardés de diplômes, ils ne veulent que des postes d'autorité ; lorsqu'ils ne sont pas diplômés, ils refusent tout simplement de prendre des emplois qui les mêleraient aux Russes.

L'état catastrophique de l'économie kazakh — le logement y est plus rare encore que dans le reste de l'U.R.S.S. —, les vicissitudes de l'approvisionnement en biens alimentaires font aussi l'objet d'un tir croisé d'accusations. Kolbin reproche aux Kazakhs de refuser toute contribution à l'effort de développement ; les Kazakhs affirment que les privilèges des Russes condamnent, quoi qu'il arrive, toute politique de développement à l'échec[18].

Si elles ne l'ont guère été à Moscou, les causes profondes du soulèvement de décembre 1986 ont été au bout du compte plutôt bien comprises au Kazakhstan. Le développement rapide du sentiment national, le coup de fouet qui lui a été donné par le constat que les Kazakhs ont gagné la bataille démographique (ils songent déjà au prochain millénaire et calculent qu'ils seront alors 12 millions) sont venus s'ajouter à la peur des réformes et aux difficultés croissantes de la vie quotidienne. Le tableau n'a rien d'original, il vaut plus ou moins, à cette époque, pour nombre de républiques périphériques de l'U.R.S.S. Mais ce qui est inédit au Kazakhstan, c'est l'irruption soudaine et violente des facteurs ethniques dans la vie politique. Quand Moscou impose des purges à la périphérie pour briser les habitudes de corruption, quand des cadres y sont parachutés sans vraies précautions, le mécontentement local est manifeste. Mais, jusqu'en 1986, il ne s'est jamais exprimé sous la forme d'un conflit caractérisé entre Russes et nationaux.

On incrimine le pouvoir central, son interventionnisme, les rapports inégaux centre-périphérie, thèmes généraux qui dissimulent certes de profondes rancœurs interethniques ; mais le fait nouveau, à Alma-Ata en 1986, c'est l'expression non déguisée du sentiment antirusse. Et l'affirmation que le Kazakhstan doit appartenir dans les faits au groupe ethnique qui représente la majorité de la population.

Le discours optimiste consacré au *peuple soviétique*, à l'internationalisme et à ses progrès, s'est brisé en 1986 sur ce slogan brutal : « Le Kazakhstan aux Kazakhs ! » Par une ironie de l'histoire de l'U.R.S.S., c'est dans la république où une telle rupture était la moins prévisible — ce qui explique sans doute les imprudences du pouvoir central — qu'elle se produit en 1986. La faiblesse du groupe national kazakh, l'importance de la communauté russe, le nombre considérable de nationalités présentes sur le territoire plaidaient pour une acculturation rapide, sinon pour une assimilation. Nulle part ailleurs en U.R.S.S. les chances de voir des peuples divers se fondre en un *peuple soviétique* ne semblaient plus grandes. Deux éléments pouvaient d'ailleurs laisser entrevoir une telle évolution :

En premier lieu, la place centrale du russe dans la vie de la république, que les Kazakhs déplorent[19]. Les recensements successifs témoignent de l'originalité du Kazakhstan à cet égard. En Asie centrale, les nations dotées d'un État propre — Ouzbeks, Tadjiks, Turkmènes, Kirghiz — ne connaissent le russe que dans une proportion de 25 à 30 %. Dans le Caucase, même les Géorgiens ou les Arméniens d'un niveau d'éducation élevé ne sont que de 30 à 40 % à dominer la langue du Grand Frère. Les Kazakhs, en revanche, se situent dans le peloton de tête, en compagnie des Lettons, battant dans cette course à l'acculturation linguistique les autres peuples slaves, Ukrainiens et Biélorusses. Certes, cette adhésion à la langue russe n'est pas le résultat d'une volonté de rapprochement avec le premier peuple d'U.R.S.S., mais découle plutôt de la nécessité. Il faut bien vivre, dans une république où la puissance numérique des Russes a imposé l'usage quasi exclusif de leur langue. Que les Kazakhs en aient été heurtés au fond d'eux-mêmes est probable. Néanmoins, le bilinguisme, qui est tenu presque partout ailleurs en échec, alors qu'il paraît avoir réussi au Kazakhstan, suggérait qu'ici, au moins, le rapprochement des ethnies était à l'œuvre.

En second lieu, l'expérience passée a probablement contribué aussi à nourrir les illusions de Moscou. République échappant aux normes, puisque les Kazakhs y sont encore en minorité, le Kazakhstan illustre, pense-t-on à Moscou, la *générosité* du projet national. En dépit de leur faiblesse numérique, les Kazakhs ont toujours conservé ce statut exorbitant du droit commun. Certes, la tentation a parfois surgi de précipiter l'évolution des esprits et d'intégrer le Kazakhstan à la Russie, préfiguration de l'unification future de l'espace soviétique. Ce fut surtout vrai sous Khrouchtchev. Lorsque celui-ci lance à l'assaut des terres vierges la société soviétique, il songe à incorporer cette partie du Kazakhstan à la Russie, donc à réduire le territoire de la république de ses cinq régions les plus riches, regroupant le tiers de la population et produisant les deux tiers des productions céréalières. Premier pas vers ce transfert, la capitale de la *région des terres vierges* créée en 1956 est débaptisée et russifiée : Akmolinsk, vieille ville kazakh, devient Tselinograd. Ce changement rend bien compte de la réalité humaine du territoire, encore peuplé en majorité de Russes. La politique de Khrouchtchev à l'égard du Kazakhstan ne tient alors aucun compte des susceptibilités nationales. L'encadrement politique se russifie massivement, et l'hypothèse d'une rétrogradation de tout le Kazakhstan au rang de simple république autonome ou de territoire rattaché à la Russie — après tout, la république de Carélie a bien subi un tel sort — gagne du terrain.

La menace qui pesait alors sur l'avenir du Kazakhstan était autrement plus grave que le « parachutage » d'un Russe au poste de premier secrétaire du Parti de la république, trois décennies plus tard. Sans doute, comme Khrouchtchev, Gorbatchev a-t-il pensé que le Kazakhstan était le lieu le plus propice pour faire progresser la conception « internationaliste » de l'U.R.S.S. Mais voilà qui donne la mesure de l'évolution des esprits : alors que les projets de Khrouchtchev n'ont pas soulevé le Kazakhstan, une émeute va en définitive faire reculer Gorbatchev. Le projet krouchtchévien s'est effrité non sous les coups d'une opposition des Kazakhs, mais parce que la conquête des terres vierges, mal préparée, mal conduite, s'est révélée coûteuse et inutile. Et les successeurs de Khrouchtchev ont renoncé à l'ensemble du projet. La *stagnation* a alors eu le mérite de faire oublier les tentatives de transformations territoriales et politiques. Rassurés sur leur avenir, les Kazakhs ont peu à peu regagné les postes d'encadrement perdus naguère au profit des Russes. De la menace qui pesait sur leur avenir étatique, il n'est resté que le nom de Tselinograd.

Peut-être est-ce ce souvenir du calme qui accueillit au Kazakhstan les entreprises de Khrouchtchev qui a contribué à convaincre Gorbatchev qu'il n'y avait, dans ces confins éloignés, d'autre problème à régler que l'élimination de la corruption et du clientélisme. Mais la promotion systématique des élites nationales, variante soviétique de *l'affirmative action* américaine, conduite depuis la chute de Khrouchtchev, a en définitive encouragé à la périphérie les phénomènes que Gorbatchev souhaite éliminer. Elle a aussi affaibli l'autorité du pouvoir central et du groupe russe. Ce que Gorbatchev a voulu tester au Kazakhstan en 1985, comme Khrouchtchev avant lui, c'est l'abandon de l'*affirmative action*. C'est la réalité d'un *peuple soviétique* que ne sépareraient plus les barrières ethniques. La violence que déchaîne ce test, la mobilisation soudaine de toute une société défient toutes les certitudes antérieures. Les décennies de vie commune, le bilinguisme, la « générosité » qui s'est traduite dans la formation des élites nationales et dans l'octroi d'un statut politique privilégié, loin d'unir les peuples, ont contribué à les séparer. Leçon inattendue, cruelle, du premier grand soulèvement populaire. Leçon qui sera entendue par tous les peuples des confins à qui Alma-Ata apprend que dans l'U.R.S.S. de Gorbatchev, se soulever contre Moscou est devenu possible. Leçon mal perçue au centre où l'attention se détourne rapidement de la périphérie et où l'on réduit tout à des dérives du comportement individuel et aux conséquences de la *stagnation*.

En 1913, un journal paraissant à Kaboul sous la manchette « L'Asie aux Asiatiques » contribua à accélérer la prise de conscience nationale en Asie centrale, alors qu'à

Petersbourg, nul ne le remarqua. En 1986, le mot d'ordre
« Le Kazakhstan aux Kazakhs ! » résonne pareillement,
avec les mêmes effets. Avertissement au centre, incitation
à la périphérie : l'Histoire, ici, tend à se répéter. A Moscou,
nul ne songe à s'inquiéter de la contagion possible d'un tel
slogan, alors qu'il retentit interminablement dans les républiques voisines. Quelques mois encore et l'on pourra
constater, comme en 1913, qu'à ignorer les grondements
qui ébranlent les confins, le pouvoir central est en train de
compromettre tout l'avenir de l'Empire.

CHAPITRE IV

La libanisation du Caucase

Qui, avant février 1988, a jamais entendu parler, à l'extérieur de l'U.R.S.S., hors des cercles arméniens et azéris, du Haut-Karabakh ? Pourtant, c'est le sort de cette région autonome, rattachée à l'Azerbaïdjan, qui va révéler au monde l'ampleur des conflits interethniques en U.R.S.S., plonger toute la Transcaucasie dans la guerre civile et montrer que le fédéralisme soviétique est à bout de souffle.

La crise de la Transcaucasie est multidimensionnelle. Le problème du Haut-Karabakh, l'écologie, les rapports entre Arméniens et Azéris, l'hostilité croissante des deux nations à Moscou même, et jusqu'aux relations de l'U.R.S.S. avec la Turquie voisine en sont les données. Chacune suffirait à elle seule à nourrir des conflits d'une violence encore inconnue jusque-là en Union soviétique.

« Un peuple, une république »

L'irrédentisme arménien dans le Haut-Karabakh est le détonateur qui va faire basculer toute la Transcaucasie d'un calme apparent dans l'horreur. Occulté en U.R.S.S. durant des décennies, ce problème est en fait posé depuis les débuts du pouvoir soviétique.

Région montagneuse du Caucase qui, dans sa forme administrative présente, couvre 4 400 km², le Karabakh est l'objet d'un conflit permanent entre Arméniens et Azéris, qui en revendiquent la possession[1]. En décembre 1920, quand l'Arménie perd son indépendance, il est implicitement admis que ses frontières engloberont le Karabakh, peuplé à 95 % d'Arméniens. Le désir de satisfaire la Turquie kemaliste conduit pourtant le pouvoir soviétique à revenir sur cet engagement et à attribuer, en 1923, le Karabakh à l'Azerbaïdjan. Pour les Arméniens d'Arménie, pour ceux du Karabakh, c'est une situation difficilement acceptable, d'autant qu'au sein de l'Azerbaïdjan, le Karabakh n'a qu'un statut de *région autonome,* ce qui le fait dépendre des choix politiques de la république azérie. L'histoire tourmentée de l'U.R.S.S., de 1923 à la disparition de Staline, interdit aux Arméniens de s'appesantir sur ce malheur. Au surplus, le souvenir horrifié du génocide de 1915 donne à la « protection soviétique » une importance considérable. C'est elle, pensent les Arméniens, qui les prémunit contre la répétition d'une telle abomination ; de cette protection il leur faut donc accepter les inconvénients.

Le retour des aspirations nationales perdues est lié aux progrès politiques du système soviétique. La fin du stalinisme, abolissant jusqu'à un certain degré la peur, réveille

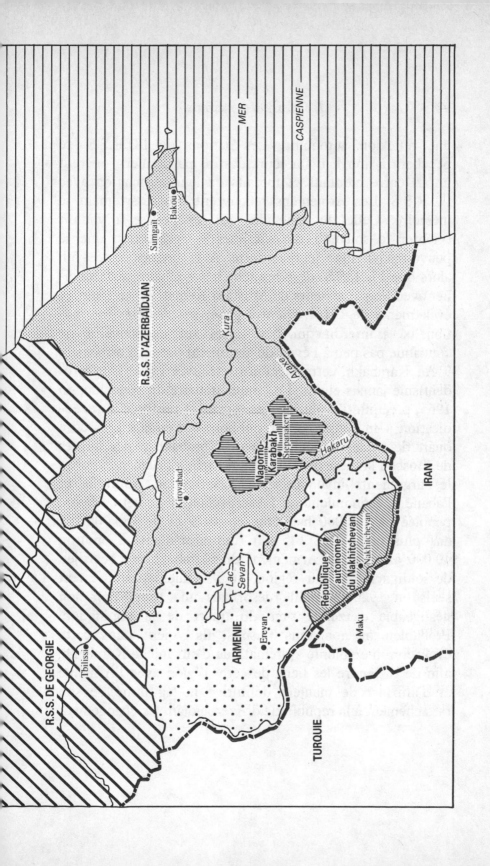

une réflexion autonome. Les nations de l'U.R.S.S. se penchent à nouveau sur leurs destins particuliers, opèrent un tri entre bienfaits et méfaits de leur association avec l'U.R.S.S. Les Arméniens recouvrent progressivement la mémoire. Celle du génocide, qui les pousse à vouloir célébrer le souvenir des victimes — prétention que le pouvoir soviétique leur conteste. A la fin des années 50, alors que l'U.R.S.S. de Khrouchtchev souhaite se réconcilier avec les successeurs de Mustafa Kemal, insister sur les événements de 1915 revienᵗ à gêner ses desseins internationaux. L'interdit qui pèse alors sur ce souvenir ne contribue pas peu à l'éveil du sentiment national arménien.

Au Karabakh, cette mémoire retrouvée nourrit un irrédentisme jamais éteint. Le cinquantenaire du génocide, en 1965, précipite l'évolution des esprits et renforce la revendication « un peuple, une république ». Pendant près d'un quart de siècle, la population du Karabakh plaide auprès de Moscou la thèse de son rattachement à l'Arménie. Parmi les arguments invoqués, la discrimination culturelle et l'abandon économique où l'Azerbaïdjan laisse cette région, peuplée de 162 000 habitants en 1979 et de 185 000 dix ans plus tard, dont 145 000 sont arméniens et environ 40 000 azéris[2]. Les Arméniens du Karabakh ont beau jeu de souligner que leur région, où ils étaient pratiquement seuls en 1920, accueille désormais une proportion non négligeable d'Azéris : près du quart de la population. Probablement non sans raisons, ils voient dans cette évolution une volonté systématique d'envahir le Karabakh, afin de distendre les liens de cette région avec l'Arménie et d'affirmer de manière définitive la légitimité de son rattachement à la république d'Azerbaïdjan. Ce changement progressif dans l'équilibre de la population pousse les Arméniens à demander avec plus d'insistance que jamais le rattachement du Karabakh à l'Arménie.

Moscou est toujours demeuré sourd aux demandes visant à reconsidérer les frontières de 1923. Ce mépris pour un problème réel n'est pas pour rien dans la montée rapide de l'exaspération arménienne.

A la fin des années 80 comme en 1956, l'évolution politique de l'U.R.S.S. porte le débat sur la scène publique et en des termes beaucoup plus violents que par le passé. La *perestroïka* n'implique-t-elle pas que tout en U.R.S.S mérite d'être soumis à examen, repensé et réformé si nécessaire ? C'est du moins la conviction de la population arménienne du Karabakh qui présente à Gorbatchev une pétition signée de près de 80 000 noms (toute la population adulte de la région), véritable référendum populaire, lui demandant de rectifier les frontières. Un an de silence, puis c'est la réponse négative, dédaigneuse — elle émane de l'administration du Comité central du P.C.U.S., alors que l'appel avait été adressé à Gorbatchev en personne. Une fois encore, le secrétaire général du P.C.U.S. montre son incompréhension des sentiments qui animent les peuples de la périphérie.

Le rejet de l'appel provoque au Karabakh une mobilisation instantanée. 1988 n'est pas 1965 ou 1975. L'U.R.S.S. a changé, les manifestations qui se multiplient à la périphérie ont appris à la population qu'elle doit, pour faire triompher sa cause, exprimer massivement sa volonté et refuser que toute réforme dépende du seul bon vouloir de ceux qui la dirigent. Dès le 11 février 1988, des manifestations ont lieu à Stepanakert, capitale du Karabakh, attestant que les masses mécontentes sont en train de devenir société civile.

Les défilés de Stepanakert trouvent un écho à Erevan, car en Arménie aussi le peuple s'exaspère de n'être pas entendu. De surcroît, la solidarité avec le Karabakh se double ici d'une autre cause d'agitation : l'angoisse pour l'avenir écologique de la république.

Jusqu'à l'explosion de Tchernobyl, au printemps 1986, il n'était pas admis en U.R.S.S. que de graves problèmes écologiques pussent s'y poser. La vieille antienne de Staline : « Nulle part on ne respire plus librement qu'ici », avait dérivé de son contenu politique initial à une vision idéale de l'environnement. La pollution, les dangers d'une industrialisation incontrôlée ne concernaient alors que l'univers capitaliste, l'U.R.S.S. en était préservée. Certes, dès le début de la décennie, les savants soviétiques, mais aussi divers groupes avaient tenté de donner l'alarme : leur pays était le lieu privilégié d'un désastre écologique sans précédent. Avant d'être chassé de son pays, Soljénitsyne avait adressé aux dirigeants de l'U.R.S.S. un appel pathétique sur ce thème, mettant en garde contre « notre effondrement et celui de la civilisation occidentale dans la cohue et la puanteur de la Terre souillée[3] ». La *glasnost'*, après Tchernobyl, ouvre les vannes d'une information tragique, mais sans effets pratiques. A partir de 1988, pourtant, le pouvoir soviétique, affolé en découvrant l'ampleur de la destruction de l'environnement et ses conséquences sur la santé des individus, laisse publier des informations sur la dangerosité des villes[4]. Au tableau d'honneur des cités polluées de l'U.R.S.S.[5], Erevan, capitale de l'Arménie, figure au tout premier rang. C'est en tout cas la ville la plus polluée en monoxyde de carbone. Les conséquences pathologiques — avortements spontanés, enfants malformés, maladies respiratoires, cancers, taux très élevé de morbidité — sont si considérables qu'elles font l'objet d'enquêtes officielles et surtout d'un effort d'évaluation à partir de documents classifiés.

Les intellectuels arméniens se mobilisent, en appellent à Gorbatchev pour que l'Arménie cesse de se couvrir d'usines polluantes. Peine perdue. En 1988, un nouveau complexe chimique est mis en chantier. Les manifestations se multiplient à Erevan où le tiers de la population de la république se sent menacé d'un « génocide de l'environnement ». En février 1988, de Stepanakert à Erevan, ce n'est qu'un cri, lancé par des dizaines de milliers d'Arméniens : « Rendez-nous notre unité ! Laissez vivre l'Arménie ! » L'addition des revendications nationales et des revendications écologiques, qui confère une force extraordinaire au mouvement, n'a rien d'étonnant. Ce qui est en cause, c'est la survie d'un peuple, menacé ici de destruction physique, là par le déferlement des Azéris. L'Arménie est trop petite, sa population trop peu nombreuse pour affronter cette double menace.

L'adversaire, en ces premiers temps de la « révolution du Karabakh », c'est l'Azerbaïdjan, intraitable sur l'avenir de la région. En Azerbaïdjan aussi, les années du changement soviétique, les « années Gorbatchev » ont durci les positions. La *perestroïka* y a peu d'échos, mais le sentiment national azéri s'affirme dans une réflexion sur le passé et la culture qui, comme ailleurs, marque une volonté de tirer avantage des évolutions intervenues en U.R.S.S. pour renforcer l'identité de la nation azérie dans la vie de la

république. Ce sentiment national, dans lequel l'hostilité
envers l'Arménie voisine a toujours tenu une place centrale,
ne peut évidemment qu'alimenter, à l'heure où le nationalisme arménien explose, la volonté d'en découdre avec ce
voisin haï.

Les effets de la *perestroïka* à Moscou même ajoutent à
cette hostilité ouverte. Aliev, qui jusqu'en 1981 fut premier
secrétaire du P.C. azéri avant de devenir premier vice-
président du gouvernement soviétique, a été écarté de ce
poste prestigieux et privé de son siège au Politburo à
l'automne 1987. Les Azéris ont le sentiment d'avoir perdu
leur représentant à Moscou au moment précis où Gorbatchev s'entourait de conseillers arméniens. La crainte de le
voir trancher en faveur des thèses arméniennes s'empare
d'eux. Leur évolution démographique contribue aussi à
forger un climat national plus affirmé qu'auparavant. En
1989, dans cette république peuplée de 7 millions d'habitants[6] — contre 6 millions en 1979 —, la progression de la
population est due aux seuls Azéris. La population russe
est tombée en dix ans de 475 000 à 392 000 personnes.
Non contents de progresser en nombre au Karabakh, les
Azéris ont réussi à peupler presque totalement (281 000
Azéris sur une population totale de 294 500 habitants en
1989, pour moins de 2 000 Arméniens) le Nakhitchevan,
ce territoire situé en Arménie que le découpage territorial
de 1923 a placé dans l'orbite de l'Azerbaïdjan. Cette
politique de peuplement systématique indique bien que
l'Azerbaïdjan n'entend pas perdre un pouce de territoire,
que toute idée de rectification des frontières, voire d'échange
de populations entre Nakhitchevan et Karabakh, y est
repoussée sans la moindre hésitation. A Bakou, l'on suit

avec passion les mouvements de foule de Stepanakert et Erevan, avec l'intention bien arrêtée de ne rien céder. Pour feutré qu'il paraisse encore, le conflit entre les deux nations qui vont bientôt s'entredéchirer est tout près d'éclater. Les ingrédients n'en ont pas changé depuis 1923, mais, depuis lors, les passions se sont beaucoup développées de part et d'autre.

Au début de l'année 1988, le centre du système n'est la cible d'aucune hostilité. Les Arméniens, toujours marqués par le souvenir tragique de 1915, n'imaginent pas renoncer à la protection soviétique. C'est de Moscou qu'ils attendent un arbitrage, même si le silence qui y règne, face aux demandes réitérées de révision des frontières, semble peu encourageant. L'Azerbaïdjan tient de même que l'arbitrage du centre, qui lui fut jadis si favorable, est un élément décisif dans la querelle du Karabakh. De surcroît, les responsables de la république sont conscients qu'un élément extérieur pèse en leur faveur : la Turquie. Jadis, celle-ci était intervenue pour que le territoire azéri soit doté des régions réclamées par l'Arménie. Les exigences territoriales qui s'affirment à la fin des années 80 ne passent pas inaperçues en Turquie, la presse les commente ; le thème d'une responsabilité d'Ankara dans la protection de l'intégrité de « l'espace turc » y refait surface.

Telles sont les données de la tragédie à venir. Cependant, rien ne suggère encore, au-delà du malaise et des raidissements, qu'une tragédie va se jouer.

Un pogrom programmé[7] ?

18 février 1988 : des manifestations considérables se
déroulent simultanément à Erevan et à Stepanakert. Les
manifestants ont trouvé le mot d'ordre qui les unit : « Un
peuple, une république ! » Ils sont d'autant plus nombreux
à Stepanakert que la grève générale jette dans les rues
écoliers et travailleurs. Mais, pour nombreux qu'ils soient,
il ne faut pas se tromper sur ce qui les motive : ils n'en
veulent ni à l'U.R.S.S. ni au système. Ils demandent
simplement que leur soit appliqué le principe, cher à
Lénine, de l'autodétermination. Leur appel s'adresse au
système soviétique tel qu'il existe, pour qu'il mette ici en
œuvre ce principe inscrit dans la Constitution de l'U.R.S.S..
Au Karabakh, la revendication populaire donne le jour à
une véritable organisation de la vie politique, telle que
l'U.R.S.S. n'a pas encore l'habitude d'en voir. Le 20 février
1988, Moscou refusant de tenir compte de la pétition-
référendum qui lui a été présentée, le soviet de la région
autonome vote à une majorité écrasante (110 voix pour,
celles de tous les Arméniens, les 30 députés azéris ayant
boycotté le scrutin) le rattachement de cette région à
l'Arménie. C'est une grande première en U.R.S.S. : des
députés élus selon un mode de scrutin parfaitement anti-
démocratique se découvrent soudain représentants de la
volonté populaire, et non plus porte-parole du pouvoir
central. La vie politique moderne, démocratique, naît en
U.R.S.S. ce jour-là, dans ces confins perdus où le suffrage
revêt soudain une signification.
Tout aussi importante sur le plan politique est en
Arménie l'apparition du Comité Karabakh, *front populaire*

avant que ne se développent ailleurs des fronts analogues, qui deviendra en quelques mois le pouvoir réel de la nation arménienne. Le vote du soviet régional du Karabakh, la formation du Comité : autant d'éléments qui vont jeter la société arménienne dans les rues pour tenter d'imposer d'en bas ses exigences au pouvoir central. Une folle semaine commence alors : à Erevan, six mille manifestants réclament dans un même souffle la reconnaissance d'une Arménie réunifiée et épurée, rendue à la prospérité. Les manifestants appellent Gorbatchev à l'aide, et leur propre Parlement à entériner le vote du soviet du Karabakh, donc à décider seul de placer sous son autorité le reste du pays arménien. La société civile aurait-elle gagné son combat ?

Le 26 février 1988, au terme de cette semaine si exceptionnelle, Gorbatchev réagit. Il le fait par un message adressé aux deux parties, Arméniens et Azéris, qu'il appelle au calme[8]. Le temps, dit-il, est d'abord à la *perestroïka*, à la résolution des problèmes les plus urgents, d'ordre économique et social. Pour autant, dit-il, le Parti comprend les difficultés des relations entre nations, et se prépare à en débattre. Le même jour, à Moscou, recevant deux écrivains arméniens venus d'Erevan plaider le dossier du Karabakh, Gorbatchev leur tient un discours ambigu. Il prétend chercher une « solution équitable » et se plaint que le mouvement national arménien, par ses manifestations, porte un coup fatal — un « coup de poignard dans le dos » — à la *perestroïka*[9]. Comme le note l'auteur d'une excellente histoire de l'Arménie soviétique, ce discours peut être apparenté au « je vous ai compris » du général de Gaulle[10]. Nul ne sait au juste ce qui a été compris. Dans le doute, chacun peut conclure à sa guise, et Gorbatchev, comme de

Gaulle, espère avoir ainsi gagné du temps et apaisé les passions.

En fait, loin de les apaiser, ce discours a peut-être accéléré la catastrophe, c'est-à-dire le pogrom. A Erevan, la promesse qu'une commission va être créée pour examiner le problème, à condition que le calme revienne, permet certes, aux organisateurs des manifestations de faire accepter à leurs troupes l'idée d'une trêve nécessaire. Un mois durant lequel la vie reprendra son cours, c'est ce qu'ils leur imposent, en dépit des réticences d'éléments extrémistes. Mais, à Bakou, il n'en va pas de même, peut-être parce qu'on y craint réellement que, pressé par son entourage arménien, Gorbatchev n'en vienne à accepter les exigences adverses. Et c'est l'horreur de Sumgaït.

A la folle semaine de manifestations joyeuses, sans débordements, vont succéder deux atroces journées qui réveillent chez les Arméniens le souvenir de 1915. L'enchaînement des faits est connu, même si bien des éléments demeurent encore obscurs. Tout commence par la « descente » à Stepanakert de jeunes Azéris, « des jeunes gens en colère ». Les affrontements, inéluctables dans l'atmosphère surchauffée du Karabakh, laissent sur le terrain deux morts — des Azéris — et des blessés par dizaines. C'est alors l'escalade. Les Azéris décident de venger leurs morts. C'est le pogrom de Sumgaït, cité industrielle de la banlieue de Bakou, où Arméniens et Azéris cohabitent. Deux atroces journées, deux nuits atroces où l'on tue, viole, pille, incendie tout ce qui est arménien. Le bilan officiel dénombre 31 morts et 300 blessés. La réalité est à coup sûr plus sombre. La suite est classique : couvre-feu, troupes du M.V.D. dépêchées sur place à la hâte, mais trop tard, affrontements en chaîne dans diverses cités du Karabakh, et même à Bakou. Les Arméniens fuient l'Azerbaïdjan et les souvenirs d'horreur ; les Azéris fuient l'Arménie, de crainte de représailles. L'exode, de part et d'autre, ira en s'amplifiant au fil des mois et des violences à répétition.

Au-delà du pogrom, le regard se porte sur ce qu'il dissimule, sur ses mystères. Les plus folles rumeurs circulent, ajoutant à la passion et au désespoir des Arméniens. Derrière ces rumeurs, quelques faits étranges semblent pourtant difficiles à ignorer. En 1988, alors que l'U.R.S.S. vit encore sous l'empire de la « loi sèche », qui rend très hasardeux et onéreux l'achat d'alcool, la vodka a fait une soudaine réapparition dans la région. Qui a autorisé, contre tous les textes en vigueur, qu'une population déjà exaspérée puisse ajouter à la passion politique celle que crée la consommation immodérée d'alcool ? Des bandes d'Azéris, étrangers à Sumgaït, auraient été acheminées par autobus spéciaux vers le lieu du pogrom. Qui les a transportées ? Qui sont ces individus déchaînés qui semblent avoir obéi à un plan préconçu ? Nul ne le sait, et la justice n'aidera guère à séparer le vrai des hypothèses les plus extravagantes.

Le silence de la presse centrale et les semi-vérités officielles — la *glasnost'* n'est pas ici à l'ordre du jour — interdisent encore tout jugement d'ensemble. Pourtant, il n'est pas impensable qu'il y ait eu provocation délibérée. Ou, à tout le moins, complicité tacite des autorités. Mais, dès lors que l'on envisage l'hypothèse d'une provocation, de quelles autorités s'agirait-il ? Pour les Arméniens, c'est le gouvernement azéri qui a conduit ou toléré l'effroyable expédition. Pour les Azéris, c'est le K.G.B., dans le but de donner aux Arméniens un statut de victimes, donc d'imposer peu à peu la solution territoriale exigée par eux. Enfin, pour quelques gorbatchéviens ardents, le crime étant toujours l'œuvre de celui qui en tire profit, ce seraient les conservateurs, acharnés à perdre Gorbatchev.

Si l'on ne peut faire plus qu'exposer des hypothèses, constater les effets de la tragédie est en revanche aisé. Elle a radicalement modifié le problème de la Transcaucasie. Jusqu'ici latentes — Arméniens et Azéris cohabitaient dans les deux républiques — les haines sont désormais si fortes, si ouvertes que ce duel exige le triomphe absolu de l'un et la défaite totale de l'autre. La cohabitation, difficile sans doute, mais qui existait tant bien que mal, n'est plus possible. L'affaire du Karabakh ne peut rester en l'état.

A Erevan comme à Bakou, on attend que Gorbatchev se prononce cette fois sans ambiguïté. Or c'est exactement ce qu'il n'entend pas faire, et sans doute ce qu'il ne peut pas faire. Trancher dans le vif reviendrait à s'aliéner totalement l'une des républiques. Or celles-ci ont des appuis que Gorbatchev ne peut négliger. La diaspora arménienne lui est proche à Moscou. Hors d'U.R.S.S., elle mobilise d'innombrables partisans. La défier reviendrait à défier l'opinion publique internationale. En ce qui concerne l'Azerbaïdjan, la situation est différente, mais guère plus simple. Ici, pas de diaspora, mais des républiques musulmanes en U.R.S.S., qui guettent et sont prêtes à s'insurger contre tout désaveu de l'Azerbaïdjan. Depuis décembre 1986, Gorbatchev a appris que la périphérie musulmane était prompte à s'enflammer. Au-delà des frontières soviétiques, la Turquie veille aussi au grain. Le 12 mars, le quotidien *Miliyet* rappelle fort opportunément qu'Ankara est comptable du sort des territoires turcs, fussent-ils situés hors de sa juridiction. Menace subtile que Gorbatchev peut difficilement ignorer.

Où gagner du temps revient à en perdre

Que faire alors ? Gagner du temps. Un plan de développement[11] pour le Karabakh est adopté en hâte à Moscou, qui provoque l'indignation des Azéris. Le Karabakh, disent-ils, est déjà mieux pourvu que le reste de la république. Si les Azéris sont mécontents, les Arméniens ont toutes raisons de l'être aussi. Du pogrom ils ont tiré l'espoir que Moscou ne pourrait plus faire la sourde oreille. Espoir de courte durée. Le 23 mars 1988, le Soviet suprême de l'U.R.S.S. adopte une résolution condamnant violemment la position arménienne. Il n'est pas question de résoudre les difficiles problèmes territoriaux des nations en faisant pression sur l'État. Le Comité Karabakh, qui est en train d'organiser une manifestation pour le 26 mars — le délai de grâce négocié avec Gorbatchev en février est expiré — est la cible privilégiée de ce jugement sans appel. La presse soviétique se déchaîne contre lui[12] et l'interdiction ne tarde pas à tomber, prononcée à la fois par les autorités d'Arménie et par celles du Karabakh, où c'est évidemment le Soviet suprême d'Azerbaïdjan qui tranche. Qui douterait cependant que l'ordre soit venu de Moscou ? Tandis que la police et les forces du M.V.D. patrouillent dans Erevan que survolent indéfiniment des hélicoptères, quatre chefs de file du mouvement arménien sont arrêtés.

Le Comité Karabakh est traité en dangereuse organisation qui sème le désordre et appelle au soulèvement. A la vérité, ses responsables, dès qu'ils ont senti le raidissement de Moscou, ont au contraire cherché à prévenir les mouvements de rue, à organiser une simple résistance passive. Telle sera la journée « ville morte » à Erevan, le 25 mai.

La réaction de Moscou, si dure à l'égard des Arméniens, témoigne d'un certain affolement. La montée de l'agitation, la capacité organisatrice du Comité Karabakh, l'émergence d'une société civile qui prétend imposer ses vues, autant de données nouvelles dans les rapports entre pouvoir et société en U.R.S.S. Il est clair que le pouvoir pense encore être capable d'enrayer cette évolution, de reprendre le contrôle de toutes les décisions. La promesse faite par Gorbatchev à la mi-mars de confier à une commission spéciale l'examen du dossier montre bien qu'à ses yeux, c'est par la voie traditionnelle des décisions hiérarchisées, partant d'en haut, qu'on doit traiter tous les problèmes de l'U.R.S.S., quel que soit leur caractère d'urgence et de gravité. Pour faire bon poids, marquer davantage encore que les méthodes en usage ne seront pas abandonnées, les deux premiers secrétaires des Partis communistes d'Arménie (Demirchian) et d'Azerbaïdjan (Baghirov) sont démis de leurs fonctions. Ces évictions se font sous la houlette des plus proches collaborateurs de Gorbatchev, venus tout spécialement assister aux plénums des Comités centraux républicains appelés à dresser les comptes des événements de février. Ligatchev à Bakou, Iakovlev à Erevan : dans un cas, un homme réputé conservateur, dans l'autre, un libéral avéré. Tout est calculé pour montrer qu'au sommet du système, toutes tendances confondues, l'accord est unanime pour sévir et régler de manière « hiérarchique » le problème de Transcaucasie.

L'autorité manifestée par Gorbatchev ne suffit pas à arrêter le temps ni à calmer les passions. Les affrontements se succèdent sous n'importe quel prétexte, et le jugement rendu en mai par le tribunal de Sumgaït contre l'un des auteurs du pogrom — quinze ans de prison — rouvre le cycle des violences. Aux yeux des Arméniens, cette peine constitue un défi honteux à la mémoire des morts ; pour les Azéris, c'est un verdict d'une sévérité inacceptable. La mobilisation se fait de part et d'autre ; à Moscou, on constate que la situation dans la rue devient incontrôlable[13]. Elle l'est encore plus au niveau politique puisque, le 15 juin, le Soviet suprême d'Arménie vote à l'unanimité le rattachement du Karabakh. Quarante-huit heures plus tard, le Soviet suprême d'Azerbaïdjan vote non moins unanimement la résolution inverse. C'est l'impasse. Mais, plus grave, c'est le commencement de la rébellion des pouvoirs locaux contre le pouvoir central. La mise au pas des partis locaux n'a servi à rien, semble-t-il ; nul, dans ces républiques, ne tient plus Moscou pour le lieu où se décident les affaires nationales.

Encore une fois, Gorbatchev intervient. Il se prononce alors clairement contre tout changement de frontières. Les Arméniens ainsi désavoués espèrent encore que la XIXᵉ conférence du Parti réfléchira à ces problèmes et donc au plus urgent, le leur. Mais le ton a été donné sur ce point par Gorbatchev. Sans doute la Conférence développe-t-elle l'idée que les droits des minorités doivent être mieux garantis : formule floue qui esquive le cas du Karabakh. Réponse des intéressés : le 12 juillet 1988, les députés du Haut-Karabakh votent leur rattachement à l'Arménie. Après les prises de position de Gorbatchev, le silence de la Conférence, ce vote, qui se veut fait accompli et non simple déclaration d'intention, comme en février, constitue une révolution dans la pratique politique soviétique. Une fois encore, les Arméniens du Karabakh montrent que, pour eux, le droit à l'autodétermination doit être exercé par les seuls intéressés, qu'il ne passe pas par le canal de Moscou.

Nul ne sous-estime plus, au centre, la gravité de la situation. Les Arméniens sont en train de créer un redoutable précédent. Toute république, tout groupe national qui se trouve en mesure de le faire ne va-t-il pas se précipiter dans cette brèche pour s'autodéterminer à son tour ? Que restera-t-il de la fédération si nul n'y reconnaît plus l'autorité du pouvoir central ? Celui-ci le comprend si bien que, le 18 juillet, le Soviet suprême d'U.R.S.S. se réunit pour en débattre et conclut que l'Arménie n'obtiendra jamais le Haut-Karabakh. Ses espoirs condamnés solennellement, l'ordre doit aussi s'y rétablir et le Soviet annonce qu'aucune mesure ne sera épargnée pour l'imposer[14]. Les Arméniens n'ont pas même obtenu que soit prise en considération une proposition faite par eux à la XIXᵉ conférence du Parti : à défaut d'unité avec le Karabakh, ils avaient souhaité que la région soit enlevée à l'Azerbaïdjan et placée provisoirement, le temps de trouver un compromis, dans le cadre de la R.S.F.S.R.

L'année 1988 s'achève sur une succession de violences, mais aussi sur le tremblement de terre du 7 décembre. Nul ne peut dénombrer les morts ; les estimations varient de 30 000 à plus de 100 000. En revanche, on le sait : le

nombre des sans-abri avoisine le demi-million. Traumatisme complémentaire pour une nation déjà si meurtrie, ce
séisme révèle encore une fois les incohérences et la
corruption qui sévissent en U.R.S.S. Si l'affreux bilan est
tellement lourd, c'est parce que toutes les normes de
construction ont été ignorées, par incompétence, gabegie,
volonté de trouver dans les travaux des sources de revenus
additionnelles. Sans doute nombre de scandales immobiliers
à travers le monde révèlent-ils les mêmes défaillances
humaines aux conséquences criminelles. Mais, en Arménie,
ce constat est payé d'un prix considérable, il éclaire un
bilan affreusement meurtrier, il s'ajoute à la catastrophe
écologique pour convaincre les Arméniens qu'ils sont
redevables au pouvoir soviétique d'un environnement foncièrement hostile à la vie humaine.

Ils ont un motif supplémentaire de s'indigner : dans les
heures qui suivent le séisme, le pouvoir central — Gorbatchev ne s'est jamais défendu de l'avoir décidé — fait
arrêter toute la direction du Comité Karabakh et de
nombreux militants. La certitude que la population ne
réagirait pas à l'heure de l'accablement a sans doute présidé
à cette opération peu glorieuse. Un nouveau changement
de personnel politique parachève la normalisation de l'Arménie. Gorbatchev pense qu'ainsi le « cas transcaucasien »
est réglé. Après le pogrom de Sumgaït, il était évident que
l'un des adversaires devrait être terrassé. Lequel ? L'action
combinée du pouvoir central et de la nature semble, le
10 décembre 1988, avoir répondu.

Sus aux Russes !

Pour efficaces qu'elles soient un temps, les solutions de force suffisent rarement à régler les conflits nationaux. En Transcaucasie, les atermoiements et la violence, politique ou militaire, ont produit des résultats que Moscou n'escomptait certes pas.

Tout d'abord, la transformation d'un sentiment d'attente à l'égard du centre en une hostilité envers la Russie et les Russes, nouvelle dans cette partie du pays. Les Arméniens, on l'a dit, ont toujours penché du côté de la Russie pour échapper aux Turcs. De son côté, l'Azerbaïdjan usait une part importante de sa xénophobie contre les Arméniens et se montrait par là plutôt indulgent envers Moscou et les Russes. Une vieille habitude de vivre et travailler en commun dans les centres industriels comme Bakou contribuait à cette neutralité relative.

En peu de mois, l'hostilité réciproque se double d'une fureur antirusse qui se cristallise en haine. Pour les Arméniens, tout est impardonnable dans les comportements de Gorbatchev. Tout revient à constater que, loin de jouer son rôle traditionnel de protectrice contre les Turcs — les Azéris sont des Turcs —, l'Union soviétique ne fait que leur livrer les Arméniens, à commencer par ceux du Karabakh. Dans ce raisonnement, U.R.S.S. et Russie sont assimilées dans la mesure où le pouvoir est plus russe qu'il ne l'a jamais été depuis longtemps. Ce constat fait, ce qui va s'imposer dans la conscience collective arménienne, c'est que, s'il n'existe plus de protection contre les Turcs, il n'y a plus de raisons d'en accepter les inconvénients, autrement dit la soumission à l'U.R.S.S. L'Arménie, qui fut jusqu'en

1988 la plus docile, la plus convaincue des républiques de l'U.R.S.S., succombe soudain à l'attrait de l'émancipation.

Le 28 mai 1989, les manifestants défilent à Erevan pour commémorer le 70e anniversaire de l'indépendance sous les drapeaux rouge-bleu-orange de l'Arménie libre. Le peuple découvre ses trois couleurs, il découvre aussi qu'il peut revendiquer un destin propre. On n'en est pas encore à songer à une indépendance absolue, hors de la fédération. Mais l'idée de mettre fin à la domination russe, d'entrer dans un système vraiment égalitaire, de lutter pour l'imposer, avec les autres mouvements nationaux qui s'affirment, progresse déjà. L'Arménie ne veut plus de protecteur, elle cherche des partenaires. Par là, le fédéralisme soviétique est mis fortement à mal.

Les Azéris ne sont pas moins sévères pour Moscou. Certes, ils ont des motifs d'être satisfaits. Nul à Moscou ne met en cause leur droit à conserver le Karabakh. Mais ils s'exaspèrent de mesures qui leur semblent être autant de concessions aux Arméniens, alors qu'eux-mêmes sont en la matière attachés au « tout ou rien ». Ils estiment que le Karabakh relève totalement de la souveraineté de l'Azerbaïdjan. Comment accepter dans ces conditions des mesures économiques spéciales visant à développer cette région ? Comment accepter que Moscou insiste sur les droits culturels des Arméniens alors que la politique de l'Azerbaïdjan consiste au contraire, par un apport massif de population azérie, à les noyer dans une majorité turcophone ? Comment accepter ces commissions, nommées par le centre, qui se mêlent d'encourager les Arméniens à exposer leurs griefs pour mieux défendre leurs droits ?

L'ingérence de Moscou en faveur de la minorité arme-
nienne est intolérable aux Azéris, elle constitue une atteinte
à la souveraineté de la république, inscrite dans la Constitution. Cette ingérence, les Azéris l'imputent à la solidarité
culturelle qui unit Russes et Arméniens autour du christianisme. Musulmans contre Infidèles, telle est en dernier
ressort l'appréciation qu'en font les Azéris. Et dès lors que
l'U.R.S.S. — sous sa forme concrète : la Russie — soutient
les Arméniens, elle est rejetée à son tour dans le camp
ennemi.

Cette évolution des esprits en Azerbaïdjan se traduit, en
novembre, par la formation d'un Front populaire. Dans
cette république plutôt conservatrice, peu intéressée à la
perestroïka, cette création est très significative. A leur tour,
les Azéris entrent dans un processus qui prétend modifier
radicalement les rapports entre les nations et la fédération.
Le programme de ce Front populaire naissant laisse peu
de doutes sur le rôle qu'a joué le conflit du Karabakh dans
la maturation du nationalisme[15]. La question du Karabakh
et du comportement anti-azéri du pouvoir central — par
son information biaisée, par ses ingérences — figure au
cœur de ce programme. Mais celui-ci, pour faire le procès
du centre, évoque aussi l'écologie, le problème des relations
entre l'Azerbaïdjan soviétique et l'Azerbaïdjan iranien. Il
propose enfin l'ouverture de la frontière, certains jours,
pour permettre que se renouent les liens humains entre les
deux côtés. Le rêve d'un Grand Azerbaïdjan, qui terrifiait
Lénine et Staline, resurgit peu à peu derrière cette vision
nouvelle des intérêts nationaux.

Le problème des réfugiés est aussi une source majeure
de mécontentement qui dresse les deux parties contre

Moscou. Héberger les réfugiés, alors que la situation du logement est partout critique, et qu'en Arménie le séisme va encore lui donner une dimension nouvelle, les nourrir alors que s'aggrave le problème de l'approvisionnement des villes, leur trouver des emplois : tout, dans l'U.R.S.S. qui se désorganise à vive allure, devient un insoluble casse-tête. La conséquence en est qu'une population de réfugiés amers et furieux finit par représenter, dans chacune des républiques, une masse humaine désorientée, désœuvrée, prête à se joindre à tout mouvement où le mécontentement s'exprime. Le nombre des citoyens « perdus » — réfugiés, anciens d'Afghanistan — qui ont le sentiment d'être abandonnés à leur sort croît rapidement. Ni l'Arménie ni l'Azerbaïdjan, où les esprits sont déjà si enflammés, n'ont besoin de ces *desesperados* prêts à s'engager aux côtés de qui voudra bien d'eux.

Du compromis à la guerre civile

Tiraillé entre Arméniens et Azéris, incertain de la politique qu'il entend suivre en matière nationale, le pouvoir central oscille constamment d'une solution à l'autre, d'un parti à l'autre. De la même manière, face à chacun des adversaires de ce conflit qu'il ne parvient pas à apaiser, Moscou use alternativement ou simultanément de la carotte et du bâton. Sa tentative d'imposer une solution de compromis au début de 1989 témoigne bien d'une stratégie qui se cherche.

Au vrai, bien des raisons expliquent alors qu'il faille trouver un règlement acceptable par les deux adversaires, et, au-delà, par l'opinion soviétique. Montée de la crise

nationale, d'abord. Dans la plupart des républiques, des
fronts populaires sont installés ou se créent, et l'exemple
du Comité Karabakh — le destin de la nation se décide
sur place, les organisations nationales ont une tâche immédiate à accomplir : rassembler la société autour d'un projet
— est pour eux riche d'enseignements. Moscou doit
prouver son aptitude à résoudre les conflits nationaux, sous
peine d'être rapidement dépossédé de toute légitimité à la
périphérie. L'urgence est d'autant plus grande que les
élections au Congrès des députés du peuple se préparent.
L'U.R.S.S. s'engage alors dans un système représentatif
réel[16] qui mobilise les fronts populaires. Peut-on laisser à
ceux-ci, comme argument électoral, tout le champ des
problèmes nationaux ? L'enjeu est considérable. Une fois
encore, il s'agit de déterminer où se décident l'avenir des
peuples et celui de la fédération. A Moscou ? Dans les
capitales des républiques ? Il est de surcroît difficile de
négliger davantage les demandes arméniennes. Les massacres, le tremblement de terre ont retenu l'attention de
l'opinion internationale qu'entretient une diaspora remarquablement active. La sympathie du monde pour l'Arménie
est grande. Mais les chefs du mouvement national sont en
prison. Il importe de trouver en Arménie d'autres interlocuteurs afin d'éviter une mobilisation de l'opinion autour
des « martyrs arméniens ».

C'est cette quête d'un compromis acceptable par les
deux parties qui conduit à la mise en place d'un statut
spécial pour la région si âprement disputée. Le 12 janvier
1989, le Haut-Karabakh est provisoirement soustrait à la
tutelle de l'Azerbaïdjan et placé sous l'autorité d'une
commission spéciale présidée par un Russe, Arkadi Vol'ski,

assisté de trois Arméniens et d'un Azéri. C'est une sorte
d'*état d'exception* qui est instauré ; les instances d'autorité
locale sont provisoirement suspendues, et la commission
gère tous les problèmes en coopération avec les républiques
voisines. La *zone spéciale* est de surcroît placée sous
surveillance militaire très stricte ; le commandant de la
région souligne dans une déclaration à la presse quels
efforts il convient de déployer pour récupérer toutes les
armes et imposer réellement le calme à une population
habituée depuis un an à ne vivre que de manifestations et
de grèves[17].

Quelques mois plus tard, il deviendra clair que tous les
efforts pour maintenir le calme et en créer les conditions
se sont révélés vains. Dès le printemps, les élections
passées, l'agitation reprend à Stepanakert. C'est que la
solution imaginée à Moscou ne satisfait personne. Sans
doute les Arméniens avaient-ils eux-mêmes suggéré, comme
compromis temporaire, que Moscou prenne la région en
charge. Mais il s'agissait pour eux d'une solution permettant
de rattacher en deux temps le Karabakh à l'Arménie, afin
de ne pas heurter de front l'Azerbaïdjan. Le statut spécial
n'a nullement cet objectif. Il est destiné à apaiser les esprits
avant un retour au *statu quo ante*. L'Azerbaïdjan a reçu
des assurances sur la stabilité des frontières pour l'avenir,
et Vol'ski s'attache à associer au maximum les autorités
azéries aux efforts visant à améliorer rapidement les
conditions de vie dans la région qu'il dirige. Malgré ces
apaisements, l'Azerbaïdjan accepte mal que son aire d'autorité soit provisoirement limitée. Plus mal encore que des
Arméniens soient consultés aussi par la commission. Quant
à l'Arménie, elle s'indigne d'une solution dont l'unité

arménienne n'est pas l'objectif. De tous les côtés, le
sentiment prévaut une fois encore qu'à Moscou on veut
gagner du temps, sans rien régler.

Malgré les difficultés du vote en Arménie (le Comité
Karabakh, vrai représentant de la société, ne peut, étant
hors la loi, y participer, et les violences paralysent pratiquement le déroulement du scrutin), les élections de mars
1989 donnent aux députés arméniens au Congrès la possibilité de relancer le débat. Ils proposent un référendum
permettant à la population du Karabakh d'exercer pleinement le droit à l'autodétermination. Mais le référendum,
s'il est prévu dans les textes, n'entre pas dans la pratique
politique soviétique. Accepter qu'un référendum donne à
un groupe national la possibilité de choisir ses frontières
ou son mode d'intégration reviendrait, dans le contexte
ethnique compliqué de l'U.R.S.S., à ouvrir les vannes à des
demandes en cascade de référendums d'autodétermination.
L'hostilité des républiques renfermant dans leurs frontières
des communautés irrédentistes a considérablement facilité
à Gorbatchev le rejet de cette exigence[18]. Pour une fois, il
peut s'appuyer, contre un projet national, sur un large
consensus national ! Afin d'entraîner ce refus, les députés
de l'Azerbaïdjan usent d'un argument qui sera repris un an
plus tard par Moscou dans son conflit avec les Baltes,
lorsque ceux-ci se voudront à leur tour indépendants. Pour
les Azéris, s'il y a référendum, c'est à l'échelle de la
république qu'il doit se tenir ; c'est donc toute la population
qui doit se prononcer sur les demandes de la minorité
arménienne. On imagine aisément où se situerait la majorité
dans une telle hypothèse. Ce débat, dans le cadre du
Congrès fraîchement élu, reflète bien l'humeur sur le

terrain : 5 500 hommes des forces de sécurité tiennent de moins en moins le Karabakh où les confrontations entre Arméniens et Azéris font quotidiennement des morts et des blessés.

Soudain, la situation bascule. Des coups de feu, des attentats sporadiques, on va passer à la grande mobilisation inter-républicaine par le blocus des communications. Les Arméniens commencent. En sabotant la voie ferrée, ils isolent le Nakhitchevan de l'Azerbaïdjan. Celui-ci riposte en bloquant tout le système ferroviaire conduisant à l'Arménie, qui se trouve ainsi privée d'approvisionnement en vivres, en essence, en matériaux pour la reconstruction que le tremblement de terre impose[19]. Blocus ferroviaire, attaques de trains, minages de ponts, grèves qui paralysent la région autonome, batailles rangées entre communautés, sabotages, enlèvements, attaques de postes militaires, enfin appel, à Stepanakert mais aussi partout où Arméniens et Azéris cohabitent, à l'organisation de groupes d'autodéfense armés : rien ne manque au tableau. En Transcaucasie, la guerre civile s'installe dès l'automne 1989[20]. Elle menace même de gagner la Géorgie, dont l'Azerbaïdjan exige qu'elle s'associe au blocus ferroviaire sous peine d'être elle-même bloquée.

A Moscou, cette situation, nouvelle pour l'U.R.S.S., provoque une cascade de réactions. C'est d'abord Mikhaïl Gorbatchev qui lance une véritable mise en demeure à l'Azerbaïdjan de restaurer le trafic. Peine perdue : nul ne prête attention à son intervention. Le 3 octobre, une semaine après cet ultimatum, le Soviet suprême de l'U.R.S.S. fait de même. L'insuccès n'est pas moindre. De toute évidence, le pouvoir central a perdu toute autorité sur la Transcaucasie.

On retrouve le même mépris pour les injonctions venues de Moscou dans les décisions des élus de la région à l'égard du *statut spécial* décidé en janvier. En août 1989, un Congrès des représentants de la population du Haut-Karabakh — soutenu par les responsables du Comité Karabakh rendus peu auparavant à la liberté — se réunit à Stepanakert et décide d'abolir ce statut, de proclamer l'indépendance du territoire dans le cadre de l'U.R.S.S., enfin de le placer sous l'autorité d'un Conseil national. Dans tout cela, nul ne songe même à informer Moscou de ce qui constitue une révolution territoriale et politique. De son côté, le Soviet suprême d'Azerbaïdjan exige de Moscou la dissolution de la commission spéciale et le retour du Karabakh sous son autorité. La confusion est, on le voit, à son comble.

En Arménie, les trois couleurs de l'indépendance flottent sur toutes les manifestations où l'on chante l'hymne national. Le Comité Karabakh envoie des députés au Congrès de Moscou et s'élargit en Mouvement national panarménien[21].

La guerre civile, doublée d'une guerre politique, éclaire l'impotence du pouvoir central. Celui-ci est incapable de s'opposer à un blocus organisé par une république contre l'autre, et qui a des conséquences graves[22] ; incapable d'imposer le statut spécial mis sur pied en janvier, que les uns suppriment, que les autres contestent et que les troisièmes ignorent ; incapable d'enrayer l'escalade de la violence, alors que des dizaines de milliers d'hommes — troupes du M.V.D. et armée régulière — sont affectés dans la région. On peut considérer qu'à l'automne 1989, la Transcaucasie a échappé à l'emprise de Moscou pour s'installer dans un univers auquel ne président plus que les passions locales.

Cette paralysie du pouvoir central est d'autant plus impressionnante que, quelques mois plus tôt, Moscou a, par la répression des manifestations de Tbilissi, tenté d'arrêter l'engrenage des volontés nationales par un avertissement exemplaire. Le sens de cette répression a été parfaitement compris, mais partout, et d'abord en Transcaucasie, il paraît avoir été décidé que, répression ou non, Moscou ne pouvait plus, ne devait plus avoir voix au chapitre.

La libanisation

L'échec du compromis imposé par Moscou sur le Nagorno-Karabakh est reconnu dès septembre par le président de la Commission spéciale, Arkadi Vol'ski. Dans un pays qui se décompose, où grèves et blocus paralysent tout, l'utilité de maintenir un système auquel nul n'accepte de se plier est fort douteuse. Il constate surtout que les seules autorités à pouvoir se faire entendre sont celles qui émanent de la société. Pourquoi alors persévérer dans des systèmes qui ridiculisent le pouvoir central ?

Le 28 novembre, le Soviet suprême d'U.R.S.S. fait siennes ces conclusions et abolit l'instance mise en place moins d'un an auparavant. Mesure sage, sans doute, mais qui ne contribue guère à renforcer le prestige de Moscou sur le terrain. Qui augure mal aussi des chances de succès du nouveau système préconisé par le Soviet.

Le statut spécial est remplacé par une procédure compliquée qui ne peut qu'alimenter le conflit. Le Karabakh est replacé sous l'autorité de la république d'Azerbaïdjan, mais celle-ci doit, par des mesures législatives appropriées, « garantir l'autonomie de la région » et y maintenir l'ordre public et la sécurité. Une nouvelle commission, mandatée par le Soviet suprême de l'U.R.S.S., doit y veiller[23], tandis que les troupes du M.V.D. — de 5 000 à 6 000 hommes — maintiendront l'ordre. Le pouvoir dans la région relève de deux instances : le Soviet de région, mis en sommeil un an auparavant, et un Comité d'organisation mixte où Arméniens et Azéris doivent être représentés sur la base de leur poids numérique dans la région (trois quarts d'Arméniens, un quart d'Azéris). L'Azerbaïdjan est enfin fermement convié à ne pas tenter, par des déplacements de population (en installant des colons ou en terrorisant les Arméniens pour les inciter à fuir), de modifier l'équilibre démographique, comme il l'a déjà fait par le passé.

Est-ce enfin la solution miracle ? Les réactions des intéressés témoignent qu'une fois encore, Moscou joue de malchance. Le 1ᵉʳ décembre, le Soviet suprême d'Arménie déclare que le Karabakh fait partie de la *République unie d'Arménie* et se refuse à reconnaître le nouveau statut. En Azerbaïdjan, c'est la fureur ; les Azéris estiment que l'autorité de la république sur la région n'est pas affirmée en termes suffisamment clairs, et ils n'acceptent pas la mise en place d'instances par décision unilatérale de Moscou. Contre ce qu'ils tiennent pour un empiétement intolérable sur la souveraineté de l'État azéri et pour une mise en cause de son autorité sur son propre territoire, le pouvoir d'Azerbaïdjan — Soviet et Parti — et le Front populaire donnent le signal de l'assaut : manifestations populaires à Bakou et rejet par le Soviet suprême de la république du décret du 28 novembre, pour inconstitutionnalité. Le gouvernement azéri crée son propre comité, placé sous le seul contrôle des autorités républicaines, pour administrer le Karabakh. L'impasse est totale. Le seul résultat de ces décisions contraires est l'humiliation subie par le pouvoir soviétique, dont l'autorité est bafouée plus qu'elle ne l'a encore jamais été. La solution, s'il en est une dans une région où les morts ne se comptent plus, c'est sur le terrain que chaque partie pense la trouver, autrement dit par la force, y compris par la force armée.

L'année 1990 commence à la fois bien et mal pour Gorbatchev. En Occident, il est l'« homme de l'année » et l'on parle de lui comme d'un futur prix Nobel de la paix. Mais, en Transcaucasie, le désastre s'accélère. A peine le nouveau statut est-il adopté à Moscou, rejeté à Erevan et Bakou, que les deux républiques — car c'est d'un affrontement direct entre républiques qu'il s'agit désormais — se lancent dans des surenchères politiques et une escalade de violences qui sapent encore davantage, si possible, l'autorité centrale.

Escalade politique d'abord. Le Soviet suprême d'Arménie inscrit dans les faits l'incorporation du Karabakh. Le budget arménien traite cette région comme le rcste de la république ; des mesures administratives pour la gérer sont décidées à Erevan. Pour être débarrassés des injonctions et réprimandes de Moscou, les responsables arméniens proclament le 11 janvier que les lois fédérales ne s'appliqueront dans la république qu'avec leur accord et pourront se heurter à un veto. Cette décision, déjà prise en d'autres républiques, déclarée inconstitutionnelle par le Soviet suprême de l'U.R.S.S. en novembre 1989, témoigne des ravages exercés par l'affaire du Karabakh en Arménie. En moins d'un an, la république la plus convaincue de la nécessité de la protection soviétique est en état de complète rébellion. La peur des Turcs est vaincue ; elle est en tout cas moins forte que le mépris désormais affiché pour le pouvoir central et l'ordre fédéral.

Les Azéris, de leur côté, répondent à Moscou par la violence et le chantage. Des bandes armées contrôlées par le Front populaire s'emparent de tous les édifices publics de la ville azérie de Lenkoran, où s'établit le pouvoir du Front. De là, elles narguent Moscou et annoncent que la ville restera hors du pouvoir soviétique aussi longtemps que le Nagorno-Karabakh ne sera pas rendu à l'Azerbaïdjan. Toute une ville prise en otage : c'est une manière inédite de négocier ! Mais la violence ne s'arrête pas là. Il faut des troupes pour garder les trains qui sont arraisonnés. Les ponts sautent les uns après les autres, et les casernes dévalisées fournissent à tous les combattants un précieux armement. On se bat dans les villes, dans les villages. Des hélicoptères d'origine inconnue tirent sur des agglomérations azéries ; des pogroms organisés à Bakou ravagent les restes de la communauté arménienne. Le désordre s'installe aussi aux frontières, notamment au Nakhitchevan, contigu à l'Iran, où les Azéris, en démantelant les installations frontalières, entendent marquer leur solidarité avec le reste de la république.

Le pouvoir soviétique reconnaît enfin son échec. « C'est la guerre civile », déclare le ministre de l'Intérieur Vadim Bakatine[25]. Quand on fait le bilan officiel des victimes du

pogrom du 13 janvier, on arrive à plus de soixante morts
— davantage sans doute dans la réalité. La seconde ville
d'Azerbaïdjan, Kirovabad, est gagnée à son tour par la
bataille ; celle-ci fait de nouveau rage à Stepanakert. Ce
n'est que le 18 janvier que le ministre de la Défense,
Dimitri Iazov, annonce que l'armée régulière va renforcer
le M.V.D. pour rétablir l'ordre, alors que l'*état d'urgence*
est déjà proclamé depuis trois jours[26] et que les forces du
M.V.D. ont reçu l'autorisation de tirer à vue pour se
protéger et surtout défendre les dépôts d'armes. Dix-sept
mille hommes des forces de sécurité patrouillent dans
Bakou, les réservistes sont rappelés, les unités militaires
complétées. Le 19, c'est l'assaut lancé sur Bakou où les
chars de l'armée se fraient difficilement un chemin. La
résistance populaire s'organise et contraint les troupes à
traiter les Azéris comme de véritables combattants dans un
conflit régulier. Ceux-ci bloquent le port que l'armée va
dégager au terme de furieux combats. Les morts des deux
côtés, dans la troupe et dans la résistance azérie, se
comptent par dizaines. Le rétablissement de l'ordre — plus
de trente mille militaires ont été expédiés à Bakou pour
renforcer le M.V.D. — sera long et précaire. Le couvre-
feu, l'interdiction de toutes manifestations et grèves n'empêchent pas le pays d'être paralysé par un arrêt de travail
quasi général, par des soubresauts de violence, et les
communications restent à demi rompues par des blocus
sporadiques. Soumise à la force militaire, la population
d'Azerbaïdjan ne l'accepte pas ; la presse soviétique, plus
franche que les pouvoirs publics, admet, trois semaines
après l'expédition, que plus de la moitié des entreprises et

des travailleurs opposent une résistance passive à l'autorité de l'armée[27].

A la guerre civile se sont ainsi ajoutées la guerre tout court et la résistance organisée contre Moscou. La Transcaucasie se libanise à vive allure. Confronté à cette évolution dramatique, le pouvoir central a-t-il su opter pour une solution efficace ? A-t-il usé de la force armée, au risque de créer un contentieux très lourd dans la région, à bon escient ? Enfin, a-t-il réussi à restaurer sa propre autorité ?

Pour justifier cette guerre d'Azerbaïdjan — car cela a bien été une guerre, même s'il s'est agi d'une guerre éclair —, Moscou a accusé les nationalistes azéris d'être à la veille d'atteindre un triple objectif : renversement du pouvoir soviétique ; sécession de l'Azerbaïdjan ; formation d'un État azéri islamique unifié[28]. Gorbatchev a déclaré clairement que l'intervention militaire était inévitable pour restaurer l'ordre et « barrer la voie au complot qui devait donner le pouvoir aux extrémistes ». Restaurer l'ordre, c'est-à-dire sauver les vies arméniennes menacées par la montée de la violence ? Face à l'indignation générale — les Arméniens eux-mêmes critiquent fortement le recours à la force armée —, cet argument humanitaire va de plus en plus être mis en avant. Ce qui conduit à poser une première question : pourquoi avoir usé si lourdement de la force armée ? qu'est-ce qui imposait réellement de transformer Bakou en champ de bataille ?

Volonté de sauver des vies humaines dans un climat de guerre civile déchaînée ? Le décret imposant l'état d'urgence, le 19 janvier, parle en effet « d'assurer la sécurité des citoyens ». En fait, il n'en a rien été et l'intervention s'est produite alors que le pogrom du 13 janvier avait déjà fait des dizaines de victimes. Une reconstitution attentive des événements montre que ce pogrom était non seulement prévisible, mais qu'il fut organisé sans que les autorités locales aient pu l'ignorer, et que rien ne fut fait à temps pour le prévenir ; il a seulement servi de prétexte à l'intervention[29]. Le jeu des autorités avec les éléments azéris les plus radicaux ne peut que nourrir cette thèse. Les manifestations anti-arméniennes de 1988 qui débouchèrent sur le pogrom de Sumgaït avaient été pour une bonne part organisées par un meneur remarquable, Nemat Panakhov, tourneur dans une usine de Bakou, peu éduqué mais doué pour l'agitation. Panakhov, dit le « fils du peuple », était alors le chef de file des manifestants et celui qui avançait les exigences les plus hostiles aux Arméniens. C'est également lui qui donnait aux manifestations un tour fortement islamique — drapeaux verts, portraits de Khomeiny dans les défilés —, même s'il s'en est après coup défendu.

Un an plus tard, après de multiples péripéties, Panakhov, libéré de prison, est en rupture de ban avec le Front populaire qu'il accuse de composer avec les Arméniens. C'est à ce moment précis, le 12 janvier, que la télévision azérie lui offre la possibilité d'exposer à ses compatriotes qui ont fui le Karabakh que, s'ils ne sont pas logés, s'ils sont dans le besoin, l'État, lui, investit lourdement dans l'enclave arménienne sous prétexte d'en résorber le retard économique. Donner ainsi au plus radical et au plus violent des meneurs du mouvement azéri le moyen d'attiser encore un feu dont chaque jour montre les progrès est loin d'être innocent. Faut-il s'étonner du pogrom du lendemain ?

Après l'intervention, le premier secrétaire du P.C. local, Vezirov, sera démis de ses fonctions. Il faut bien sévir ! Mais il est remarquable que son second, le Russe Polianitchko, qui avait « normalisé » l'Afghanistan pendant la guerre, et dont les observateurs ont constaté les étranges activités dans les milieux nationalistes azerbaïdjanais, échappe au limogeage et même à la critique. Sa responsabilité dans l'agitation et les excès n'est pourtant pas douteuse. L'on peut sans grands risques conclure que le pogrom a été utile à Moscou, dans la mesure où il a permis d'envoyer en Azerbaïdjan un véritable corps expéditionnaire qui s'est employé dans un premier temps à briser le mouvement national. Cela soulève une question : les autorités, locales puis centrales, ont-elles simplement fermé les yeux sur le pogrom en préparation ? Ou bien ont-elles accéléré la violence pour mettre en place un piège à l'intention des nationalistes azéris ? S'il n'est guère possible, pour l'heure, de répondre sur ce point, le constat s'impose néanmoins que l'opération militaire visait à neutraliser les Azéris les plus radicaux, et non à préserver des vies arméniennes d'avance sacrifiées.

Le pouvoir soviétique en question

Si, en 1990, le pouvoir central se montre plus hostile envers l'Azerbaïdjan qu'il ne le fut au lendemain des pogroms de 1988, s'il paraît plutôt pencher en faveur des thèses arméniennes, c'est moins en vertu d'un subtil jeu de bascule que parce qu'il a soudain pris la mesure de l'évolution des consciences en Azerbaïdjan. Plus tardivement que les Arméniens, mais par les mêmes voies —

action mobilisatrice d'un Front populaire et d'organisations annexes autour du conflit régional —, les Azéris s'installent dans l'idée qu'ils doivent régler leur contentieux sans compter sur Moscou, voire le faire contre Moscou.

Trois organisations sont à l'origine de la cristallisation d'un mouvement azéri antisoviétique. Première d'entre elles, quand les mouvements politiques n'ont pas encore de bases légales : l'association *Chenlibel*[30], d'abord culturelle, qui se préoccupe de rendre vie au patrimoine historique et architectural des Azéris et de sauvegarder leur langue. En 1987, l'association reçoit le renfort d'un étrange et douteux personnage azéri venu d'Iran où il s'est battu dans les rangs feddayins avant de fuir en U.R.S.S. le régime de Khomeiny. Avec l'historien Hatemi, cet Irano-azéri, Siyamet, va former et guider Panakhov, le tourneur de Bakou que les manifestations anti-arméniennes de 1988 ont poussé sur le devant de la scène. D'une certaine manière, on peut comparer le trio Panakhov-Hatemi-Siyamet au groupe que Walesa a formé, en Pologne, avec Geremek et Michnik : l'ouvrier figure de proue du mouvement, et les intellectuels qui tentent de canaliser l'énergie populaire que le meneur peut mobiliser. Les trois hommes sont arrêtés après les émeutes, leur mouvement dissous ; mais, quelques mois plus tard, les autorités locales rendent la liberté à ceux qui sont citoyens azéris. Entre-temps, *Chenlibel*, privé de ses chefs, est revenu à sa vocation première, préserver la culture nationale, et se dépolitise.

Hatemi et Panakhov, qui, dans le combat puis en prison, ont évolué vers une conception radicale de la lutte, se tournent momentanément vers d'autres organisations. Leur choix est mince. La plus ancienne, *Birlik* (l'Unité), qui

compte parmi ses dirigeants l'historien Aliev, s'est orientée
vers un nationalisme islamique. Le mot d'ordre d'*unite*
désigne la formation d'un grand État d'Azerbaïdjan réunissant le Nord et le Sud. Les contacts clandestins entre les
deux parties de cette nation ont naturellement pour effet
d'ouvrir l'Azerbaïdjan soviétique à la propagande de l'islam
iranien.

L'extrémisme religieux de l'association *Birlik* a fait
ensuite le succès du *Front populaire d'Azerbaïdjan,* fondé
au début de 1989 par des intellectuels azéris soucieux de
ne pas abandonner les foules ardentes des manifestations
aux extrémistes, religieux ou non. Leur modèle, ce sont les
fronts populaires des États baltes, légalistes, qui tentent
d'entraîner les pouvoirs locaux dans la revendication nationale et veulent dialoguer avec Moscou dans le cadre de
l'unité ainsi réalisée. Comme les fronts des États baltes, le
Front azéri fait au printemps 1989 une tentative d'accord
avec le P.C. ; mais celle-ci échoue. Vezirov, premier
secrétaire du P.C. azéri, craint à l'évidence que le Front
populaire ne soit capable de rassembler, sur le thème anti-
arménien à propos duquel la politique hésitante de Moscou
paralyse le parti local, toute la population. Le Parti se
refuse à envisager une concurrence dans laquelle le Front
serait libre de ses mots d'ordre, et il le traite donc en
ennemi menaçant pour tout le système. Cette hostilité non
déguisée, qui tourne à des escarmouches répétées, n'empêche pas le Front de se structurer en quelques mois,
d'établir des instances locales en de nombreux points du
pays, et de présenter à ses sympathisants, mais aussi aux
autres fronts populaires, un programme détaillé. Aux
dispositions classiques dans de tels documents (rénovation

économique et culturelle, autonomie, droits de l'homme, écologie) s'ajoutent des dispositions *nationales* qui lui valent d'emblée l'appui d'une société en plein éveil : souveraineté de l'Azerbaïdjan (ce qui inclut le problème du Karabakh) et représentation de la république dans les organisations internationales ; rapprochement des deux Azerbaïdjan ; unification de la république par la langue, dotée du statut de *seule langue officielle.* Fort de l'appui de la société, mesurable par le succès des manifestations qu'il organise, le Front populaire exige sa reconnaissance par le Parti et que lui soit donnée la possibilité de présenter des candidats aux élections. Au demeurant, parce qu'il n'a pu prendre part à celles du printemps 1989, le Front met en cause leur caractère pluraliste, réclame l'annulation du scrutin et l'élection de nouveaux délégués au Congrès des députés du peuple de l'U.R.S.S. C'est lui encore qui, par ses manifestations, va imposer la libération des responsables nationaux emprisonnés de *Birlik* et de *Chenlibel.* Sa pression sur les autorités locales ne cesse de grandir[31]. Sans doute la position du Front populaire reste-t-elle dans l'ensemble modérée jusqu'au milieu de l'année 1989. Mais le pouvoir s'inquiète de sa capacité à fomenter des grèves, notamment dans les chemins de fer (c'est lui qui organise le blocus ferroviaire[32]), à rassembler des foules toujours plus nombreuses à Bakou et en d'autres centres urbains. Il s'inquiète aussi de la légitimité que le Front acquiert rapidement dans la société et parmi les fronts populaires des autres républiques, quand s'organise peu à peu une coordination de ce type d'organisations. La montée de l'islam, que le Front essaie de freiner, mais sans succès ; la radicalisation de meneurs comme Panakhov, qui rejoint d'abord le Front, tente d'en faire un véritable instrument de guerre, oriente ses manifestations pacifiques vers la violence, avant de le quitter en l'accusant de pactiser avec le pouvoir et les Arméniens (ce qui contraint néanmoins le Front à se durcir) : autant de données qui, en retour, provoquent une réaction du Parti communiste et du gouvernement d'Azerbaïdjan.

Conscient que le Front risque fort de lui enlever tout appui dans une population toujours plus enflammée par la question arménienne, le pouvoir local dresse à la fin de 1989 un sombre bilan que l'on doit sans doute faire sien à Moscou. Le Parti azéri est discrédité tout à la fois pour son attitude « promoscovite » et pour les vieilles habitudes de corruption dont le Front populaire l'accuse. Le Front devient de plus en plus dur. D'un peuple qui se radicalise ou d'un Front populaire qui fait de même, qui pousse l'autre ? Impossible de trancher, mais la dynamique des révolutions témoigne que vient un moment où plus personne ne peut enrayer cet enchaînement. Et il en résulte que le Front populaire s'oppose comme *vrai* représentant de la société à un pouvoir discrédité. Les oscillations de Moscou, donnant raison tantôt aux Arméniens — avec le statut spécial du Karabakh —, tantôt aux Azéris — avec l'abolition de ce statut —, contribuent à accélérer cette radicalisation, car tantôt cette politique hésitante donne des espérances aux Arméniens et provoque la fureur des Azéris, tantôt elle fait l'inverse, et, au bout du compte, la frustration et la méfiance s'installent simultanément chez les deux adversaires.

En janvier 1990, le pouvoir local se sent assiégé par la foule, encadrée par le Front populaire, qui court d'une manifestation à l'autre, de jour en jour plus exigeante. Si le pouvoir local, si Moscou refusent d'accéder à ses revendications, alors il faut se défaire et du pouvoir local, et de Moscou. L'heure d'une révolution populaire, d'une révolution nationale contre le pouvoir soviétique semble avoir sonné.

Pour Gorbatchev, la voie à suivre est étroite. Ou il restaure son autorité et celle de ses représentants sur place par un coup de force, ce qui implique la violence, la mise hors la loi des instances nationalistes, la réduction des capacités de résistance populaire — bref, une véritable guerre. Ou il cède aux exigences nationales, ce qui implique le sacrifice total de l'Arménie, une mobilisation arménienne sans précédent et l'assurance donnée à tous les manifestants et fronts populaires de l'U.R.S.S. que leur combat peut faire plier Moscou. Au bout du chemin, la défaite n'est-elle pas inéluctable ?

Gorbatchev a choisi la première solution : la guerre contre l'Azerbaïdjan, pour y sauver le pouvoir soviétique. Le prix en est une libanisation de toute la région.

En deux ans (1988-1990), une querelle territoriale qui pendant des décennies semblait devoir ne pas dépasser le stade de problème complexe mais gérable, a transformé de manière difficilement réversible les rapports ethniques en Transcaucasie, et, plus encore, les rapports des peuples de la région avec Moscou. Sur le terrain, Arméniens et Azéris, même s'ils continuent à se battre, ont compris qu'il fallait aussi dialoguer, et le faire dans le cadre national, sans médiation ni arbitrage de Moscou. Dès la fin de janvier 1990, un premier face-à-face a lieu en Géorgie, puis à Riga. Le Parti national démocrate géorgien plaide auprès des fronts arménien et azéri la nécessité d'une trêve et d'un arrangement qui assure la paix en Transcaucasie. Certes, les progrès sont lents ; ils peuvent davantage conduire — du moins dans un délai prévisible — aux concessions nécessaires pour régler les problèmes les plus urgents, ceux du sort des blessés et des prisonniers, qu'à une véritable « paix des braves ». Les blessures sont si profondes qu'il faudra du temps au Caucase pour que la vie de peuples si divers y redevienne paisible. Mais un point d'accord existe : l'hostilité désormais ouverte envers Moscou.

Au lendemain du massacre de Bakou, il a fallu peu de temps aux deux parties pour constater que le calcul politique l'emportait sur les soucis humanitaires dans les décisions du centre. La proclamation de l'état d'urgence en Azerbaïdjan fut trop tardive pour sauver qui que ce fût. Au Karabakh, où l'urgence à ce moment était moindre, elle eut lieu le 15 janvier et permit surtout d'arrêter tous les responsables du Conseil national arménien. Conscients de ce dédain pour leurs vies, les Arméniens en ont conclu à une provocation. Du coup, sur ce point, ils se sont solidarisés avec les Azéris pour dénoncer la guerre qui leur était faite. Après cette guerre, il n'est plus de manifestation dans le Caucase où le nom de Gorbatchev ne soit hué et enrichi d'épithètes injurieuses, dont les plus usitées sont celles d'*assassin* et de *fasciste*. Arméniens et Azéris s'accordent à penser que leur tragédie, d'abord mal comprise à Moscou, y a ensuite été entretenue et utilisée afin de maintenir la cohésion de l'Empire. Mais ils se refusent à rejeter le poids de ce qu'ils tiennent pour crime sur des groupes particuliers, K.G.B. ou armée. Tout au contraire,

ils constatent que l'armée a fort à faire pour imposer en
territoire soviétique des expéditions guerrières. Le fait que
l'appel aux réservistes pour l'opération du 20 janvier a
provoqué de multiples réticences dans leurs rangs les a
convaincus qu'au-delà de l'armée, c'est le système et ceux
qui le dirigent qui sont pleinement responsables des choix
effectués.

Cela explique que, contre le système soviétique, la
Transcaucasie ne se mobilise pas seulement politiquement,
mais militairement. L'organisation dans les deux républiques de véritables détachements nationaux, bien équipés
d'armes volées ou achetées, est un fait acquis. L'armée
régulière soviétique doit apprendre sur son propre territoire
à faire face aux embuscades et attentats. Ce qui n'ajoute
pas peu à ses états d'âme. En deux ans, le problème local
du Nagorno-Karabakh a conduit à la transformation de
tout le Caucase en poudrière menaçant le système soviétique dans son entier[33].

CHAPITRE V

Dimanche noir

Le dimanche 9 avril 1989, Tbilissi, capitale de la Géorgie, est le théâtre d'un des plus sanglants affrontements de l'ère gorbatchévienne. Une foule pacifique de manifestants, venus soutenir les grévistes de la faim qui réclament l'indépendance de la république, est dispersée par les forces de l'ordre. Dispersion incroyable, où les militaires armés de pelles de sapeur frappent sans discernement hommes, femmes, adolescents et enfants massés sur une place d'où il est difficile de fuir, donc d'obéir aussi aux ordres de dispersion. Le bilan officiel de cette répression — plus de vingt morts, quelque deux cents blessés — ou celui, combien plus lourd, fourni par les manifestants, ne rend pas réellement compte des conséquences de l'événement. Le 9 avril 1989 est devenu, dans la conscience collective des Géorgiens, une date symbolique qui renvoie au 25 février 1921 (annexion de la Géorgie par la Russie soviétique) et au 27 août 1924 (soulèvement de la Géorgie écrasé dans le sang), pour allonger un calendrier de contentieux et de haines d'où se dégage de plus en plus une volonté passionnée de briser à jamais les liens entre Géorgiens et Russes.

La tragédie du 9 avril, dans le contexte agité du gorbatchévisme, aura donné une impulsion définitive au mouvement national géorgien, toujours vif dans son expression, mais longtemps hésitant sur ses exigences concrètes. Cette tragédie, comme la crise du Nagorno-Karabakh, est révélatrice de la complexité de la question nationale en U.R.S.S., des ambiguïtés qui président aux volontés de chaque groupe concerné, de l'incapacité manifestée par le pouvoir central à apporter une réponse cohérente à des exigences contradictoires. Le 9 avril 1989 n'est pas seulement une date tragique pour la Géorgie ; il marque aussi et peut-être avant tout une des étapes décisives de la fin de l'Empire soviétique.

L'imbroglio abkhaze

A l'origine du massacre du 9 avril, on trouve le problème abkhaze. Les manifestations dans la capitale de la Géorgie ont été provoquées par un conflit en apparence local, celui qui oppose de longue date Abkhazes et Géorgiens. Les Abkhazes se plaignent d'être les oubliés de la Géorgie et réclament le droit de s'en séparer pour rejoindre la R.S.F.S.R. ; les Géorgiens accusent Moscou d'attiser systématiquement ce conflit, de l'utiliser pour être en mesure d'intervenir en Géorgie et d'y réduire la marge d'indépendance nationale. Ces deux versions opposées de ce qui, de prime abord, semble être un problème bien circonscrit, une querelle de clocher dans laquelle Moscou pourrait confortablement jouer la partie de l'arbitre, dissimulent en réalité une vieille mine allumée par Moscou, et qui, en 1990, vient encore compliquer les données de la politique intérieure soviétique

Quelques rappels géographiques et historiques permettent d'éclairer le débat. La république de Géorgie inclut dans ses frontières la *république autonome d'Abkhazie*. La disproportion entre Géorgie et Abkazie est considérable : les Géorgiens sont 3 983 000 en U.R.S.S. au recensement de 1989 (contre 3 570 504 en 1979), les Abkhazes ne sont en tout et pour tout que 102 923 (contre 80 915 en 1979). Pour toute la république de Géorgie, on compte 3 789 385 Géorgiens et 93 275 Abkhazes[1]. Minoritaires en Géorgie, les Abkhazes le sont aussi dans leur république autonome où ils sont 90 213 alors que les Géorgiens, avec 242 304 habitants, y sont presque trois fois plus nombreux. Cette lourde présence géorgienne dans la république autonome a de quoi inquiéter les Abkhazes. Dans la période séparant les deux derniers recensements — 1979, 1989 —, la part des Géorgiens dans cet espace a crû plus vite que la leur, alors qu'en moyenne la natalité des Abkhazes est légèrement supérieure à celle des Géorgiens. A l'évidence, un mouvement de peuplement géorgien de la petite république abkhaze s'opère. Ce peuplement est totalement fermé à la vie du milieu environnant puisque seulement 0,3 % de ces Géorgiens ont une connaissance de la langue abkhaze. Leur refus de s'intégrer à la république est patent[2].

Le problème n'est pas récent. Comme celui du Nagorno-Karabakh, il remonte aux débuts de la fédération soviétique et relève de la même logique. Dès les années 20, Staline (mais Lénine ne l'a jamais désavoué sur ce point) a voulu briser le nationalisme géorgien en s'appuyant sur les minorités qui peuplaient la Géorgie, en premier lieu sur les Abkhazes. Or, depuis le XIXᵉ siècle, ce peuple musulman s'est rebellé contre deux influences, toutes deux chrétiennes, celle des Géorgiens et celle des Russes. Quand la Géorgie fut annexée par l'empire des tsars au siècle passé, nombreux furent les Abkhazes qui fuirent vers la Turquie voisine pour échapper à une christianisation qu'ils refusaient et qui, en fait, n'eut jamais lieu. Après la révolution, confronté à une Géorgie indépendante, puis à une résistance nationale géorgienne, Staline décida de jouer la carte abkhaze en érigeant le territoire où ceux-ci étaient concentrés en république autonome. Peu lui importait qu'ils y représentassent à peine un tiers du peuplement et que les Géorgiens, majoritaires dans cet espace, fussent farouchement opposés à une telle solution. Confiant dans l'efficacité du vieux principe *divide et impera*, Staline proclama que sur le territoire qui portait son nom, cette minorité devait avoir le pas sur les autres groupes ethniques, notamment sur les Géorgiens majoritaires.

Dès le début des années 20, donc, le conflit existe. Pour les Géorgiens, les Abkhazes sont un instrument aux mains de Moscou, dont il faut se défier, qu'il faut à terme briser. Ils constituent aussi une intolérable enclave en territoire géorgien où d'autres droits étatiques et culturels que ceux des Géorgiens n'ont pas place. La Géorgie est trop petite et menacée pour pouvoir former un État fédéral. Les Géorgiens en appellent à l'Histoire pour témoigner que leur pays peut être une terre d'accueil et de tolérance, à condition de rester la Géorgie, non un conglomérat de volontés et d'identités contraires. Pour les Abkhazes, à l'inverse, il faut consolider leur république en écartant les Géorgiens, trop envahissants. Les Abkhazes ont rêvé — et demandé au pouvoir soviétique — de faire rentrer dans leur État leurs frères installés en Turquie au XIXᵉ siècle, et de leur donner les terres « indûment occupées[3] » par des colons étrangers (c'est-à-dire par les Géorgiens). Enfants chéris de Staline dans les années 20, les Abkhazes connurent la disgrâce dès le premier plan quinquennal, et plus encore après la Seconde Guerre mondiale, quand leur ancien protecteur envisagea même de les ajouter à la liste des peuples déportés pour avoir collaboré avec les armées allemandes[4].

Pendant plus de trente ans, le pouvoir soviétique tient ensuite pour acquis que le problème national est en voie de disparition ; les petits nationalismes locaux, tel celui des Abkhazes, ou les nationalismes plus importants, tel celui des Géorgiens, sont dépassés ; tout problème qui surgit à ce propos relève de frictions et d'antagonismes régionaux. En 1978, pourtant, il devient clair que le problème national existe toujours en U.R.S.S. et qu'il est particulièrement aigu là où Staline a voulu jadis utiliser, pour s'en défaire, les hostilités léguées par l'Histoire.

La Constitution de 1977 fait éclater tous les antagonismes jusqu'alors rampants. Peut-être parce que le pouvoir soviétique insiste sur l'existence d'une nouvelle étape historique — celle d'un *peuple soviétique* émergeant —, peut-être aussi parce que se profile déjà la menace d'une intégration radicale des nations au sein d'un État unitaire, les aspirations à l'existence nationale s'affirment.

Les Géorgiens manifestent en masse pour que leur

propre Constitution, adoptée en 1978, reconnaisse à leur langue le statut de langue officielle. Ce qui paraît aller de soi équivaut en réalité à une révolution. Cela signifie que dans une Géorgie qui est une mini-fédération (deux républiques autonomes et une région autonome en font partie), les droits des minorités à statut étatique — Abkhazie, Adjarie et Ossétie — seront diminués. Face aux Géorgiens qui se sont battus pour imposer leur prééminence culturelle dans leur État, les Abkhazes portent alors le combat sur le plan économique, affirmant que la Géorgie les réduit au sous-développement matériel mais aussi culturel, afin d'aboutir à la destruction complète de l'identité abkhaze. Contre cette menace, ils réclament en 1978 leur rattachement immédiat à la république de Russie, considérant qu'il est préférable d'être minoritaire dans une grande fédération multi-ethnique plutôt que dans un petit État acharné à absorber quelques minorités pour mieux s'affirmer face au Grand Frère russe.

Comment la Géorgie aurait-elle pu accepter cette amputation de population et surtout de territoire ? Dès 1978, derrière les revendications des Abkhazes, c'est une manipulation du pouvoir central que les Géorgiens croient discerner. Devant la violence de leur réaction — en 1978, l'U.R.S.S. n'est pas encore préparée aux manifestations populaires —, Moscou capitule. Mieux vaut mécontenter cent mille Abkhazes que trois millions de Géorgiens. Qu'ils se rassemblent donc autour de leur langue et de leur culture ! En guise de compensation, le pouvoir central obtient des autorités géorgiennes un plan de développement économique et culturel pour l'Abkhazie.

Pour autant, la méfiance ne tombe ni d'un côté ni de

l'autre. Les Géorgiens s'emploient à installer des colons en territoire abkhaze afin de réduire encore davantage la part de la population locale. Le recensement de 1989 en témoigne. Les Abkhazes, eux, s'inquiètent de ce progrès du peuplement géorgien et s'efforcent de lui rendre la vie dure. Malgré l'absence d'informations précises avant 1985, il est clair que les relations interethniques en Abkhazie n'ont cessé de se dégrader, et que vexations et violences y ont été le lot quotidien des habitants des deux communautés adverses. Les « crimes ethniques » y ont-ils été monnaie courante, comme le proclament les Géorgiens ? La police locale — abkhaze — s'est-elle montrée systématiquement indulgente dans tous les cas d'abus dont les victimes étaient des Géorgiens ? Ceux-ci ont-ils été écartés des emplois ? des logements ? traités en parias ? Si, compte tenu de l'insuffisance des sources et du climat de passion qui entoure cette histoire, il est trop tôt pour décider qui fut vraiment opprimé et oppresseur en Abkhazie au cours des années 80, il n'en demeure pas moins que ce furent des années où une hostilité sourde se transforma en haine proclamée. La possibilité d'exprimer ouvertement les désaccords qu'apporte la *glasnost'* fait exploser cette haine sur la place publique. Pour autant, ce n'est pas la *glasnost'* qui a fait monter la tension interethnique. Elle a simplement permis qu'on en prenne enfin la mesure.

De l'escalade au massacre[5]

En 1989, dans le climat national exacerbé que connaît l'U.R.S.S., alors que l'on se bat autour du problème du Nagorno-Karabakh, les petites nationalités effraient par

leur potentiel explosif les groupes ethniques auxquels elles
sont rattachées contre leur gré. La Géorgie craint que la
revendication de sécession des Abkhazes ne soit prise en
compte à Moscou dès lors que le conflit arméno-azéri pose
le problème général d'une révision des frontières internes
de l'U.R.S.S. et d'une redéfinition du fédéralisme. On
craint aussi à Tbilissi que des violences locales n'incitent
Moscou à faire un exemple en Géorgie : dans ce cas précis,
l'absence d'une diaspora influente permettra d'éviter les
conséquences extérieures négatives d'un coup de force.
Plus encore, les Géorgiens soupçonnent le pouvoir central
de reprendre le jeu de Staline et, dans une période
d'effervescence nationale, de vouloir provoquer chez eux,
en soutenant les Abkhazes, une crise qui permettrait un tel
coup de force, avertissement peu coûteux à l'adresse de
toutes les nationalités agitées. Pour ces raisons, jamais la
détestation des Abkhazes n'aura atteint un tel paroxysme.

Inversement, les Abkhazes sont plus acharnés que jamais
à demander la séparation. Les concessions que la Géorgie
a dû leur faire après 1978 ont nourri leur nationalisme.
L'instabilité de l'U.R.S.S., en cette époque où la force des
sentiments nationaux s'affirme dans tout le pays, les conduit
à constater que l'heure est propice à la formulation
d'exigences que Moscou devra entendre.

Ces analyses contraires de la situation ouvrent l'ère des
hostilités totales. En juin 1988, dans un document adressé
à la XIXᵉ conférence du Parti, les Abkhazes réclament le
droit de faire sécession. Puis ils bombardent de pétitions
sur le même thème tous les centres de décision, Parti et
État, au niveau de l'U.R.S.S. et de la Géorgie. Le 18 février
1989, plusieurs milliers de personnes défilent à Tbilissi

pour protester contre l'idée de la sécession abkhaze et accusent les Abkhazes de ne pas jouer le jeu des relations interethniques en écartant les Géorgiens de toutes les responsabilités en Abkhazie[6]. « Non à la sécession ! », « Halte à la discrimination ! » : ces deux slogans résument tout le discours qui sous-tend l'action des manifestants de février. Ils attaquent sur deux fronts, celui du comportement des Abkhazes en Géorgie, celui de leurs rapports de complicité avec Moscou, pour en tirer une conclusion claire : une minorité qui pèse d'un si faible poids humain et qui est si dangereuse pour l'avenir géorgien doit être ramenée au statut que les chiffres de sa population suggèrent.

A cette menace à peine déguisée sur leur statut à venir, les Abkhazes ripostent en élargissant le champ de leurs exigences et la manière de les exprimer. Le 15 mars 1989, le village de Likhmy, en Abkhazie, d'où était parti le mouvement sécessionniste dix ans plus tôt, est le centre de la plus importante mobilisation populaire jamais vue dans ce territoire. Non contents de demander à quitter la Géorgie, les Abkhazes ajoutent une nouvelle revendication : un statut indépendant qui leur permettrait d'atteindre à l'égalité avec les Géorgiens, celui de république souveraine. Exigence peu conforme aux normes qui président en U.R.S.S. à la formation d'une telle république, dont la population doit être au minimum d'un million d'habitants, et où la nation titulaire doit être majoritaire. En Abkhazie, la population totale n'est en 1989 que de 524 000 habitants, et les Abkhazes y comptent pour moins d'un cinquième. Mais, pour fantasque qu'elle soit, cette demande témoigne de l'obstination des Abkhazes à sortir de la république de

Géorgie par n'importe quelle voie. Et à l'heure où, à
Moscou, le pouvoir central proclame que face à la montée
des tensions nationales son devoir est de préserver le droit
de *toutes* les minorités, quelles que soient leurs dimensions
et leur localisation, nul ne peut affirmer que les demandes
des Abkhazes soient totalement désespérées.

Tiananmen à Tbilissi

On conçoit, dans ces conditions, qu'à Tbilissi la volonté
de manifester de manière éclatante l'hostilité et la capacité
de résistance à de tels projets ait été immédiate. Mais, au-
delà du conflit local qui en est souvent le prétexte, les
manifestations de février 1989 — notamment celle du 15
— sont avant tout destinées à rappeler qu'en 1921, la
Géorgie a été annexée par la force à l'U.R.S.S. Entre
février 1988 et février 1989, la manière de commémorer
l'événement donne la mesure du changement de climat
politique. Le 25 février 1988, point de rassemblement
public, mais une atmosphère de gravité et de tristesse règne
dans les rues de Tbilissi. Un an plus tard, la foule hue
l'annexion de 1921 et réclame l'indépendance. Le pouvoir
local s'affole, parle de « déstabilisation » et de lutte pour
« la conquête du pouvoir[7] ».

Le 4 avril 1989, une foule estimée à vingt mille
personnes, hommes et femmes de tous âges, envahit la
place où se trouvent les bâtiments du Conseil des ministres
et les rues avoisinantes. Pendant cinq jours, dans une
atmosphère de liesse, cette foule paisible mais très déterminée scande des slogans qui témoignent de l'évolution
rapide des esprits. Au fil des jours, la foule grandit, les

quelque vingt mille manifestants du début sont bientôt plus de cent mille et une grève quasi générale paralyse tous les services publics. Le climat insurrectionnel qui s'installe est difficilement contestable, même si, au long de ces journées de crise, la foule sait garder un ton bon enfant. L'hostilité aux Abkhazes constitue certes le fond du tableau, mais la volonté populaire place au premier plan ce qui inspire désormais toutes les manifestations : le droit de la Géorgie à décider seule de son destin et de la résolution de ses problèmes. Jusqu'alors, les mots d'ordre des rassemblements populaires étaient limités au thème d'une plus grande autonomie. En avril 1989, on glisse de l'autonomie à l'indépendance. Des militants se réclamant d'un parti encore illégal, le Parti national-démocrate géorgien, entament le 4 une grève de la faim en face du siège du gouvernement, pour obtenir l'indépendance de leur patrie. Toutes les questions particulières, disent-ils, doivent être résolues dans le cadre de l'indépendance retrouvée. Timide d'abord sur ce thème encore neuf pour elle, la foule va peu à peu s'y associer et exiger de plus en plus fortement que la première étape en soit le départ des Russes de Géorgie. Au vrai, ce départ est déjà amorcé depuis près de trois décennies. En 1959, 408 500 Russes vivaient en Géorgie ; en 1970, 397 000 ; en 1979, 371 000 ; en 1989, 338 000 seulement, alors qu'au cours de ces dernières décennies, la population totale de la république passait de 4 044 500 à 5 395 841 habitants[8]. De longue date, l'hostilité populaire encourageait les Russes au départ ; la dernière décennie a été marquée par l'accélération de ce mouvement. Mais, pour la première fois, les données statistiques se transforment en slogans, et Moscou ne peut manquer de s'en effrayer.

Il apparaît que le mouvement, s'il reste pacifique, est cependant destiné à s'étendre. Le 8 avril, une manifestation importante à Kutaïs montre que l'appel à l'indépendance est en train d'embraser la république. Et il est clair que les autorités locales ne sont pas capables de contrôler la situation. Le 8 encore, le premier secrétaire du P.C., Djumbar Patiachvili, exhorte les manifestants au calme. Là où Chevardnadze, en 1978, a réussi à convaincre qu'il pouvait jouer un rôle de médiateur, Patiachvili échoue à se faire entendre. La foule a appris à défiler et à s'exprimer impunément. Et, dans l'U.R.S.S. de 1989, l'autorité de ceux qui incarnent le Parti est de plus en plus précaire. Sourds aux appels de Patiachvili, les manifestants marquent leur volonté de poursuivre leur mouvement, jusqu'à l'indépendance qu'ils croient entrevoir. A Soukhoumi, capitale de l'Abkhazie, la population géorgienne fait écho aux manifestants de Tbilissi en marquant bruyamment son opposition aux demandes de sécession des Abkhazes. Trois mouvements paralysent ainsi complètement la Géorgie au matin du 9 avril : ils opposent la population de la république à la fédération soviétique ; les Géorgiens de la république autonome d'Abkhazie aux Abkhazes ; et, bien sûr, les Abkhazes aux Géorgiens. Conflit périphérie-centre, conflit interethnique et interculturel à la périphérie. Tous en appellent aux « Russes » pour les engager soit à rendre la Géorgie à son destin, soit à accueillir l'Abkhazie dans ses frontières. Addition de conflits et de volontés opposées qui créent une situation difficile à résoudre et soulignent l'incapacité des autorités, centrales ou locales, à offrir une médiation ou une réponse rapidement apaisante.

Au lieu de proposer, les dirigeants décident de réprimer. Et c'est le massacre de ce dimanche noir. Un massacre dont, d'emblée, les pertes humaines et les responsabilités feront l'objet de contestations passionnées. Et, de fait, commence à l'aube du 10 avril une bataille de chiffres : de 16 à 18 morts, comme l'affirment les autorités[9], ou des centaines, comme le soutient le Front populaire, organisateur des manifestations[10] ? Les hôpitaux débordés par l'accueil des blessés : sur ce point, toutes les versions concordent. Mais, très tôt, le pouvoir tente de nier — avant de s'en tenir au silence sur elle — une donnée dramatique de la répression : l'usage de gaz paralysants, de composition inconnue, contre les manifestants. C'est la première accusation de ce type à lui être adressée, mais, peu après, la Moldavie, jusqu'alors épargnée par les affrontements nationaux, sera un autre champ d'utilisation de ces gaz[11]. Réponse officielle : les manifestants n'ont pas été gazés, mais étouffés par les mouvements de foule. Il appartiendra à la commission d'enquête de faire la lumière sur ces méthodes de répression.

Autre débat, celui qui porte sur les objectifs des manifestants. Les premières informations diffusées en U.R.S.S. accusent les organisations nationalistes d'un double crime : elles ont développé la haine interethnique, menaçant la communauté abkhaze dans sa sécurité physique ; elles ont aussi tenté d'organiser la sécession et de mettre en place un gouvernement provisoire indépendant. Ces accusations, portées à Moscou dès le 10 avril, ne correspondent pourtant guère aux réactions sur place. La république ferme ses frontières aux journalistes, et le pouvoir local tente, dès le lendemain de la tragédie, de renouer le contact avec la population bouleversée. Le premier secrétaire du Parti, Patiachvili, déplore à la télévision « un malheur national » et suggère qu'il a pu y avoir provocation. Le 12 avril, devant le Politburo du Parti de la république réuni en hâte, il propose sa démission, et, dès le 14, il est remplacé par un apparatchik qui a été durant quelques mois président du K.G.B, Givi Goumbaridze. Au désordre il faut répondre par la nomination d'un spécialiste du maintien de l'ordre. Tous les dirigeants locaux du Parti et de l'État — président du Soviet suprême, chef du gouvernement en tête — démissionnent de leurs fonctions ou proposent de le faire. Ce flottement au sommet du pouvoir local traduit une situation difficile à expliquer et à justifier.

L'inquiétude est tout aussi perceptible dans la réaction de Moscou. Contrairement aux prévisions, la violence de la répression n'a pas brisé la société géorgienne. Au matin du 10, les manifestations de solidarité avec les victimes remplacent les manifestations en faveur de l'indépendance. Le jour suivant est proclamé conjointement jour de deuil par le pouvoir et par le Front populaire ; peu après, la foule de Tbilissi fait à ses morts des funérailles calmes mais qui, rassemblant une foule énorme, conservent l'allure d'une manifestation.

Dans le désarroi du pouvoir local, c'est encore l'homme de 1978, Édouard Chevardnadze, qui paraît le plus capable de renouer le dialogue entre ses compatriotes et le système soviétique. Annulant tout son programme de ministre des Affaires étrangères fort actif, Chevardnadze vient à Tbilissi, escorté de Razoumovski, autre membre du Politburo[11].

Mais, des deux, c'est Chevardnadze qui est le véritable acteur de cette tentative de réconciliation. Il traite également avec les autorités locales et les responsables du mouvement national, tant il est vrai qu'au lendemain du 9 avril, la société ne se reconnaît d'autres représentants que ces derniers. Il tente de rapprocher des positions et des exigences contraires, disant aux responsables politiques que le meurtre de manifestants paisibles n'est guère acceptable — manière aussi d'innocenter le pouvoir central, dont il est le porte-parole, de la tragédie de Tbilissi. Aux intellectuels et aux représentants du Front populaire il déclare que la répression n'a pas été un choix innocent, qu'elle est un mauvais coup porté à la *perestroïka*. Ainsi s'amorce la thèse officielle : d'un côté, ceux qui s'opposent partout à la rénovation de l'U.R.S.S. et qui, à Tbilissi, dans le désordre grandissant, ont trouvé un terrain propice pour dresser la société contre la *perestroïka* ; de l'autre, les partisans de la *perestroïka*, partout à l'écoute des aspirations sociales, et qui doivent constamment renouer les fils du dialogue. Pour manichéenne que soit cette thèse peu convaincante, elle contribue dans un premier temps à ramener le calme dans le pays où l'abattement succède à l'exaltation. La presse centrale fournit pourtant à ses lecteurs des indications contradictoires : tout rentrerait dans l'ordre pour les uns ; la Géorgie, selon les autres, serait toujours prête à s'enflammer[12].

La mission Chevardnadze a porté quelques fruits. Provisoirement, en effet, l'ordre public semble rétabli ; une nouvelle équipe placée à la tête du Parti et du gouvernement s'emploie à panser les plaies et à réconcilier la république et ses responsables. L'heure est à présent au travail des enquêteurs.

Des questions sans réponses

A qui confier l'enquête sur la tragédie de Tbilissi ? Quelle institution, quels hommes pouvaient en apporter une relation acceptée sans hésitation ni méfiance par la société ? D'emblée, il apparaît que cette question préalable n'est pas simple à résoudre, et des enquêteurs d'origines diverses vont se croiser dans la traque d'une vérité introuvable.

Au lendemain des événements, le Soviet suprême de Géorgie nomme une commission d'enquête appelée à entendre tous ceux qui y ont participé. Cette commission, présidée par un juriste réputé, spécialiste des droits de l'homme, Tamaz Chaougoulidze, apporte des réponses assez brutales à des questions sensibles. De son côté, le Congrès des députés du peuple confie plus tard au juriste libéral Anatole Sobtchak — qui, en 1990, sera élu maire de Leningrad — le soin de conduire une seconde enquête[13]. Enfin, un journaliste géorgien indépendant constitue sa propre commission et ses travaux sont loin d'être inutiles pour approcher de la vérité. Beaucoup d'experts, donc, pour tenter de reconstituer les faits et répondre à trois questions fondamentales : où et par qui a été prise la décision d'envoyer la troupe contre les manifestants ? Qui a planifié l'opération militaire ? La violence était-elle prévue ou résulta-t-elle d'un dérapage ?

Pour répondre à ces questions, les commissions ont entendu les responsables militaires agissant dans le Caucase,

les responsables politiques de la république, des experts en
balistique, des chimistes, des médecins, etc. Ce n'est pas
faute d'avoir convoqué et entendu d'innombrables témoins
qu'elles se sont révélées incapables d'apporter des conclusions claires, mais en raison d'un climat délétère d'où la
glasnost' a été constamment bannie. Comme la plupart des
drames qui ont ravagé les républiques, de Tchernobyl aux
affrontements sanglants de Transcaucasie, l'affaire de Tbilissi a été entourée de mystères, de semi-vérités ou de
silences à tous les niveaux. De Gorbatchev aux dirigeants
géorgiens, en passant par l'armée, la volonté générale des
responsables de se présenter en victimes d'une information
insuffisante ou de simples débordements est manifeste. Il
est également important de noter l'écart d'information, de
glasnost', existant entre les relations des travaux de la
commission d'enquête publiées dans la presse de langue
géorgienne, dans ses homologues républicaines de langue
russe, et dans la presse centrale. A qui souhaite s'informer
réellement, deux sources seulement en offrent la possibilité · la quotidien officiel de Géorgie, *Kommunisti*, et
Moskovskie Novosti, qui ont, dans la mesure des informations disponibles, tenté d'éclairer le débat. L'intérêt des
milieux libéraux soviétiques pour l'affaire de Tbilissi,
considérée comme un cas-test pour l'avenir de la *perestroïka*, est évident. La venue d'Andrei Sakharov dans la
capitale géorgienne pour assister aux auditions en a été le
plus sûr témoignage. Mais même cette présence n'a pas
suffi à imposer le climat d'ouverture indispensable pour
répondre aux questions les plus graves.

  Au cœur du débat, la responsabilité de la décision. Fut-
elle le fruit de la panique des élites locales ou bien d'une

directive centrale ? Et, dans la seconde hypothèse, sur la
base de quels éléments aurait-on pris une telle décision à
Moscou ? Sur cette interrogation initiale s'en greffe une
autre : qui ? Si, une fois encore, c'est à Moscou que tout
s'est joué, qui incriminer ? Mikhaïl Gorbatchev porte-t-il
la responsabilité du massacre ou bien en est-il l'une des
victimes, le dérapage ayant alors visé à discréditer sa
politique ? L'enjeu de ce débat est évident. C'est toute
l'image libérale de Gorbatchev qui peut être brisée par des
conclusions qui l'impliqueraient directement dans la tragédie. L'importance de cet enjeu explique probablement le
caractère embarrassé des conclusions de la commission
géorgienne.

Où et qui ? La réponse découlait presque automatique-
ment des premières explications fournies par Chevardnadze
lors de son voyage pacificateur à Tbilissi. Sa thèse sera
officiellement maintenue. C'est à Tbilissi que tout s'est
joué, au sein d'un Bureau politique affolé de constater qu'il
perdait le contrôle de la situation. Et qui fit appel à
Moscou dès le 8 avril, demandant l'intervention des forces
armées. Selon Chevardnadze, le Bureau politique local
soutint l'appel au secours de Patiachvili de manière presque
unanime. L'exception principale, dit-il, fut celle du général
Rodionov, commandant des forces de Transcaucasie, Russe
d'origine[14]. Le général Rodionov devait confirmer quelques
jours plus tard les propos du ministre des Affaires étrangères, arguant que l'armée n'a pas pour fonction de
s'occuper du maintien de l'ordre et que le M.V.D. disposait
de troupes suffisantes pour cette tâche[15].

Dans une interview accordée à *Ogoniok* en mars 1990,
Chevardnadze a repris la totalité de ses propos antérieurs,

expliquant les conditions du retour de Mikhaïl Gorbatchev d'un voyage en Angleterre, le 7 avril au soir, et exposant qu'informé à l'aèroport, par ses collègues venus l'attendre, de l'agitation qui régnait à Tbilissi, le secrétaire général avait insisté sur la nécessité d'une solution *politique* et proposé alors de l'envoyer, en compagnie de Razoumovski, pour aider le pouvoir local à résoudre ses difficultés. C'est de Tbilissi que vint le refus d'une telle médiation, jugée inopportune ; et ce n'est qu'au matin du 9 avril que Gorbatchev fut informé d'une répression dont il ignorait tout. Sur ce chapitre, Chevardnadze conclut : « Je peux dire en toute conscience que le chef de notre État n'a pris aucune part dans la décision d'expédier des troupes contre les manifestants, sans même parler de l'usage de la violence[16]. » Et il ajoute que si les responsables locaux, seuls à décider, n'ont pas su ensuite s'interposer entre la foule et la force armée, c'est parce qu'ils étaient effrayés par la situation.

Ce rejet sur les autorités locales de la décision de réprimer militairement n'est cependant pas unanimement accepté ; les travaux des diverses commissions d'enquête en témoignent. En Géorgie même, Givi Goumbaridze, qui a succédé à Patiachvili à la tête du Parti, jette le doute sur l'unanimité du Politburo dont il était membre. Selon lui, cette instance n'était pas unanime ; les membres de la direction ont seulement été informés que la loi martiale serait proclamée si la nécessité s'en faisait sentir. Le 8 avril, au demeurant, lors de la réunion à laquelle Goumbaridze se réfère, deux envoyés de Moscou débarquèrent à Tbilissi : K. Kotchetov, premier vice-ministre de la Défense de l'U.R.S.S., et un représentant du Comité central, Lobko[17].

Venaient-ils à Tbilissi pour répondre à l'appel de Patiachvili ou pour y porter des instructions de Moscou ? Quoi
qu'il en ait été, la thèse de Chevardnadze est confirmée
sur un point par la commission Chaugoulidze : celle-ci
n'accuse pas formellement Gorbatchev ; mais elle expose
en revanche clairement que l'opération fut décidée et
guidée de Moscou. La commission parallèle, sans caractère
officiel, du journaliste géorgien conclut quant à elle au
partage des responsabilités ; pour elle, Moscou et les plus
« hauts responsables de l'U.R.S.S. » ont été pleinement
informés de la répression et associés à sa préparation. De
fait, dès le 7 avril, le Politburo du P.C.U.S. a débattu, en
l'absence de Gorbatchev, de la situation à Tbilissi et des
réponses à y apporter. L'accusation la plus grave portée
contre le pouvoir central par cette commission vise un
proche de Gorbatchev, Loukianov, vice-président du Congrès
des députés du peuple. Patiachvili, dans un télégramme au
Comité central du Parti soviétique, avait évoqué l'hypothèse de la loi martiale, les dispositions légales en préparation — arrestations, contrôle de l'information —, et son
télégramme constituait en fait une demande d'accord sur
la *mise en application* des mesures proposées. Selon la
commission d'enquête, Loukianov aurait donné lecture aux
députés d'un texte légèrement modifié, indiquant qu'il
s'agissait d'*informer* le Politburo soviétique de décisions
déjà prises à Tbilissi, et non pas d'une demande d'autorisation de les prendre. Si telle est la vérité, Loukianov
aurait, suivant l'exemple de Ponce Pilate, créé sciemment
l'ambiguïté afin d'exonérer Moscou de ce qui était en
préparation à Tbilissi. Quant au général Iazov, présent à
la réunion du Politburo qui débattit du problème à Moscou

le 7 avril, il a envoyé son vice-ministre le représenter à Tbilissi le jour même.

Peut-on, dans ces conditions, imaginer que la répression qui se prépare à Tbilissi — dont le télégramme adressé au Politburo et lu par Loukianov donne le détail — ainsi que la teneur des réunions du Conseil de défense et du Politburo géorgiens, auxquelles assiste le représentant du général Iazov, le général Rodionov, et au cours desquelles se met en place l'opération du 9 avril, aient pu être ignorées à Moscou ? Au mieux, il y a peut-être eu volonté d'ignorer. Sans doute Mikhaïl Gorbatchev n'est-il jamais directement accusé par les enquêteurs d'avoir pris part à la décision. Pour autant, faut-il accepter les propos de Chevardnadze sur ce point ? Deux hommes se sont montrés beaucoup plus accusateurs : Ligatchev et Eltsine, qui l'ont associé sans réserves[18] à cette décision. En tout cas, les rapports Chaougoulidze et Sobtchak sont précis sur un point : trois membres importants de son entourage ont été directement impliqués dans la phase préparatoire de la répression : Loukianov, le général Iazov, ministre de la Défense, et Victor Tchebrikov, qui assurait la présidence du Politburo lors de la réunion du 8 avril. Que Gorbatchev n'ait été informé qu'au matin du 9 d'une répression violente dont il avait exclu le principe lors de son retour de Londres, alors que ces trois hauts dignitaires avaient pour le moins eu connaissance de ses préparatifs dès le 7 avril, est soit peu plausible[19], soit indicatif d'un sérieux manque d'autorité de Gorbatchev sur ses proches collaborateurs. Plus grave est le fait que nul d'entre eux n'ait été ensuite désavoué, encore moins sanctionné par Gorbatchev. Tout au contraire, un an plus tard, le général Iazov a été promu maréchal, ce qui n'est pas un signe de disgrâce. Ce silence fait sur leur responsabilité, à tout le moins dans la rétention de l'information et l'absence de tentative pour freiner le processus répressif qui s'est enclenché dès le 7 avril, montre clairement une volonté centrale d'éviter d'aller au bout de l'enquête. Il semble difficile de contester que la décision d'intervention, même si elle est imputable aux autorités locales, fut entérinée à Moscou à un niveau très élevé où civils et militaires sont également impliqués. La commission d'enquête parallèle de Géorgie conclut sans ambages que la décision avait été prise *en accord* avec Victor Tchebrikov, membre du Politburo, et *sur ordre* du général Iazov[20]. Cette accusation portée contre le pouvoir central, reproduite par la presse géorgienne, n'a pas été contestée directement à Moscou, même si Chevardnadze, dans une interview, a insisté sur la responsabilité de l'armée, notamment du général Rodionov, et sur celle des responsables politiques locaux. Pour prudente qu'elle ait été, la position de Chevardnadze rend dans le même temps justice à la commission Sobtchak qui a souligné la légèreté avec laquelle l'intervention avait été décidée.

Sur deux points, l'accord est général[21]. En premier lieu, la situation géorgienne n'imposait pas un coup de force. La foule avait été pacifique de bout en bout. En témoignent les objets abandonnés par les manifestants lors de l'assaut subi : cahiers et livres scolaires, sacs et chaussures de femmes, voire d'enfants, etc. Mais aucune arme, aucun objet suggérant des intentions violentes. En revanche, la question capitale — *qui a planifié la répression* ? —, restée sans réponse claire, soulève une question additionnelle : la violence était-elle prévue, fut-elle provoquée ?

Sur la planification de l'opération du 9 avril, les informations reçues par les diverses commissions d'enquête convergent pour accuser directement deux hommes, le général Rodionov et le chef d'état-major des troupes du ministère de l'Intérieur, le général Efimov. Mais une question subsiste : ont-ils été de simples exécutants ou les vrais auteurs du plan mis en œuvre ? Le général Rodionov s'est obstinément refusé à repondre aux commissions d'enquête. En revanche, il a accordé des interviews soulignant invariablement ses propres réticences à s'engager dans une opération de maintien de l'ordre dont il a rejeté implicitement la responsabilité sur le général Efimov.

La question la plus troublante reste celle de savoir si cette violence fut voulue ou subie. Au soir de la répression, les Géorgiens ont porté deux accusations précises contre les forces armées : les manifestants auraient été provoqués à des comportements de panique entraînant une répression violente ; et les armes employées contre eux auraient relevé de la volonté de massacrer, non de ramener l'ordre public.

Sur le premier point, deux arguments leur donnent totalement raison, qui fondent le raisonnement de la commission Sobtchak comme celui de la commission parallèle géorgienne, et que le pouvoir a dû finir par accepter. C'est encore Chevardnadze qui résume le mieux la première partie de cette argumentation :

« Le 8 avril, les militaires ont organisé une *répétition*. Ils ont déployé dans les rues des chars et des voitures blindées qui ont effrayé la population, lui faisant craindre une attaque contre le petit groupe de manifestants qui occupait en permanence la place. C'est la raison pour laquelle toute la ville a convergé le soir vers cette place, pour assurer la protection des siens, convaincue qu'une manifestation de solidarité pacifique interdirait toute répression[22]. »

Ainsi, de l'aveu même de Chevardnadze, un déploiement de force inutile — les trois commissions admettent que le calme d'une foule désarmée ne justifiait pas cette démonstration — a provoqué une sortie massive de la population dans les rues. Et c'est ici qu'intervient le pire : le couvre-feu, impossible à respecter. Il a en effet été décrété quelques minutes avant son entrée en vigueur. Comment une foule considérable pouvait-elle se disperser en quelques minutes ? Ce délai ne constitue-t-il pas la provocation la plus scandaleuse ?

Quelques minutes après l'annonce du couvre-feu, les troupes sont entrées en action. Ici encore, deux accusations, rejetées d'abord, mais dûment établies par les enquêteurs, donnent à la répression de Tbilissi la dimension d'un véritable massacre prémédité : elles concernent les armes et l'usage de gaz toxiques. Les manifestants ont été attaqués à coups de pelles de sapeur extraordinairement aiguisées, les autopsies en témoignent. De plus, des gaz toxiques furent utilisés pour la première fois en vue de disperser une manifestation pacifique. Les déclarations initiales faites par des militaires ou des civils, de même que les premières informations officielles nient l'usage de ces moyens inédits et illégaux de calmer une foule. Mais, la multiplication des témoignages et les constatations des enquêteurs aidant, l'évidence a fini par prévaloir. Faute de pouvoir nier plus longtemps, la question posée est devenue : qui a ordonné d'user de telles armes et qui l'a fait ?

Une fois encore, la *glasnost'* ne sort pas indemne de cette affaire. Les responsables politiques géorgiens, Patiachvili en tête, affirment — et les enquêteurs de toutes les commissions tiennent leurs propos pour vrais — qu'ils ont reçu des assurances du général Rodionov et du vice-ministre de la Défense Kotchetov que la répression ne ferait pas de victimes, que les seuls moyens mis à la disposition des troupes seraient des boucliers et des gourdins de police. Qui a décidé de remplacer ces moyens classiques de dispersion des manifestants par les pelles meurtrières ? Aucune commission ne l'a clairement établi. Mais, pour les Géorgiens, cette substitution, ajoutée aux provocations initiales, ne peut être imputée aux autorités locales ; elle engage lourdement la responsabilité du pouvoir central. L'usage des gaz toxiques est aussi versé à son actif. Sur ce point, l'armée soviétique, par la voix du général Iazov, incrimine le ministère de l'Intérieur. Le ministre de la Défense ne s'est pas privé de confier aux enquêteurs que l'armée ne disposait pas d'armes chimiques de ce type, à la différence du M.V.D., et que le général Efimov devait seul répondre des moyens répressifs employés.

Si l'on veut dresser un bilan des vérités et contrevérités avancées au cours de l'enquête sur l'affaire de Tbilissi, deux remarques préalables s'imposent avant d'émettre une hypothèse. Tout d'abord, les difficultés rencontrés par ceux qui ont tenté d'établir l'ensemble du dossier, en raison de multiples blocages. Des acteurs de premier plan de cette tragédie se sont refusés à comparaître devant les commissions d'enquête et ont préféré accorder des interviews où nul ne pouvait discuter leur version. C'est le cas du général Rodionov. Des thèses contradictoires ont aussi été présentées sans qu'entre elles une confrontation directe permette de faire progresser la vérité. Les responsables militaires

ont accusé le M.V.D. des pires excès. Les responsables du
M.V.D. ont affirmé qu'ils savaient intervenir en respectant
la sécurité des personnes, et ils ont refusé d'entrer dans
tout débat sur la nature des gaz et autres moyens répressifs employés. Chevardnadze s'est dépensé sans compter
pour laver Mikhaïl Gorbatchev de la moindre part de responsabilité, et ce dernier s'est contenté de déplorer les
événements.

Mais, dans ce jeu subtil où l'on s'est évertué de tous
côtés à rejeter la responsabilité des décisions et des actes
sur un autre groupe que le sien, les progrès de la vérité
ont été minces. Dès lors qu'elle se réduit à la vérité exposée
par le pouvoir, l'affaire de Tbilissi consacre un net recul
de la *glasnost'.*

Pour la société géorgienne, pratiquement unanime dans
ses réactions, la responsabilité du drame est à rechercher à
Moscou. Elle est symbolisée par le rôle central joué dans
la préparation du « dimanche noir » par les Russes : Rodionov, Efimov, Iazov et son représentant en Géorgie, Kotchetov, enfin Nikolski, deuxième secrétaire — Russe,
comme il se doit — du P.C. de Géorgie, dont l'autorité à
Moscou l'emporte de loin sur celle de Patiachvili. Pour
cette raison, parce que l'obscurité qui entoure toutes les
versions officielles du drame n'a finalement jamais été
dissipée, enfin parce que le discrédit a frappé surtout la
direction politique locale, c'est le sentiment anti-russe, et
non pas seulement anti-soviétique, qui l'emporte sur tout
autre après le 9 avril. Avant cette date, les Géorgiens
n'aimaient guère les Russes : vieux contentieux remontant
à l'incorporation de leur pays à l'Empire des tsars en 1801 ;
mais ils avaient l'habitude de vivre à leurs côtés. Après le

9 avril, le problème du maintien de cette vie commune est brutalement posé ; l'évolution des esprits à cet égard est très rapide et visible[23]. Ce n'est qu'à Moscou qu'elle a été un temps encore ignorée.

L'hypothèse qui se dégage des analyses les plus opposées, presque toujours douteuses par quelque détail, est en dernière instance la suivante[24] : la direction locale du P.C. de Géorgie, inquiète d'un mouvement dont elle mesurait mal la portée et les chances d'extension, a demandé à Moscou un soutien politique et un renfort en moyens militaires pour faire face à des débordements éventuels. Le catalogue de mesures que l'équipe Patiachvili soumet à Moscou comprend la loi martiale, l'arrestation des meneurs, et, plus généralement, l'interdiction de tous les groupes informels. Mais c'est à Moscou, selon toute vraisemblance, qu'a été prise la décision de donner, sans attendre l'évolution du mouvement, un coup d'arrêt brutal. Tout incitait à un tel choix. Tbilissi est à l'écart de l'opinion internationale pour des raisons géographiques et humaines. Nulle diaspora importante maintenant des liens permanents avec la république n'irait plaider le dossier géorgien à l'étranger. La Géorgie est de plus en plus agitée, et les manifestations indépendantistes, encore très rares dans l'U.R.S.S. de 1989, risquent, à partir de là, de gagner les autres républiques. Il paraît sage d'étouffer dans l'œuf un exemple qui pourrait devenir contagieux. Le Caucase, enfin, s'est embrasé. S'il convient de ménager, pour des raisons diverses, Arméniens et Azéris, ils ne sauraient rester insensibles à la démonstration, faite dans une république voisine, que la répression peut à tout moment s'exercer en U.R.S.S., en dépit de l'effort de démocratisation. La Géorgie peut d'autant mieux servir d'illustration à ce propos que les conflits inter-ethniques qui la ravagent permettent de justifier aisément les mesures prises : ne faut-il pas protéger les groupes ethniques les plus faibles ?

Si la répression n'avait pas été si sauvage, peut-être un tel calcul aurait-il porté ses fruits.

La violence de la répression, la part de provocation qu'elle recèle doivent-elles conduire à accepter la thèse d'un complot « conservateur » destiné à déstabiliser Gor-batchev ? Thèse plausible si elle avait eu pour conséquence soit un changement dans l'équilibre du pouvoir, affaiblissant Gorbatchev, soit une réaction de ce dernier contre ses adversaires supposés. Mais le « dimanche noir » n'a rien modifié à l'équilibre des forces politiques à Moscou. Il conduit simplement à changer l'équipe en place à Tbilissi, qui n'avait aucun poids dans les instances dirigeantes de l'U.R.S.S. Seules conséquences de cette affaire : le général Rodionov quittera le commandement du district militaire de Transcaucasie en septembre 1989, assez loin des événements pour qu'on ne puisse en déduire qu'il s'agit là d'une sanction ; et, surtout, un an plus tard, le 2 avril 1990, le Soviet suprême votera la loi sur les *droits et devoirs des troupes du M.V.D. dans le maintien de l'ordre public.*

La plupart des dispositions de cette loi renvoient implicitement à l'affaire géorgienne et témoignent de la volonté du pouvoir central d'éviter le retour aux excès commis à Tbilissi. La loi enlève au ministre de l'Intérieur la liberté de disposer à son gré des troupes du M.V.D. Pour les utiliser, il faut désormais recourir à une procédure complexe. C'est au Conseil des ministres des républiques ou à une

instance ayant l'accord du Conseil des ministres de l'U.R.S.S.
qu'il appartient d'en faire la demande au pouvoir central,
et la décision finale relève d'un décret présidentiel. La loi
précise aussi la nature des armes qui peuvent être employées
dans les opérations de maintien de l'ordre. L'idée de former
des unités spécialisées dans la répression des agitations
périphériques sous-tend sans aucun doute ce nouveau texte,
autour duquel les débats ont été vifs[25].

Les organes de presse les plus libéraux ont porté leur
effort d'investigation sur le rôle des personnalités contes-
tées, tel Tchebrikov, l'ancien président du K.G.B., dont
les *Nouvelles de Moscou*[26] ont longuement tenté d'élucider
les responsabilités. Selon ce journal, c'est après l'avoir
consulté que Patiachvili aurait décidé de demander des
renforts militaires. Pour autant, Tchebrikov n'a pas été
accusé d'avoir joué un rôle décisif dans les événements, et
il est significatif que Chevardnadze, manifestement porte-
parole de Gorbatchev, soit resté silencieux à son sujet.

En définitive, ce que les choix tragiques du 9 avril
révèlent, c'est, une fois encore, l'incompréhension qui règne
à Moscou vis-à-vis de la complexité de l'évolution politique
et des situations de la périphérie. Ces choix sont révélateurs
d'une politique incertaine, qui oscille constamment entre
un discours apaisant et des actions mal ajustées. Ils sont
surtout révélateurs d'un singulier désordre dans l'appareil
central de décision, où des actions lourdes de conséquences
peuvent être engagées par des instances — armée, ministère
de l'Intérieur, etc. — qui compromettent Gorbatchev sans
que, pour autant, leurs initiatives soient ensuite publiquement condamnées.

Le « dimanche noir » de Tbilissi porte avant tout témoi-

gnage des limites du pouvoir réel de Gorbatchev. Si, en
politique étrangère, nul ne paraît déborder sur son territoire, dès lors qu'il s'agit de problèmes internes, *a fortiori*
des confins de l'U.R.S.S., tout un chacun s'estime en droit
d'empiéter sur son autorité. Que Gorbatchev l'accepte,
qu'il laisse les questions sans réponses et les répressions
sans responsables altérer son image de réformateur, montre
à quel point son pouvoir peut être mis en cause. Le
« dimanche noir » constitue moins une entreprise de déstabilisation de l'autorité gorbatchévienne qu'un événement
permettant de mesurer, derrière le mythe d'un ascendant
grandissant, la réalité d'un pouvoir qui ne domine que
partiellement un pays immense et une bureaucratie complexe.

Les grands perdants, dans cette crise, sont en dernier
ressort le pouvoir soviétique, qui a pour cadre l'Empire, et
la notion de *peuple soviétique*. Après le 9 avril, les Géorgiens, mauvais sujets de l'Empire, mais qui en faisaient
tout de même partie de gré ou de force, le quittent
moralement et s'interrogent sur les moyens à employer
pour s'en éloigner tout de bon. Quant au concept de *peuple
soviétique*, les pelles de sapeur l'ont définitivement brisé.
Sur la place ensanglantée de Tbilissi, ce ne sont pas des
frères vivant en mauvaise intelligence qui sortent de
l'affrontement, mais des peuples irréductiblement ennemis.

« Un bon Géorgien est un Géorgien mort »

Destinée à calmer les ardeurs nationales géorgiennes, à
montrer aussi la capacité du pouvoir central à atténuer les
oppositions interethniques, la répression de Tbilissi n'a
atteint — le cours des événements ultérieurs l'a montré —

aucun de ces objectifs. Loin d'être domptée, la population de Géorgie en a conclu que seules les armes peuvent lui donner les moyens d'éviter à l'avenir les violences dont elle a été victime. Acquérir des armes devient une obsession dans tous les camps. Certes, le port des armes, leur trafic ne sont pas des nouveautés en U.R.S.S., particulièrement dans le Caucase. Mais l'innovation, en cette fin d'année 1989, c'est la course effrénée, presqu'ouverte, en tous lieux, pour s'en procurer[27]. Trois mois après le « dimanche noir », le ministère de l'Intérieur de l'U.R.S.S. annonce la saisie en Géorgie d'importantes quantités d'explosifs et d'armes à feu, y compris des fusils mitrailleurs. Si le communiqué est muet sur l'origine de ces armes, la presse ne se prive pas de dire qu'elles proviennent tant de l'extérieur du territoire soviétique que de vols, voire qu'elles sont achetées aux militaires. Peu après, c'est en Abkhazie que le M.V.D. confisque des armes et exige de la population qu'elle remette aux autorités toutes celles qui restent dissimulées. A l'obsession de l'acquisition d'équipements militaires dans la population correspond une obsession parallèle du pouvoir, celle de se trouver soudain confronté à une société organisée en réseaux d'autodéfense bien armés. De la répression à la guerre civile, la distance se rétrécit à vue d'œil.

Mais la menace de guerre civile, à tout le moins d'explosion, est aussi un problème interne à la Géorgie, que l'agitation grandissante en U.R.S.S. à la fin des années 80 ne cesse d'aggraver. La Géorgie, il faut encore y revenir, est un État composite. Si, jusqu'au dimanche 9 avril, les Abkhazes ont été les seuls à revendiquer fortement leur droit à une existence autonome, les événements d'avril et la radicalisation des Géorgiens font bientôt entrer bruyamment en scène les Ossètes.

L'été et l'automne 1989 sont d'abord marqués par le retour au premier plan du conflit abkhaze. Les habitants de la république autonome, comme les Géorgiens, se préoccupent d'équiper leurs troupes en armes et munitions ; les confrontations violentes se multiplient, de même que les pétitions adressées à Moscou pour en obtenir le droit de rejoindre la R.S.F.S.R. Le résultat des affrontements est spectaculaire : en quelques semaines, en juillet, plus de vingt morts, plus de quatre cents blessés, un assaut lancé par les Abkhazes contre les locaux du M.V.D. pour s'emparer des armes qui s'y trouvent. La grève paralyse les transports publics en Abkhazie et freine par là la vie économique dans toute la Géorgie[28].

La persistance des revendications abkhazes éveille d'autres volontés nationales. La Géorgie englobe dans ses frontières une importante minorité azerbaïdjanaise — 307 500 personnes en 1989 —, groupe démographiquement dynamique que la montée du sentiment national musulman dans toute l'U.R.S.S. arrache soudain à une tranquillité séculaire. Habitués à vivre parmi les Géorgiens, les Azerbaïdjanais de la république découvrent soudain leur différence et exigent un statut étatique particulier, à l'image des Abkhazes.

La Géorgie va-t-elle exploser ? Abkhazes et Azerbaïdjanais ne sont pas les seuls à revendiquer le droit de choisir leur avenir, ils sont encore soutenus par les Ossètes qui posent à la république un problème quelque peu oublié au fil du temps. La question ossète est un autre héritage de la construction fédérale complexe élaborée par Lénine et

Staline, et qui n'est pas sans rappeler celle du Nagorno-Karabakh. Le peuple ossète est difficile à négliger : 600 000 Ossètes vivent aujourd'hui en U.R.S.S., partagés entre deux États : la Russie, où ils sont 335 000 dans la République autonome d'Ossétie du Nord, et la Géorgie, qui en compte 164 000, dont 65 000 installés dans la région autonome d'Ossétie méridionale[29], les autres dispersés à travers le territoire géorgien. Tout est contradictoire dans le destin de ce peuple intégré à la Russie par Catherine II et qui s'est montré, au cours des siècles, étonnamment fidèle à l'Empire. Il lui a donné dans le passé des officiers brillants qui se signalèrent par leurs exploits sur tous les fronts où guerroyaient les souverains de Russie. Le pouvoir soviétique salua leur résistance farouche à l'occupant allemand, résistance que récompensa en 1944 un substantiel agrandissement territorial de la république autonome incorporée à la Russie. Pourquoi alors ce peuple est-il coupé en deux, partagé entre deux républiques soviétiques de statut inégal : république autonome en Russie, région autonome en Géorgie ?

Malgré une origine commune, les Ossètes (Indo-Européens parlant une langue d'origine persane) sont divisés sur le plan religieux, plutôt musulmans en Ossétie du Nord, plutôt chrétiens en Géorgie. Mais, chez tous, l'attrait pour la Russie ne fait pas de doute. A l'échelle de l'U.R.S.S., 70 % d'entre eux parlent parfaitement le russe, alors que 33 % des Géorgiens seulement se trouvent dans le même cas. Même ceux qui vivent en Géorgie sont légèrement plus nombreux à dominer le russe que les Géorgiens[30]. Leur ambition a toujours été d'être unis dans une seule république autonome ; la Russie, protectrice acceptée depuis Catherine II, est le cadre qu'ils estiment approprié pour une telle réunion. En 1925 déjà, les responsables des deux formations étatiques ossètes tentèrent d'arracher au pouvoir soviétique une décision favorable à cette unité. Mais Staline resta intraitable. Géorgien d'origine, Ossète par sa mère, il se refusait à provoquer une explosion de fureur chez ses compatriotes, blessés à mort par l'abolition forcée de leur indépendance en 1921 et dont la révolte de 1924 n'en finit pas d'être réprimée dans le sang. La réunion ne se fit pas, mais les Géorgiens n'oublièrent pas qu'à l'heure d'une répression terrible, le peuple ossète, loin de les soutenir, se tourna contre eux.

Les relations entre la région autonome et la Géorgie, toujours dominées par les arrière-pensées, n'ont jamais été faciles. Pour les Géorgiens, les Ossètes sont peu sûrs, manipulables par la Russie ; il importe de détruire progressivement leur identité, de même que les liens qui les unissent à leurs frères du Nord et les attirent vers eux. La seule variante que la Géorgie accepterait serait l'incorporation d'une Ossétie réunifiée à l'État géorgien. De leur côté, les Ossètes persistent dans leur hostilité, défendent farouchement tous les éléments de leur identité — langue, traditions — et considèrent que le « seul bon Géorgien est celui qui est mort ». Ce qui est aussi la théorie des Abkhazes. Les uns et les autres s'emploient, au sein de leurs États respectifs, à rendre la vie impossible aux Géorgiens qui y sont installés.

Pendant des décennies, la Géorgie a pu imposer silence à ces administrés turbulents. Mais la crise de 1989 a fait resurgir d'un coup tous les conflits. Le 9 avril a permis de mesurer l'hostilité des Ossètes à l'État auquel ils sont incorporés. Loin de partager le même sentiment d'oppression et de s'associer à la tragédie de Tbilissi, ils manifestent une superbe indifférence, voire une certaine satisfaction. Leur solidarité va, dans tous les affrontements, à ceux qui s'opposent à la Géorgie : aux Abkhazes, aux Russes. Dans les mois qui suivent le massacre de Tbilissi, la presse souligne combien ces manifestations de « désolidarité » (ce n'est pas seulement d'indifférence ou de passivité qu'il s'agit, mais de l'expression d'une hostilité active) ont heurté la population géorgienne.

Dès lors, les positions des uns et des autres se durcissent. Un Front populaire naît durant l'été 1989 dans la région ossète et engage une campagne — pétitions aux autorités de l'U.R.S.S., de Russie, de Géorgie — pour la sécession d'avec la Géorgie et pour l'unité de la nation ossète en Russie. L'éventualité d'une rénovation du fédéralisme soviétique, le sentiment aigu, né d'abord de la crise arméno-azérie, que la carte de l'U.R.S.S. va être rectifiée, poussent tous les mécontents du système existant à présenter leurs demandes. Et les Ossètes séparés ont quelques droits à faire valoir ! Mais le climat soviétique de la fin des années 80 n'est pas propice au discours paisible. Toute revendication s'exprime en termes violents, et ses auteurs, au moins dans cette partie de l'U.R.S.S., sont convaincus que pour se faire entendre, il faut être armé et susciter la peur. Comme les Géorgiens, comme les Abkhazes, les Ossètes s'équipent et l'insécurité générale — comment se procurer des armes, sinon par la violence et le vol ? — ne fait que croître. Dès lors que l'on est armé, la tentation est grande de faire usage de ses armes et la théorie du « bon Géorgien mort » est mise en application.

Il devient dangereux d'être géorgien en milieu ossète. Si dangereux qu'à l'automne 1989, le ministre de l'Intérieur de Géorgie doit dépêcher des troupes en Ossétie déjà solidement quadrillée. Le Front populaire ossète, conscient que la Géorgie n'acceptera pas son démantèlement, avance alors une autre revendication : si on ne rectifie pas les frontières, alors qu'on donne aux Ossètes le même statut qu'à leurs frères de Russie ; que, de région autonome, l'Ossétie devienne république autonome, ce qui accroîtrait ses droits dans tous les domaines — politique, culturel, économique.

C'est exactement l'inverse de ce que la Géorgie entend faire. Hantés par la menace de démantèlement territorial que les minorités font peser sur eux, les Géorgiens sont engagés dans une politique qui tend à consolider la prééminence géorgienne, notamment en développant le géorgien comme langue d'État, donc langue d'intégration, et en affirmant la suprématie totale de la loi géorgienne. La bataille de la langue n'est pas que symbolique, elle traduit la réalité du rapport de forces. Les Ossètes exigent dans leur région l'égalité pour leur langue, le russe et le géorgien, et refusent qu'à l'échelle de la république, tous les documents, toutes les démarches soient exprimés en géorgien. En insistant sur le trilinguisme, ils donnent à la population géorgienne un statut de groupe égal aux autres dans sa propre république. De là à affirmer ensuite que la Géorgie n'est qu'un conglomérat de peuples, à l'image de la fédération soviétique où nul n'est au-dessus des autres, le pas serait alors aisé à franchir. On comprend que, pour la Géorgie, la perspective soit inquiétante. Elle l'est particulièrement à l'heure où la décomposition rapide de l'U.R.S.S. suggère une décomposition parallèle de toutes les formations étatiques où des nationalités nombreuses cohabitent.

Contre la montée des exigences ossètes — ajoutées à celles des Abkhazes et des Azéris, mais la liste s'arrêtera-t-elle à ces trois groupes ? —, le pouvoir à Tbilissi ne cesse de se durcir. Il rejette toutes les demandes de changement statutaire, impose des règlements permettant au géorgien de gagner du terrain, et, surtout, pour se prémunir contre des pressions venues de Moscou en faveur des minorités, il s'engage dans une révolution constitutionnelle. Le 18 novembre 1989, le Soviet suprême de la république vote des amendements à la Constitution donnant à la Géorgie le droit de rejeter toute loi fédérale qui irait à l'encontre des intérêts de la république[31]. L'intention est on ne peut plus claire : il s'agit de prévenir les changements que Gorbatchev voudrait apporter au fédéralisme soviétique. Mais, en rejetant la primauté de la loi fédérale, la Géorgie rejette aussi le fédéralisme, donc la fédération. En avril 1989, le pouvoir central avait espéré, par une répression aussi sauvage qu'injustifiable, faire reculer le nationalisme géorgien. Six mois plus tard, face aux assauts des petites nations qui revendiquent contre elle, comme elle le fait contre Moscou, le droit de s'émanciper, la Géorgie conclut que pour sauver son intégrité, il lui faut d'abord s'éloigner de l'U.R.S.S. La « leçon » que Moscou a voulu lui donner le 9 avril, qui a sans doute contribué à attiser les dissensions internes, se retourne comme un boomerang contre ses instigateurs. Pour la Géorgie, tout se ramène désormais à ce qu'on appelle à Tbilissi la *question russe.* Brisée par un pouvoir qu'elle assimile à la Russie, menacée de démantèlement au bénéfice de la Russie et par ce qu'elle tient pour une manipulation russe, la Géorgie applique désormais à Moscou l'idée que lui appliquent ses minorités : le bon Russe est un Russe mort.

CHAPITRE VI

La valise ou le cercueil

Les émeutes d'Alma-Ata étaient clairement des émeutes coloniales opposant la périphérie au centre, les Kazakhs aux Russes. Dans le Caucase, des nations se sont affrontées et continuent de le faire à propos de leurs frontières, pour le contrôle des territoires et des populations. Ces conflits trouvent leur origine dans les irrédentismes de peuples qui refusent le statut territorial forgé pour eux au début des années 20 par le pouvoir soviétique naissant. Restait à découvrir une dernière catégorie d'oppositions interethniques qui, *a priori*, ne mettent pas en cause le pouvoir central : les haines créées par des déplacements de population. Les violences qui se déchaînent en Asie centrale à partir de 1989 ont toutes pour cause commune le rejet des immigrés, qui conduit à les massacrer impitoyablement.

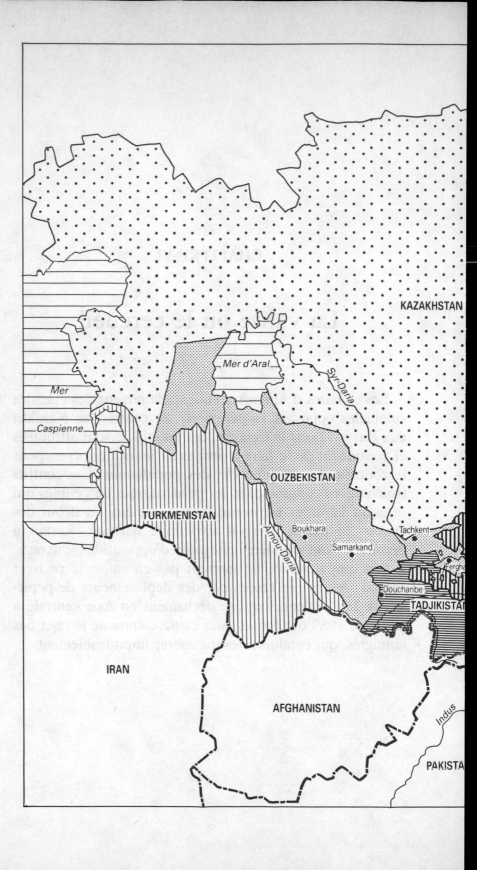

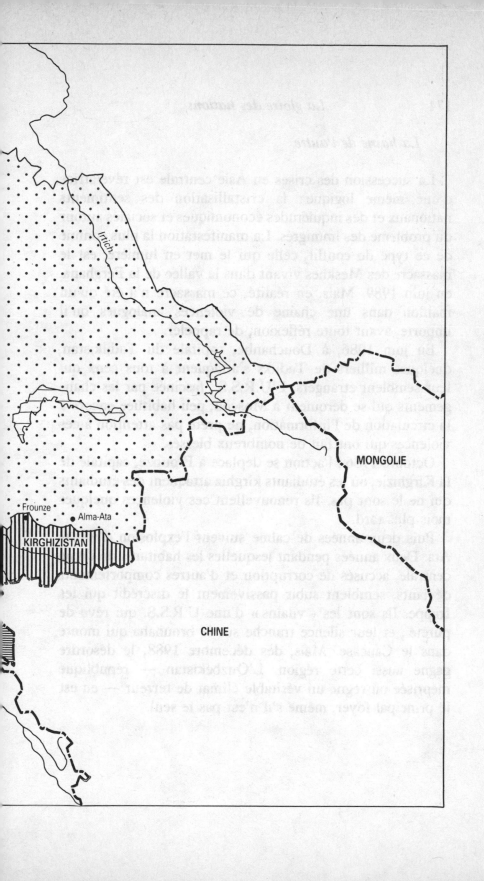

La haine de l'autre

La succession des crises en Asie centrale est révélatrice d'une même logique : la cristallisation des sentiments nationaux et des inquiétudes économiques et sociales autour du problème des immigrés. La manifestation la plus connue de ce type de conflit, celle qui le met en lumière, est le massacre des Meskhes vivant dans la vallée de la Ferghana, en juin 1989. Mais, en réalité, ce massacre n'a été qu'un maillon dans une chaîne de violences analogues qu'il importe, avant toute réflexion, de rappeler.

En juin 1986, à Douchanbe, capitale du Tadjikistan, quelques milliers de Tadjiks s'attaquent à tous ceux qui leur semblent étrangers. L'U.R.S.S., fascinée par les changements qui se déroulent à Moscou, peu habituée encore à la circulation de l'information, ne prête pas attention à ces violences qui ont fait de nombreux blessés.

Octobre 1986 : l'action se déplace à Frounze, capitale de la Kirghizie, où les étudiants kirghiz attaquent des étudiants qui ne le sont pas. Ils renouvellent ces violences quelques mois plus tard.

Puis deux années de calme suivent l'explosion d'Alma-Ata. Deux années pendant lesquelles les habitants de l'Asie centrale, accusés de corruption et d'autres comportements déviants, semblent subir passivement le discrédit qui les frappe. Ils sont les « vilains » d'une U.R.S.S. qui rêve de pureté ; et leur silence tranche sur le brouhaha qui monte dans le Caucase. Mais, dès décembre 1988, le désordre gagne aussi cette région. L'Ouzbékistan — république méprisée où règne un véritable climat de terreur — en est le principal foyer, même s'il n'est pas le seul.

Décembre 1988, février, avril 1989 : des batailles rangées ensanglantent Tachkent. Étudiants, ouvriers s'affrontent à l'Université, dans les usines, dans les rues, armés de barres de fer, de gourdins, à l'occasion déjà d'armes légères. Les Ouzbeks s'en prennent toujours aux mêmes victimes : les *étrangers*, quels qu'ils soient. La même hostilité envers les étrangers préside aux violences qui reprennent en février 1989 à Douchanbe, où écoliers et étudiants passent soudain à tabac tous ceux qui ne comprennent pas leur langue.

Jusqu'à ce point, les événements ne semblent pas encore excéder les limites d'une certaine xénophobie dont l'U.R.S.S. n'a pas le monopole. Mais, avec les grands affrontements en Turkménie, en Ouzbékistan et de nouveau au Kazakhstan, la nature et la dimension du phénomène se précisent de manière inquiétante.

Mai 1989. A Achkhabad, capitale du Turkménistan, puis dans la ville pétrolière de Nebit Dag, des manifestations violentes éclatent. En apparence, il s'agit d'un mouvement qui se développe dans toute l'U.R.S.S. : l'hostilité populaire aux coopératives, aux petits entrepreneurs qu'une société démunie tient pour les revenants d'un système où l'homme est exploité par son prochain. Mais, dans ces deux villes, les violences ont un point commun : les coopérateurs terrorisés, ceux dont les établissements sont dévastés, viennent du Caucase ; les slogans : « A bas les affameurs ! », « Fermez les coopératives ! », « Sus aux spéculateurs ! », sont partout couverts par un cri révélateur[1] : « Pas de Caucasiens, pas d'Arméniens en Turkménie ! » Les auteurs des violences sont surtout des jeunes gens, ce qui permet de mettre l'affaire au compte du « hooliganisme », héritage du laxisme moral des années de *stagnation*. Mais, en dépit de cette explication classique et confortable, les autorités turkmènes prennent peur et convoquent une réunion des représentants de toutes les communautés ethniques vivant sur leur territoire. Elles entendent affirmer les solidarités interethniques et surmonter les divisions dans une république jusqu'alors paisible. Cette volonté pacificatrice explique qu'à peine perçues, les violences d'Achkhabad et de Nebit Dag aient été aussitôt oubliées. De même que contribue à l'oubli un bilan assez lourd en dommages matériels, mais qui compte peu de victimes.

Tout autre est celui des violences qui, trois semaines plus tard, ensanglantent la vallée de la Ferghana. Elles éclatent le 23 mai dans la petite ville de Kusavaï, située à une quinzaine de kilomètres de Tachkent. Le prétexte en est mince. Un jeune homme, trouvant les fraises trop chères sur le marché, en renverse une corbeille et moleste la vendeuse. De là une véritable bataille rangée autour du marché, et un mort. Le lendemain, la bataille reprend : un second mort, plus de vingt blessés assez graves viennent alourdir ce premier bilan. L'agitation gagne diverses villes de la Ferghana, en dépit des efforts de la police pour prévenir cette extension. Le 4 juin, les affrontements tournent à l'émeute. Des bandes de jeunes Ouzbeks armés de chaînes, de haches, de barres de fer et de gourdins ravagent et incendient les maisons des Caucasiens, frappant, mutilant, détruisant tout sur leur passage. Ils s'attaquent aux édifices publics, en premier lieu aux postes de police où ils tentent de s'emparer des armes. Au siège du Parti de la ville de Ferghana, ils prennent en otages les deux premiers secrétaires. Devant cette fureur aveugle qui gagne toute la population de la région, les forces de l'ordre

sont impuissantes. Pourtant, la police et les troupes du
M.V.D. ont été renforcées par des unités régulières de
l'armée. Malgré ce déploiement de force, l'émeute s'étend
toujours et gagne la ville de Kokand. Les armes automa-
tiques font leur apparition. Un train est arraisonné et son
chargement d'essence répandu sur la voie. Les émeutiers
menacent de tout faire sauter, de tuer leurs otages si les
autorités n'accèdent pas à leurs demandes. Toute la république s'embrase, les transports sont pratiquement paralysés
et le nombre des victimes grandit sans cesse[2].

L'U.R.S.S. commence peut-être à s'habituer aux violences périphériques, mais, jusqu'en juin 1989, le phénomène pouvait lui paraître limité : soulèvement local à
Alma-Ata, manifestations réprimées et par là provisoirement vaincues en Géorgie. Seule la Transcaucasie libanisée
peut évoquer le cas de l'Ouzbékistan tout entier soulevé,
ignorant les forces de l'ordre, défiant le pouvoir, imposant
sa volonté.

En Ouzbékistan, la fureur populaire se tourne contre
une communauté immigrée, les Meskhes, peuple du Caucase jadis déporté par Staline, à qui l'on interdit de regagner
ses foyers. Ces immigrés, les Ouzbeks se sont soudain mis
à les haïr si fort que l'incident du 23 mai — le jeune
homme qui trouvait les fraises trop chères — a dégénéré
en massacre systématique. Non contents de brûler leurs
maisons, de leur faire subir les pires violences, de monter
à l'assaut des camps où les autorités les ont regroupés en
hâte pour les protéger[3], les Ouzbeks exigent leur départ
immédiat de la république.

A la différence des émeutes turkmènes, le bilan est ici
très lourd : une centaine de morts, plus d'un millier de

blessés, des maisons et des édifices publics incendiés par centaines, des destructions innombrables, et surtout 34 000 Meskhes contraints de fuir promptement vers d'autres républiques. Le calme rétabli ne sera d'ailleurs que momentané. Les Meskhes qui sont restés en Ouzbékistan, protégés par des forces de police, sont toujours harcelés par les Ouzbeks ; périodiquement, des groupes de quelques centaines de manifestants se lancent à l'assaut de ces malheureux. La persistance des crises et des violences atteste que les Ouzbeks n'auront de cesse que les derniers Meskhes aient quitté leur sol. A Samarkand même, où le calme régnait jusque-là, la population s'est attaquée aux Arméniens au début de 1990. Mais l'Ouzbékistan est devenu si coutumier des violences ethniques que leur extension à cette ville est passée pratiquement inaperçue.

A peine l'incendie éteint en Ouzbékistan, voici qu'il resurgit au Kazakhstan, dans la ville de Novy Uzen, centre de l'extraction pétrolière. Les effets en sont moins tragiques que ceux de l'assaut contre les Meskhes — une dizaine de morts, entre cent et deux cents blessés, des dégâts matériels —, mais la cause et le résultat de ces violences sont les mêmes qu'en Ouzbékistan. Ici la fureur de la population locale prend pour cible des immigrés venus jadis du Daghestan. Le scénario de la crise ressemble à s'y méprendre à celui qui s'est développé dans la Ferghana. Tout part d'un incident mineur opposant le 16 juin, au cours d'un bal populaire, des jeunes Kazakhs à quelques jeunes Caucasiens[4]. L'incident tourne aussitôt à la confrontation interethnique. Les jeunes Kazakhs envahissent les rues de Novy Uzen, incendient les boutiques, matraquent à tout va quiconque leur semble d'origine caucasienne, prennent d'assaut des édifices publics, tentent d'investir les postes de police où sont entreposées les armes si convoitées. Tout se répète durant plusieurs jours : trafic ferroviaire paralysé ; entreprises fermées par solidarité ou par prudence ; manifestations publiques auxquelles se joignent femmes et enfants. Débordées, malgré les renforts, les forces de l'ordre tirent en l'air, frappent, usent de gaz lacrymogènes et ne réussissent pas à enrayer le mouvement qui gagne l'extrême-ouest de la république, en bordure de la mer Caspienne[5].

L'intéressant, ici, est la volonté des Kazakhs d'opposer aux forces de maintien de l'ordre une stratégie inédite. Le couvre-feu imposé à Novy Uzen le 19 juin les paralyse. Les manifestants tournent alors la difficulté en déplaçant le conflit de la ville où il est né, qui est sous lourde surveillance, vers les abords de la Caspienne. Ils y exportent les violences, la paralysie de toute la vie économique, la terreur à l'encontre des immigrés caucasiens. Non contents de soulever les zones pétrolières du Kazakhstan occidental, ils étendent aussi l'émeute à la partie orientale de la république, jusqu'à Alma-Ata, point de départ de toutes les révoltes ethniques trois ans auparavant.

Le Kazakhstan si disparate, que son étendue semblait condamner à toujours évoluer de manière différenciée, s'unifie ainsi dans la haine des immigrés par l'action systématique des émeutiers de Novy Uzen. Si leur révolte est moins dommageable aux vies humaines, ses effets politiques — l'unification de la région — et économiques sont considérables. C'est d'abord l'industrie pétrolière qui paie le prix des événements. La paralysie des puits, celle des centres de production de gaz, les sabotages font chuter la production[6]. De plus, la fuite des Caucasiens, souvent techniciens compétents, pose des problèmes de relève de main-d'œuvre que les Kazakhs, peu spécialisés, ne sont pas à même de résoudre.

Sans doute ces incidents, peut-être en raison de leur dispersion, du nombre moins élevé de victimes, ont-ils moins troublé le pouvoir central que le soulèvement presque généralisé de l'Ouzbékistan. Le 12 juin, le Premier ministre Ryjkov et Victor Tchebrikov étaient à Tachkent : signe de l'inquiétude de Moscou. Au Kazakhstan, les responsables locaux se contentent de nommer des commissions d'enquête.

Mais la violence s'étend, n'épargne aucune république. Longtemps préservée, la Kirghizie est atteinte à son tour par la haine des immigrés. En janvier 1990, celle-ci se manifeste soudain non contre des immigrés réels, mais contre l'annonce, colportée par des rumeurs, que des réfugiés de l'Azerbaïdjan livré à la guerre civile seraient mis à l'abri en Kirghizie. A cette seule idée, les Kirghiz s'enflamment, occupent les terrains vagues de Frounze où, soupçonnent-ils, on va établir ces réfugiés, y construisent en hâte des baraques, s'organisent pour s'y défendre et manifestent en masse pour prévenir tout mouvement de population vers leur république. Que les réfugiés potentiels soient des Russes que la guerre d'Azerbaïdjan a démunis de tout, que, de surcroît, on n'en ait encore vu la moindre trace, les habitants de Frounze n'en ont cure. La violence de leurs actions préventives témoigne qu'ici aussi, le terrain est mûr pour de graves affrontements. On le vérifiera quelques mois plus tard, en juin 1990, quand la région d'Osh sera à son tour le lieu d'affrontements interethniques opposant les Kirghiz aux Ouzbeks vivant chez eux[7].

Les violences ethniques n'épargnent pas non plus le Tadjikistan. La guerre de Transcaucasie n'en finit pas de projeter son ombre sur toutes les républiques. Le 11 février 1990, des désordres éclatent à nouveau à Douchanbe où les Tadjiks exigent le départ immédiat des réfugiés arméniens[8]. Ils le font d'abord par la menace : quelques morts, de nombreux blessés témoignent de leur détermination. Mais celle-ci est telle que les violences tournent bientôt à une situation de guerre. Tandis qu'à Moscou, Gorbatchev tonne contre les passions nationales et exige que tous les moyens soient employés pour ramener l'ordre dans une Asie centrale embrasée, ni l'envoi de troupes, ni le couvre-feu aussitôt imposé ne suffisent à calmer les esprits. Une véritable insurrection contre le pouvoir soviétique succède au lynchage des Arméniens. Les Tadjiks attaquent les forces du M.V.D. et de l'armée.

Ces affrontements donnent la mesure des progrès accomplis par les révoltés de la périphérie depuis les événements de Géorgie. Les insurgés sont de mieux en mieux armés. Le temps des barres de fer est révolu. Face à eux, l'armée régulière est réticente à intervenir. Une unité envoyée à Douchanbe s'y est même refusée, alléguant que le maintien de l'ordre n'était pas sa vocation. Après le refus des réservistes d'aller combattre en Azerbaïdjan, la mauvaise volonté des unités régulières révèle les effets désastreux des violences ethniques sur les institutions soviétiques, et plus seulement sur le moral des individus. Quand les forces de l'ordre reprennent enfin le contrôle de la situation, le bilan n'est pas négligeable : au minimum 20 morts, près de

600 blessés. La liste des victimes des conflits ethniques ne cesse de s'allonger.

Au cœur du conflit : le rejet des immigrés

Pour le pouvoir soviétique, les soulèvements successifs qui, en peu de mois, ont déstabilisé l'Asie centrale ont trois causes. Tout d'abord la drogue, l'alcool, les habitudes de délinquance[9]. Depuis le pogrom de Sumgaït, toute information relative aux violences ethniques évoque ces facteurs, afin sans doute d'isoler les manifestants du reste de la société Délinquants, gavés d'alcool et de stupéfiants, les auteurs de violences sont — c'est la seconde explication — manipulés ; les violences servent un dessein, elles sont le fruit d un complot[10]. Complot contre qui ? La cause est claire : contre le pouvoir soviétique et la *perestroïka*. Complot fomenté par qui ? Ici, toutes les hypothèses sont permises. Et les moyens employés par les conspirateurs cachés sont multiples. Les manifestants sont payés pour manifester. Et les armes, partout utilisées, viennent souvent de l'extérieur. L'accusation sur ce point est parfois précise[11]. A Tbilissi, c'est la Turquie voisine qui les fournit. En Azerbaïdjan, c'est l'Iran, qui s'en défend d'ailleurs. Au Tadjikistan, c'est l'Afghanistan qui serait le fournisseur d'équipements militaires. A l'occasion, les États-Unis eux-mêmes ont été accusés de vouloir déstabiliser la périphérie pour aider la résistance afghane[12]. Troisième facteur — avancé, il est vrai, avec prudence : l'*islam*, notamment les sectes extrémistes. Aucune explication de ce type n'est pourtant satisfaisante ni ne pose — le pouvoir le sait —

les deux grands problèmes de l'Asie centrale : les immigrés et la situation socio-économique.

La carte humaine de l'Asie centrale, naturellement complexe, a été considérablement modifiée, surtout depuis les années de guerre, par trois éléments qui tous concernent des déplacements de populations : envoi massif et continu de Russes à la périphérie ; déportations de peuples entiers par Staline, des Allemands de la Volga aux « peuples punis » pour collaboration ; enfin, dernière vague, celle des réfugiés de la guerre de Transcaucasie auxquels le pouvoir soviétique tente de trouver des asiles sûrs.

Les Russes, qui longtemps investirent l'Asie centrale, sont depuis quelques années en train de prendre le chemin du retour. La pression démographique et le nationalisme grandissant leur rendent la vie dans ces républiques de moins en moins supportable. On peut s'en convaincre d'un coup d'œil jeté sur ce tableau[13] :

NOMBRE DE RUSSES
DANS LES RÉPUBLIQUES D'ASIE CENTRALE

	Population totale en 1989	1979	1989
Ouzbékistan........	19 808 077	1 665 658	1 652 179
Kazakhstan	16 436 115	5 991 000	6 226 000
Kirghizie	4 257 700	912 000	916 000
Tadjikistan........	5 089 000	395 000	387 000
Turkménie........	3 512 190	349 000	334 000

En recul en nombre absolu dans trois républiques sur cinq, les Russes perdent du terrain en proportion partout, dans la mesure où la croissance des nations titulaires est spectaculaire. Ainsi en va-t-il de l'Ouzbékistan où, en 1979, il y avait un Russe pour six Ouzbeks, et, dix ans plus tard, un pour presque neuf. Or, c'est d'Ouzbékistan que part officiellement la demande d'arrêt de l'immigration. « Halte à l'immigration russe ! » ou « Départ des Russes ! » : ces slogans chers aux Ouzbeks retentissent aussi dans les manifestations d'Achkhabad, de Frounze, de Douchanbe. Mais, au cours des violences plus récentes, le rejet des immigrés a surtout visé les peuples déportés ou ceux que la guerre sévissant dans leur république fait fuir. Le cas des peuples déportés est particulièrement significatif, car ils sont musulmans pour la plupart, et la solidarité de l'islam ne laissait pas prévoir le massacre dont ils seraient victimes. A l'inverse, si les Russes sont impopulaires, s'ils sont parfois molestés et toujours humiliés, leurs massacre systématique ne fait pas partie du tableau. Pour l'heure, du moins.

Non musulmans, les Allemands que Staline a déportés de la Volga où ils étaient installés depuis trois siècles, craignant qu'ils ne constituent une base de collaboration dans la guerre qui se préparait avec l'Allemagne, ont été « déplacés » au Kazakhstan. Minorité ailleurs en Asie centrale, groupe compact de 956 000 personnes en 1989 au Kazakhstan, ils n'y soulèvent guère d'hostilité[14]. Dans aucune manifestation on n'entend huer les Allemands ni réclamer leur départ. Dans la mesure où ils le peuvent, d'ailleurs, ils s'en vont d'eux-mêmes. Cinq mille ont quitté le Tadjikistan au cours des dernières années, quelques centaines la Turkménie. Ils partent pour la patrie que leurs ancêtres ont quittée au temps de Catherine II, et, pour ce faire, ils invoquent la « réunion des familles » au nom des principes acceptés par l'U.R.S.S. à Helsinki.

Le soulèvement de la Ferghana témoigne que la haine peut opposer des peuples musulmans : celle des Ouzbeks envers les Meskhes. Les Meskhes sont des Géorgiens d'origine, islamisés (sunnites en majorité), en partie turcisés, que Staline a arrachés à leurs villages de Géorgie centrale en novembre 1944 pour les jeter sur les routes du Kazakhstan. Accusés de collaboration avec les Allemands, ils font partie de la cohorte des peuples « punis » qui ont perdu le droit d'exister en tant que communauté particulière. Quand Khrouchtchev réhabilite une partie de ces peuples et les autorise à rentrer chez eux, les Meskhes, comme les Tatars, comme les Allemands, sont exclus de cette révision. Depuis 1956, à l'instar des Tatars, ils se sont battus pour retrouver leur terre d'origine. Il leur faudra attendre, pour être entendus à Moscou, d'être dans des camps de réfugiés installés à la hâte, destinés à sauver la vie de ceux qui ont échappé aux massacres. Ryjkov, Premier ministre d'U.R.S.S., rend alors visite à ces camps ; et, pour la première fois depuis leur déportation, les Meskhes entendent parler d'un possible retour.

En Ouzbékistan, ils sont quelque 60 000 individus[15], actifs, entreprenants, occupant des emplois que les Ouzbeks revendiquent. Si l'hostilité de ceux-ci à leur encontre est d'ordre économique, elle tient probablement aussi à l'irritation suscitée par leur volonté acharnée de quitter un pays musulman. L'obstination des Tatars à revenir en Crimée avait, dans le passé, créé en Ouzbékistan les mêmes réflexes indignés. Reste que le retour des Meskhes dans leur patrie d'origine est malaisé. Si les Ouzbeks veulent désormais se défaire d'eux, les Géorgiens, qui ont fort à faire avec leurs propres minorités, ont clairement fait savoir à Moscou qu'ils n'étaient pas disposés à en voir accroître le nombre. Et qu'au surplus, la Géorgie n'a pas les moyens matériels de les accueillir[16]. Si l'on se souvient que l'Asie centrale tout entière abrite probablement plus de 150 000 membres de ce groupe (plus de 300 000 d'après des évaluations géorgiennes), on peut imaginer quel problème posera dans l'avenir cette communauté dispersée qui rêve de rentrer en Géorgie, dont personne ne veut, et qu'un abri provisoire dans la R.S.F.S.R. ne saurait satisfaire.

Victimes de la violence au Kazakhstan, les *Caucasiens* — Ingouches, Balkares et Karatchais — représentent aussi une immigration forcée datant des années de guerre. Réhabilités par Khrouchtchev, ils ont en majorité regagné le Caucase ; la violence contre ceux qui ont choisi de rester traduit simplement le refus des Kazakhs de supporter des étrangers sur leur sol.

Immigrés récents, fuyant le massacre en Transcaucasie, les *Arméniens* ont polarisé, partout en Asie centrale, l'hostilité raciale. A Frounze, au Turkménistan, au Tadjikistan, présents ou simplement annoncés, ils sont systématiquement rejetés. Leur malheur n'attendrit personne, et les peuples d'Asie centrale, à l'hospitalité proverbiale, les rejettent sans hésiter. Pas d'immigrés nouveaux : le mot d'ordre est général.

Au Tadjikistan, le conflit interethnique se complique de plusieurs problèmes ethniques. Les manifestations de Douchanbe en 1990 ont été dominées par le slogan, désormais classique dans toute la région et que chaque république reprend à son compte : « Le Tadjikistan aux Tadjiks ! » Ce qui implique en premier lieu le rejet des Russes — mais ceux-ci ont commencé à se retirer d'eux-mêmes de la république — et le refus de tout apport humain nouveau. A ces hostilités déjà bien connues s'ajoute l'attitude brutalement assimilationniste des Tadjiks vis-à-vis des petits peuples du Pamir, majoritaires dans la région autonome du Badakhchan. Il s'agit de peuples, certes peu nombreux, (143 862 habitants sur 160 000 en 1989 dans cette région), mais qui sont chiites ismaïliens, relèvent de l'autorité de l'Aga Khan et ont leurs propres langues[17]. Depuis 1959, les autorités tadjikes, qui nient leur existence nationale, ont obtenu que ces peuples soient officiellement reconnus comme tadjiks, ce qui les a fait légalement disparaître, notamment des recensements[18]. Si les peuples du Pamir semblaient résignés jusqu'ici a cette entreprise d'assimilation, le climat national exacerbé de l'U.R.S.S. gorbatchévienne modifie profondément tous les comportements. Les Tadjiks deviennent plus brutaux et envisagent — ce qui serait logique de leur point de vue — de rayer purement et simplement la région autonome de la carte. Les peuples du Pamir, inquiets des perspectives de recomposition territoriale qui semblent inévitables en U.R.S.S., se mobilisent de leur côté, et la perspective d'une explosion du type Karabakh dans cette partie de l'Asie centrale est plausible.

Une autre crise montante est due à l'hostilité des Tadjiks envers les Ouzbeks et l'Ouzbékistan voisin ; à la dimension des conflits ethniques internes elle ajoute la dimension territoriale et interétatique qui caractérise les conflits du

Caucase. Les Tadjiks — et ceci est aussi le résultat de la
montée des tensions nationales au cours des dernières
années — manifestent leur hostilité aux Ouzbeks dans trois
domaines.

A l'intérieur de leur État, ils tendent de plus en plus à
traiter les Ouzbeks qui vivent parmi eux (en 1989, avec
1 197 000 habitants, ceux-ci représentent plus du cinquième de la population du Tadjikistan : 5 089 592 habitants, dont 3 168 193 Tadjiks) en intrus et en représentants
d'une civilisation inférieure. Les Tadjiks se réclament de
la culture persane classique et tiennent leurs voisins pour
des barbares qui, en territoire tadjik, doivent accepter leur
culture, la langue qui la porte, ou s'en aller.

Les Tadjiks s'indignent en revanche du sort réservé à
leurs frères en Ouzbékistan. Là, 931 547 Tadjiks, face à
14 millions d'Ouzbeks, se plaignent de discrimination et
s'inquiètent d'être assimilés par le groupe ouzbek, dont le
dynamisme démographique nourrit la prétention à devenir
le groupe agrégateur des peuples de la région.
L'« impérialisme ouzbek » — car c'est cela que les Tadjiks
dénoncent — s'est déjà traduit dans le décompte de
nombreux Tadjiks comme Ouzbeks, sur la base de docu
ments d'identité inexacts. Les Tadjiks accusent leurs voisins d'assimiler ainsi sournoisement, par des voies administratives, leurs minorités, tout en multipliant sur eux les
pressions culturelles.

Troisième volet du conflit : les Tadjiks réclament le
retour à leur république de Boukhara et Samarkand, où la
population et la culture tadjikes dominent[19].

L'Asie centrale commence à ressembler au Caucase ; et
Moscou voit d'autant moins de raisons de céder aux

exigences arméniennes sur le Karabakh que des demandes similaires y surgissent déjà[20]. L'enchaînement de la violence dans cette région, pour avoir été plus tardif qu'ailleurs, est particulièrement inquiétant. Il l'est parce que les événements de Frounze ou Douchanbe témoignent qu'il suffit d'une rumeur, même non vérifiée, même inexacte — « des Arméniens vont être transférés ici » — pour que l'explosion se produise. Toutes les provocations — et, dans ces deux cas, l'intention de soulever Kirghiz et Tadjiks est patente — peuvent conduire à des massacres en règle. Il est inquiétant aussi parce que, comme dans le Caucase, les grandes nations refusent désormais aux minorités le droit d'exister sur leur sol et mettent en cause l'organisation territoriale inventée par Staline à l'aube des années 20. Pogroms des immigrés, guerres interétatiques autour d'hostilités ou de rivalités ethniques, la tragédie se met en place. La dimension de l'Asie centrale, le nombre important de peuples impliqués, les conditions sociales qui y prévalent, enfin l'islam font de cette région une poudrière plus dangereuse encore pour l'U.R.S.S. que le Caucase[21].

L'univers du désespoir

Les conflits interethniques, surtout lorsqu'ils surgissent soudain — l'hostilité aux Russes est un problème différent des autres, c'est celui de peuples officiellement égaux mais qui constatent que l'un d'entre eux est « plus égal que les autres » — et visent par priorité les plus faibles, les immigrés, ont, cela va de soi, des racines sociales et économiques. Cela est particulièrement vrai dans le cas de l'Asie centrale qui, au milieu des années 80, sort d'une

longue période de quiétude pour prendre soudain conscience
de tous ses problèmes. Et tous conduisent au même
constat : un sous-développement qui s'accélère tragique-
ment. Longtemps, les bilans économiques triomphalistes et
tronqués des responsables locaux donnaient aux peuples de
la région le sentiment d'un progrès continu. Les transferts
de ressources dont elle bénéficiait confortaient ces bilans
en travestissant la réalité. La *glasnost'* a mis le réel à nu ;
mais la distance entre réel et discours est telle que l'épreuve
de vérité est parfaitement insoutenable. Traités en parias
d'une société qui souhaite redevenir honnête, soumis à des
purges incessantes, accusés de vivre aux crochets d'autrui,
prévenus qu'il leur faudra survivre seuls, confrontés à leur
effondrement économique, les peuples d'Asie centrale sont
réduits au désespoir. Un désastre économique absolu leur
est révélé au moment même où l'explosion démographique
augmente tous leurs besoins et jette sur le marché une
jeunesse en quête d'emplois introuvables.

Longtemps, le pouvoir soviétique poussait la main-
d'œuvre d'Asie centrale à s'expatrier vers la Russie ou la
Sibérie pour s'y employer. Mais les réformes économiques
de l'équipe Gorbatchev ont une logique qui condamne ces
appels. La main-d'œuvre inutile, excédentaire, n'a plus de
places où s'occuper en U.R.S.S. Le chômage la guette et
les générations montantes et nombreuses d'Asie centrale
sont indésirables hors de chez elles. La lutte pour l'emploi
est une donnée majeure dans une région où l'explosion
démographique a, en moins de deux décennies, bouleversé
toutes les prévisions — embauches, logements, approvisionnements. Rien n'a été préparé pour faire face à des
quasi doublements de population (en Ouzbékistan,

11 800 000 habitants en 1970, 19 808 000 en 1989). Tout
au contraire, la monoculture du coton, imposée par Staline
à une grande partie de cette région[22], a aujourd'hui deux
conséquences. Culture largement mécanisée, elle offre peu
de travail à la population. Réalisée au détriment des
cultures vivrières, cette spécialisation place la plupart des
républiques dans la dépendance du reste de l'Union. A la
fin des années 80, quand tout se désorganise en U.R.S.S.
— transports, stockage, etc. —, que la pénurie alimentaire
s'installe, ces phénomènes condamnent l'Asie centrale à
une situation de semi-famine. Ajoutez à cela le désastre
écologique de la mer d'Aral, qui prive d'eau potable la
plupart des républiques avoisinantes, et l'usage intensif des
pesticides : le tableau que les habitants de la région ont
devant eux à de quoi les épouvanter[23]. Il n'est pas neuf
sans doute, et la *glasnost'* en est un révélateur et non pas
la cause. Mais, aujourd'hui, tous savent — parce que le
droit et même le devoir de le dire ont remplacé l'ancienne
obligation de tout taire — que les indicateurs de pollution
de l'eau et de l'air sont, chez eux, supérieurs à la moyenne
fédérale et les situent plutôt en tête du classement des
régions menacées par ces nouveaux dangers qui pèsent sur
l'espèce humaine.

Si, dans ce contexte dramatique, les nations de l'Asie
centrale voient avec tant d'hostilité l'installation ou le
transfert d'immigrés chez eux, c'est aussi qu'en raison de
l'arriération culturelle de la région, ce sont ces immigrés
qui bénéficieront des meilleurs emplois. Les Kazakhs
occidentaux qui ont massacré les Caucasiens ont justifié
leur fureur par le constat que, sur les champs pétrolifères
et dans les usines qui en dépendent, tous les emplois

rentables sont occupés par des étrangers qui font pression pour exclure les Kazakhs du travail. Caucasiens déportés en 1944, Arméniens, Azéris sont accusés aussi de monopoliser les coopératives où ils pratiquent des prix élevés. « Nous sommes condamnés à la culture du coton qui ne rapporte guère », se plaignent les Ouzbeks qui crient dans les manifestations : « Augmentez le prix du coton ! » et : « Chassez les voleurs ! » Et ils ajoutent que dans toute la Ferghana, les jeunes Ouzbeks sont condamnés au chômage, tandis que de leurs coopératives ou emplois qualifiés, les immigrés — Meskhes, Tatars, etc. — narguent leur misère. Tous se plaignent également, qu'alors que l'Asie centrale manque de tout, la désorganisation présente de l'U.R.S.S. autorise les « spéculateurs étrangers » à leur imposer n'importe quels prix pour les biens alimentaires et d'usage les plus nécessaires, et, en définitive, à les tenir à leur merci. Faut-il s'étonner que dans toutes les explosions de fureur populaire, magasins, maisons, terres des immigrés soient attaqués, incendiés, détruits ? Et que l'expulsion de ceux qui y vivaient soit un leitmotiv ressassé dans toute l'Asie centrale ?

Même si, par ailleurs, comme le font Tadjiks et Ouzbeks, les peuples de la région commencent aussi à s'opposer les uns aux autres, leur première priorité reste de chasser tous ceux qui n'appartiennent pas au groupe. En Kirghizie, un sondage consacré à l'état des relations interethniques dans la république donne une vue saisissante de l'état d'esprit des Kirghiz, qui peut être extrapolée à toute l'Asie centrale[24]. La majorité des sondés est tombée d'accord pour condamner une politique d'égalité entre Kirghiz et minorités vivant dans la république, car « l'égalité bénéficie aux minorités et désavantage la nation majoritaire ». La conclusion est que les minorités ne doivent plus, dans les républiques où elles s'installent, jouir des mêmes droits que leurs protecteurs. Elles ont à choisir entre une assimilation qu'elles refusent en général, et qui est contraire à l'idéologie soviétique de développement harmonieux de tous les groupes, et cette alternative radicale qui eut cours ailleurs : « la valise ou le cercueil ».

Islam fraternel ?

« Tout musulman est l'ami et le frère d'un autre musulman, quelle que soit sa nationalité ou sa terre d'origine. Un musulman ne doit jamais souffrir du fait d'un autre musulman[25]. » Ce précepte, maintes fois répété dans les mosquées soviétiques, paraît bien oublié dans les conflits interethniques d'Asie centrale. Pourtant, nombreuses sont les manifestations dans cette région où les drapeaux verts alternent avec les calicots porteurs de slogans, même lorsque le but de la manifestation est de proclamer son hostilité envers d'autres musulmans ! Cette situation n'est paradoxale qu'en apparence.

Quand les autorités soviétiques s'inquiètent que derrière les violences, l'agitation musulmane, voire une propagande islamique venue de l'extérieur visent à déstabiliser purement et simplement la périphérie en tirant avantage de n'importe quel motif de mécontentement, elles ont en partie raison, mais en partie seulement. Que les liens entre musulmans soviétiques et musulmans voisins — Iraniens, Afghans — se resserrent, cela est exact. Que l'Arabie Saoudite porte un intérêt croissant à cette partie de l'U.R.S.S. peuplée de plus de 50 millions de musulmans et contiguë au centre du monde de l'islam est une évidence dont les témoignages se multiplient. Pour autant, rien n'indique que les passions montantes soient attisées de l'extérieur. La circulation de tracts et cassettes de propagande venus d'Iran et d'Afghanistan, toujours invoquée à l'appui de la thèse des provocations extérieures, concerne surtout les zones proches de ces pays, mais paraît moins sûre dans les centres urbains où les plus graves événements se sont déroulés.

Pourtant, contester les progrès de l'islam dans les sociétés d'Asie centrale au cours de ces dernières années n'est guère possible. La politique religieuse relativement libérale de Gorbatchev a eu pour conséquence, en Asie centrale comme dans le Caucase, l'ouverture de nouvelles mosquées et un effort destiné à former davantage et mieux les clercs[26].

Ces mesures mettront du temps à modifier une situation peu propice à une emprise réelle de l'islam sur la société. En 1986, l'U.R.S.S. ne comptait en effet que 1 330 mosquées ouvertes et près de 2 000 mosquées sans statut officiel, fonctionnant dans une illégalité tolérée[27]. Si l'on songe aux quelque 20 800 mosquées existant avant la révolution pour une population musulmane qui était trois fois moindre, on imagine le chemin qui reste à parcourir. Quant à la formation des clercs, les deux académies islamiques qui fonctionnent aujourd'hui en Asie centrale — une troisième est en projet en Azerbaïdjan — ont des moyens d'accueil et de formation dérisoires au regard des besoins.

Ce qui est nouveau, c'est que le vent de réforme a modifié les rapports entre les musulmans et leur hiérarchie.

Que, le 3 février 1988, une manifestation ait rassemblé square Lénine (!), à Tachkent, plus d'un millier de personnes pour exiger le renvoi du grand muphti Shamsutdinkhan Babakhan, accusé de corruption et d'inconduite, voilà qui témoigne d'une authentique révolution des esprits. Cela aussi contribue à l'agitation. Le pouvoir accepte désormais les religions pour qu'elles contribuent à stabiliser la société. Mais cet islam que la société conteste peut-il jouer un tel rôle ? D'autant que le contexte moral est ici aussi très inquiétant. La société d'Asie centrale doit faire face non seulement à une situation dramatique sur le plan économique, à la dégradation des conditions matérielles et sanitaires dans lesquelles une population en expansion doit survivre, mais aussi à la décomposition morale qui y sévit. L'alcoolisme, la drogue[28], la délinquance menacent la jeunesse. L'émancipation des femmes, que l'on tenait pour l'une des plus belles réalisations du système soviétique, est en recul rapide, et, en corollaire, le taux des suicides chez celles-ci monte rapidement[29]. En quelques années, la combinaison des progrès dus au système (éducation, égalité des sexes, protection infantile) et de la morale liée aux traditions (cohésion de la famille, autorité parentale, sobriété, etc.) s'est effondrée, mettant à nu, comme ailleurs en U.R.S.S., les tares d'une société qui a perdu ses repères traditionnels et que la découverte du mensonge soviétique convainc qu'aucune limite n'existe à l'assouvissement des appétits individuels. Les élites musulmanes — élites politiques, intellectuelles, religieuses—, affolées par l'ampleur et les conséquences du désarroi social, se retournent d'un commun accord vers l'islam, comme système de valeurs, pour tenter de fonder sur lui le redressement moral et la cohésion de la société. Mais ce recours, nul ne souhaite qu'il introduise en Asie centrale une version autoritaire, voire fanatique, de la religion. Il doit être un ciment social autour duquel les nations de cette région pourront se retrouver. Dans une certaine mesure, les élites attendent de l'islam qu'il joue, dans cette période d'incertitude, le rôle que le catholicisme a joué en Pologne.

L'islam devient ainsi un mode de légitimation des États nationaux qui veulent survivre et se développer de manière indépendante d'un système soviétique qui les a sacrifiés à une conception erronée du progrès[30]. Ainsi entendu, l'islam n'unit que les membres d'une même communauté nationale, et doit s'identifier à leurs intérêts. Dessinant les contours de la nation, pivot du regroupement, c'est sous sa bannière verte que se retrouveront de plus en plus les manifestants.

Il va de soi que les notions de fraternité et de paix tiennent peu de place lorsqu'un système de valeurs est perçu, dans le désespoir, comme moyen d'unir contre l'extérieur une communauté. Il contribue alors à renforcer la spécificité de chaque groupe. En l'occurrence, il dote la poudrière centro-asiatique d'une exceptionnelle capacité de mobilisation populaire. En se tournant vers l'islam, les sociétés de cette région s'éloignent de la communauté soviétique. Mais, en même temps, elles ne peuvent s'en séparer vraiment, tant la *spécialisation* qui leur fut naguère imposée les laisse pour un long moment dans la dépendance de la fédération. Ces tensions contraires sont, elles aussi, éminemment dangereuses. Elles nourrissent davantage encore, s'il est possible, l'amertume de cette périphérie qui s'enferme dans l'islam contre un centre rejeté mais qui lui est pourtant nécessaire pour survivre. En Russie même, elles développent la peur, l'islamophobie, le désir de s'écarter d'un univers dont on perçoit désormais le caractère hostile et explosif. En définitive, nul ne souhaitant accélérer la marche au « cercueil », la communauté européenne tout entière est bien près de s'emparer de la « valise », comme les immigrés lynchés.

La succession d'émeutes et de violences qui, depuis 1989, est une donnée constante de la vie en Asie centrale, évoque étonnamment le passé de l'Empire russe, lorsque, de la décomposition sourde, il passe à l'éclatement. Le Kazakhstan, comme par hasard, fait parler de lui aux deux moments où survient ce choc ; c'est là, en effet, que tout se noue. En 1916, quand l'Empire est affaibli par les premières défaites de la guerre, que ses sujets sont désemparés en découvrant que le colosse avait des pieds d'argile (version ancienne du désarroi de la société devant la faillite du système), c'est à la périphérie que le pouvoir central est d'abord nié. Le 2 juillet 1916, les nomades kazakhs se soulèvent contre la conscription qu'on veut leur imposer (autre thème de conflit en 1990), et la révolte embrase toute la steppe. Au-delà du motif immédiat de révolte, la venue massive de colons russes, la bataille pour les terres, la chute du niveau de vie sont à l'origine de ce soulèvement du désespoir contre les étrangers, au cours duquel des milliers de Kirghiz et de Kazakhs furent massacrés. La répression, sanglante, ne rétablit jamais le calme et créa un véritable « front de désordre » allant des steppes du Kazakhstan à la région transcaucasienne. La Ferghana, la région de Samarkand ont été presque aussi agitées que la Steppe. Partout, les populations alarmées par l'ampleur de la répression, par les projets de colonisation accrue, commencèrent à se mobiliser autour d'un clergé musulman fanatique et conservateur qui rêvait de guerre sainte. Les intellectuels modernisateurs qui cherchaient les voies de la renaissance morale et politique de leur communauté pensaient aussi que c'était l'islam, mais un islam rénové, qui pourrait rassembler les énergies pour mettre fin à la domination impériale. La révolution de 1917 a été précédée dans cette région par l'effondrement de l'Empire. Lénine l'a bien senti, qui a tendu la main à toutes les aspirations nationales, et qui, dans un premier temps, s'émerveillait que dans l'Asie centrale révoltée, des mollahs s'employassent à fixer sur le drapeau vert de l'islam des bandes rouges et les insignes du communisme, faucille et marteau...

A la fin des années 80, lorsque la mémoire est restituée à tous les Soviétiques, les peuples d'Asie centrale découvrent précisément ce passé de révolte pour y identifier leur tragédie présente et se rattacher aux combats d'alors. Ce qui est vrai de l'Asie centrale l'est du reste de la périphérie livrée à la violence. Le Caucase, agité d'irrédentismes que le pouvoir soviétique a niés, tourne ses regards vers la silhouette légendaire de l'imam Chamil qui tint durablement en respect la puissance russe. Les Géorgiens se souviennent de la révolte brisée de 1924. D'une république à l'autre, les révoltes d'aujourd'hui paraissent se couler dans le moule des résistances passées. La *glasnost'*, qui donne à chaque peuple le droit de renouer avec son histoire, a sans aucun doute contribué à relier le passé au présent, à rappeler à des peuples exaspérés qu'ils ont su jadis se dresser contre un puissant empire, avant même que celui-ci n'ait connu la défaite ; et qu'ils ont ainsi contribué de manière décisive à son effondrement. Dès lors que la vérité, qui désormais s'impose à tous, apprend aux peuples de l'U.R.S.S. qu'ils sont entraînés vers l'abîme, comme ils le furent jadis dans une guerre tout aussi désastreuse, passé et présent se conjuguent pour forger en eux une même conviction : leur destin doit être dans leurs mains.

Troisième partie

LA FIN DU FÉDÉRALISME

CHAPITRE VII

Le « double pouvoir »

Pendant près de soixante-dix ans, deux principes ont présidé à la vie des citoyens soviétiques : le Parti, seul détenteur du pouvoir, était aussi le seul représentant de la société (à travers les diverses organisations sociales qu'il contrôlait) ; et toute initiative, tout changement, toute réforme ne pouvaient venir que d'*en haut* — c'est-à-dire du Parti. C'est ainsi d'ailleurs qu'a commencé la *perestroïka*. En prenant appui sur la réalité et non plus sur le mythe, en se débarrassant par pans entiers du mensonge, sans doute Mikhaïl Gorbatchev ouvrait-il la voie aux changements à venir. Mais, dans un premier temps, l'initiative fut sienne, et c'est *d'en haut* que vinrent l'appel au renouveau et les projets pour y atteindre.

Ce qui est remarquable, dans l'histoire soviétique de ces cinq dernières années, c'est la manière dont la société prend peu à peu sa place dans le changement qui lui a été proposé et décide de s'en faire l'artisan. L'U.R.S.S. connaît

alors une véritable révolution, la première depuis 1917, qui
renoue en douceur avec le changement annoncé cette
année-là, en février, et que le coup d'État de Lénine, en
octobre, interrompit. Dépossédée soixante-dix ans durant
de toute initiative, la société soviétique la reconquiert à
partir de 1988. Le pluralisme s'installe là où le Parti
prétend encore détenir un *rôle dirigeant*, qu'il abandonnera
de mauvais gré, en 1990[1], quand ce rôle ne sera de toute
façon plus qu'une fiction. L'initiative et même l'autorité
auront déjà glissé depuis de longs mois dans les organisations que sécrète la société.

A l'origine de cette révolution, il y eut sans doute la
volonté du pouvoir de trouver un écho et un concours
dans la société. Des groupes y avaient surgi avant même
l'arrivée de Gorbatchev au pouvoir : rassemblements de
bonnes volontés autour d'une préoccupation commune,
sauvetage du patrimoine et défense de l'environnement, en
premier lieu. Après 1985, ces groupes se multiplient
rapidement, témoignant que la société n'est pas aussi
résignée qu'on le croit communément à être toujours
dépossédée de la conduite de son destin. Baptisées *groupes
informels,* ces instances sont non seulement acceptées, mais
encouragées par Gorbatchev. La *perestroïka* peut-elle d'ailleurs réussir sans mobiliser la société ? Ces groupes témoignent que l'apathie sociale a des limites, que des secteurs
d'initiative et de vitalité existent encore, qui peuvent, par
la vertu de l'exemple ou par effet d'entraînement, contribuer efficacement au succès des réformes. « Un progrès
général, traduisant l'essence même de la *perestroïka,* réside
dans le renforcement radical de l'autogestion sociale », écrit

dès 1987 le juriste Kourachvili, qui se montrera un avocat passionné de ces initiatives à la base[2].

Nécessaires, les organisations issues de la société doivent, pense le pouvoir, être aussi contrôlées. Surtout dans la mesure où leur extraordinaire multiplication en très peu de temps commence à inquiéter le Parti.

C'est là l'origine des *fronts populaires,* création en partie spontanée, mais en partie encouragée, voire fomentée par le pouvoir. L'idée qui préside à leur fondation est simple. Pour Gorbatchev, pour le Parti, si la mobilisation sociale est indispensable, elle risque aussi de se révéler redoutable. Le pouvoir soviétique ne peut laisser indéfiniment se multiplier ces petits groupes, porteurs d'ambitions contraires et qui, incontrôlés, l'affaibliraient à terme au lieu de l'aider. En replaçant cette nébuleuse sous l'autorité de larges fronts populaires — qui, par le passé, furent toujours des succursales du Parti —, le pouvoir pense gagner sur deux tableaux : obtenir un soutien actif de la société en échange de la part d'initiative tolérée ; canaliser et orienter ce soutien.

Mikhaïl Gorbatchev aura tôt fait de constater combien sa « stratégie frontiste » était illusoire. Nés avec la bénédiction du Parti, les fronts populaires vont rapidement lui échapper pour élaborer leurs propres stratégies et devenir l'amorce de véritables partis politiques. Le changement de système électoral, la mise en place d'un parlementarisme qui aurait dû être limité mais qui ne tardera pas à déborder ses initiateurs, vont également servir les fronts populaires. Ils trouveront dans ces réformes la possibilité de mener un jeu politique indépendant. Sans Mikhaïl Gorbatchev, sans les réformes qu'il décrète, les fronts populaires n'auraient pu exister. Mais sans ces fronts et plusieurs autres organisations de même type, la portée de ces réformes eût été réduite. L'action de ces organisations — informelles, fronts populaires, partis politiques enfin — a fait exploser tout le système politique, y imposant un *pluralisme de fait,* alors qu'en *droit* il n'existera que plus tardivement.

Dans cette révolution, le cadre national, celui des républiques, a été particulièrement favorable à l'éclosion et à l'activité des fronts. Par-delà tous les clivages, la société nourrissait une aspiration commune : renforcer son existence nationale. Dès lors qu'il devient possible de lutter ouvertement pour le développement de la société, tous les problèmes — démocratie, progrès social, culture, écologie — sont regroupés à l'intérieur d'un même programme national. Cela explique la rapidité avec laquelle les fronts populaires ont surgi dans toutes les républiques, et leur capacité d'y jouer un rôle politique, puisqu'ils sont soutenus par toute la société et non par des groupes ou des fractions. D'où un bouleversement de tout le paysage politique soviétique et jusqu'à une remise en cause de la pérennité même de l'Union soviétique.

L'avant-garde : les fronts populaires baltes

Combats pour préserver la langue nationale et en imposer l'usage[3], pour l'écologie, pour rendre justice aux victimes du système — autant de directions qui nourrissent un foisonnement d'organisations : *Verts, Mémorial, Helsinki 86,* etc. Les unions nationales de créateurs (écrivains et cinéastes en premier lieu) sont presque partout à l'avant-garde de tous ces combats. Ce n'est pas un hasard si le

Festival du film d'Odessa, en septembre 1988, s'achève par un appel lancé à toute l'élite soviétique pour qu'elle crée un *Front populaire de soutien à la perestroïka*[4]. Dès ce moment, les deux notions : *fronts populaires* et *défense de la perestroïka,* sont étroitement liées. Tel est le contexte initial de la création des fronts, dont la première et sans doute la plus remarquable illustration se situe dans les États baltes.

En moins de quatre mois — juin-octobre 1988 —, dans les trois États annexés par Staline en 1940, des fronts populaires puissants, d'emblée représentatifs, se mettent en place, regroupant toutes les initiatives jusqu'alors dispersées. Sans doute ne peut-on s'étonner que ces trois républiques aient donné l'exemple. Soviétisées plus tardivement que toutes les autres, elles ont la mémoire d'une vie politique non dominée par un parti unique. Toujours hantées par le souvenir de leur indépendance perdue, les sociétés baltes étaient évidemment mieux préparées que les autres à tirer bénéfice de la *perestroïka* pour débattre de leurs problèmes et de leurs aspirations.

On objecte souvent que cette indépendance fut brève — vingt-deux ans — et que le destin de ces États, annexés pour l'essentiel par Pierre le Grand, ne diffère pas fondamentalement des autres possessions russes. C'est oublier que — « fenêtre ouverte sur l'Europe » — les « provinces baltes » de l'Empire y ont longtemps joui d'un statut privilégié. Statut culturel, qui leur permit d'avoir de prestigieuses universités où le russe, partout ailleurs imposé, ne régnait pas (telle l'université de Dorpat, aujourd'hui Tartu). Statut social, puisque le servage, aboli en Russie en 1861, l'avait été dans les provinces baltes quarante ans plus tôt. Et si Alexandre III tenta d'étendre jusque-là une politique russificatrice, le seul résultat en fut l'explosion des sentiments nationaux et la volonté de résister. L'héritage était donc solide. On le retrouve dès le printemps 1988.

Premier front populaire à naître, celui de Lituanie, connu sous le nom de *Saïudis (Lietuvos persitvarkymo saïudis),* créé le 3 juin 1988 sur fond de crise nationale. C'est en effet le temps du quarante-septième anniversaire des déportations massives ordonnées par Staline après la réannexion des États baltes. Des manifestations sont alors en préparation dans les trois capitales, et l'agitation populaire croît de jour en jour. Ce climat de rancœur donne d'emblée à *Saïudis* un ton radical. Le 24 juin, le Front organise à Vilnius une manifestation destinée à rendre public son programme : soutien à la *perestroïka*, certes, mais, surtout, lutte pour une plus grande autonomie de la république et pour la défense des intérêts nationaux dans les domaines de la culture, de la langue, de l'environnement. A peine né, le Front populaire souligne bien sa conception de la *perestroïka :* elle doit avoir avant tout un contenu national, ce qui n'implique nul chauvinisme, ni aucun oubli des perspectives démocratiques de la lutte. Mais la nation, l'État lituanien sont, pour *Saïudis,* le cadre privilégié du progrès politique. C'est dans ce cadre et pour ces finalités que la société pourra se mobiliser et aider la *perestroïka.* A peine né, on le voit, le Front commence à s'éloigner de la conception gorbatchévienne de la réforme.

La même vision préside à la création du Front populaire d'Estonie, qui a lieu le 1er octobre 1988 à Tallin, lors d'une importante réunion rassemblant des représentants de plusieurs organisations informelles et associations venus de diverses républiques. Cette ruée des délégués vers les congrès fondateurs des fronts montre à quel point le mouvement commence à gagner la périphérie, et combien vite s'y développe la certitude qu'une liaison entre républiques est utile à leurs intérêts communs, autrement dit à l'acquisition d'une indépendance plus grande vis-à-vis du centre.

Évolution qui se confirme à Riga, le 8 octobre, date de naissance du Front populaire letton. Plus de mille délégués assistent au congrès de fondation, et nombre d'entre eux, qui se sont battus auparavant avec succès contre la construction d'un barrage sur la Daugava, connaissent déjà la force des rassemblements. Le Front regroupe les écologistes, diverses associations culturelles, *Renaissance et Renouveau*, une association qui défend les libertés religieuses, mais aussi des adhérents individuels.

D'un congrès à l'autre, l'organisation des fronts se perfectionne. A Riga, on sait déjà qu'il faut les doter au plus tôt d'une structure et d'antennes locales. Au bout de quelques semaines, le Front letton peut revendiquer 250 000 adhérents et un nombre considérable de sympathisants. Les trois responsables des fronts baltes — souvenir de la vie politique antérieure à la soviétisation — savent que leur existence dépend de deux facteurs : un contact étroit avec la société et une bonne coordination entre eux.

Le contact implique la possession de moyens d'information, et tous vont se battre pour obtenir accès à la télévision, aux radios, et se donner une presse. *Saïudis* est certainement le plus heureux en ce domaine puisqu'il bénéficie d'un programme de télévision — *Les Ondes de la renaissance* — et crée des dizaines de journaux, dont *Renaissance*, qui a un tirage de 100 000 exemplaires, une édition en lituanien et une en russe, et dont l'existence est légale. Une coopérative d'édition est l'instrument privilégié de cette activité de communication intense. En Estonie aussi, le Front a pu accéder à la télévision. Mais, en Lettonie, le barrage dressé par les autorités ne permet au Front, dans un premier temps, que de s'y exprimer de manière occasionnelle. Malgré tout, chaque semaine, un programme de radio et la publication d'un hebdomadaire (versions en russe et en letton) tirant à 100 000 exemplaires suffisent à entretenir des liens réguliers avec l'opinion publique. Le Front apporte de surcroît son soutien à des publications d'autres organisations, notamment religieuses, étendant par là sans cesse son influence.

Les publications sont donc d'une importance primordiale ; dans chacun des États baltes, elles se multiplient, disparaissent, renaissent sous de nouveaux titres. Très populaires, elles se heurtent partout à un problème matériel : les allocations de papier, toujours insuffisantes. Effet de la pénurie ou sabotage systématique par un pouvoir acculé par la pression populaire à autoriser certains journaux mais qui s'attache ensuite à réduire en sous-main les effets de ses concessions ? Ce qui est remarquable, c'est la capacité des publications indépendantes à exister, à maintenir des tirages sans rapport avec les quantités de papier allouées. Par quel miracle ? L'habitude soviétique de compter sur des approvisionnements « parallèles », sur le « système D », y est sans doute pour beaucoup.

Quant au problème de la liaison entre les trois fronts, il a été résolu quelques mois à peine après leur création. Des représentants de chacun, réunis en Estonie en mai 1989, ont alors mis sur pied le *Conseil des fronts populaires baltes*, dont la fonction est de coordonner leur activité, d'élaborer une stratégie commune en lieu et place d'orientations dispersées, d'assurer le lien avec les autres organisations politiques de la région, enfin — mais ce n'est pas la moindre de ses vocations — de réfléchir à l'avenir du monde balte[5]. Depuis sa création, ce Conseil s'est souvent réuni pour élaborer des réponses communes aux critiques croissantes du P.C.U.S. visant les agissements des fronts ; et c'est lui qui a coiffé l'organisation de la fameuse *chaîne humaine* sur laquelle on reviendra plus loin.

Les fronts populaires du monde balte ont dû faire face à l'opposition de Moscou, à celle des partis communistes locaux, jusqu'alors maîtres de la situation politique dans ces républiques, enfin aux importantes communautés russes qui y vivent.

Dans un premier temps, il est vrai, Moscou se montre relativement indifférent à l'innovation que constituent ces fronts, mais, dès qu'ils s'érigent en représentants des sociétés nationales, le P.C.U.S. intervient[6] pour critiquer des positions sortant du cadre institutionnel. Il rappelle vertement aux fronts que les États baltes sont des États de l'U.R.S.S., et qu'en U.R.S.S., le Parti et lui seul est l'organe dirigeant.

Mais le P.C.U.S. compte surtout sur ses antennes locales, les P.C. nationaux, pour contenir l'action des fronts dans des limites acceptables. Or, sur place, les partis communistes hésitent. Ils prennent très vite conscience que la société bascule du côté des fronts, qu'à maintenir une ligne intransigeante, ils risquent fort d'être totalement rejetés par une opinion publique qui les tient déjà pour les instruments du pouvoir central.

Si les fronts ont adopté une stratégie commune, les partis, eux, en sont fort loin.

En Lituanie, le P.C., inquiet d'être débordé par le Front local, décide, lors de son plénum du 20 octobre 1988, de rivaliser avec lui d'ardeur nationale. Son premier secrétaire fraîchement élu, Algirdas Brazauskas, accuse le P.C.U.S. d'ingérence dans les orientations et l'action des P.C. républicains. Pour autant, il a du mal à opter pour une position claire. Il refuse à Moscou le droit de désigner d'office le second secrétaire du Parti, mais il est contraint de reconnaître que lui-même a négocié sa candidature à Moscou.

En Estonie, le Parti se montre encore plus flexible. Il prétend coopérer avec le Front local pour le succès des réformes dont il se fait le champion.

A l'autre extrême, le P.C. de Lettonie opte pour l'intransigeance : il ne veut aucune forme de coopération avec le Front local, et s'efforce de briser toutes ses initiatives. Il joue aussi contre lui de l'*internationalisme*. C'est qu'en Lettonie (2 666 587 habitants en 1989, dont 1 387 646 Lettons, 905 515 Russes, 120 000 Biélorusses et 92 000 Ukrainiens), l'importance de la minorité russe pose un problème considérable aux Lettons, talonnés par les Slaves. Ceux-ci voient dans le Front populaire un instrument aux mains de ceux qui souhaitent expulser les étrangers de Lettonie. Et il est vrai que la majorité — probablement même la quasi-totalité — du peuple letton n'accepte plus cette invasion étrangère qui menace son intégrité, pousse à une industrialisation meurtrière pour

l'environnement, et s'arroge les meilleurs emplois. Le P.C.
letton, aux positions nettement pro-russes, est perçu en
Lettonie comme une instance russe[7].

Dans ce contexte difficile, le Front a cherché en Lettonie
à éviter toute accusation de chauvinisme, d'hostilité interethnique, d'antirussisme. Initialement, il entendait poser
les problèmes d'équilibre des communautés en termes
mesurés — arrêt de l'immigration sans rejet des immigrés
déjà installés —, mais cette vision relativement ouverte de
la question ethnique s'est rapidement heurtée à trois
difficultés. A l'intérieur du Front, la montée d'une tendance
ultra-nationaliste, attachée à se battre avant tout contre la
russification et pour la restauration d'une identité lettone
sans apports extérieurs. Le débat entre les deux tendances,
l'une plus civique, l'autre très nationaliste, évolue vite en
faveur de la seconde sous la pression des adhérents et de
l'ensemble de la société. La deuxième difficulté est liée à
l'émergence d'organisations nationalistes, culturelles pour
la plupart, dont beaucoup représentent des nationalités
immigrées en Lettonie : Russes, Biélorusses, Polonais, Juifs
(22 897 Juifs en 1989, contre 28 318 dix ans plus tôt ;
l'émigration explique ce recul). Ce foisonnement de groupes
culturels entraîne une radicalisation de toutes les attitudes
nationales, dont celle des Lettons eux-mêmes ; le Front
s'inquiète d'être éventuellement débordé s'il n'apparaît pas
suffisamment attaché à la défense de la cause lettone.
Enfin, en janvier 1989, le Front populaire est confronté à
la création du *Front international du peuple travailleur de
Lettonie* (ou *Interfront*), fondé essentiellement par des
Russes, auquel ne participent que très peu de Lettons et
qui défend la thèse de l'« amitié des peuples », c'est-à-dire

celle de la fidélité absolue à Moscou. Sans doute tous les Russes et autres Slaves de Lettonie n'adhèrent-ils pas à *Interfront*, dont le conservatisme est propre à décourager tout partisan des réformes. Le Front a tenté de prévenir la création de ce mouvement et des Russes lucides ont fait de même, comme en témoigne l'appel lancé en décembre 1988 par le mensuel *Rodnik* (*Avots* dans sa version lettone). Les auteurs de ce très remarquable texte s'y font les avocats de l'autodétermination lettone et soulignent que c'est à ce prix seulement qu'une cohabitation durable pourra exister entre Lettons et Russes[8]. Mais rien n'a pu freiner le développement d'*Interfront*, et le Front populaire de Lettonie s'est ainsi trouvé poussé dans une direction plus nationaliste que ses promoteurs ne le souhaitaient.

L'exemple balte a été d'autant plus suivi dans les autres républiques que, dès la naissance de leurs fronts populaires, les trois républiques sont devenues les principaux centres de rassemblement des organisations démocratiques non russes, d'où sortiront peu à peu tous les autres fronts. Pour les mouvements ou groupements encore hésitants sur le difficile passage du statut informel *accepté* par le pouvoir au véritable Front populaire souvent honni par ce dernier, les réunions où se débattent en commun les problèmes nationaux se révèlent d'une aide précieuse : c'est là que des groupes encore peu sûrs d'eux-mêmes découvrent qu'ils ne sont pas isolés, qu'ils appartiennent à une nébuleuse qui ne cesse de grandir. Ils constatent que leurs problèmes préoccupent d'autres groupes et sont parfois déjà en partie résolus, comme le démontrent les fronts baltes (à Lvov en juin 1988, à Riga en septembre 1988, à Vilnius en février 1989) aux peuples européens de l'U.R.S.S. représentés à ces réunions par des délégués de leurs mouvements démocratiques[9].

D'une réunion à l'autre, ce regroupement des organisations démocratiques non russes s'est lui aussi radicalisé. Au départ (à Tbilissi, Erevan et Lvov), il s'agissait d'étudier l'utilité et les moyens de coordonner l'activité des divers mouvements et d'élire des instances communes. La réunion de Riga fut largement consacrée aux problèmes de la *perestroïka* et à l'élaboration d'un *programme commun* (décentralisation réelle de l'U.R.S.S., autonomie économique et politique des républiques). A Vilnius, le ton s'est fait beaucoup plus violent ; de la conférence sont sortis deux textes aux intitulés révélateurs : « Charte pour la liberté des nations asservies de l'U.R.S.S. » et « Appel à l'intelligentsia russe ». Les auteurs de ces documents ont longuement insisté — ce qui est également nouveau — sur la solidarité existant entre opprimés russes et non russes, sur l'oppression subie par la nation russe elle-même, sur le retard des mouvements démocratiques russes à prendre en compte la question nationale. Dès ce moment, une idée commence à prévaloir dans la plupart des organisations périphériques : la démocratie passe par la solution de la question nationale ; la priorité, pour tout mouvement authentiquement démocratique, est donc de lutter pour l'autodétermination des peuples de l'U.R.S.S.[10]

La contagion

Dans ce climat où l'on voit les élites nationales prendre conscience de problèmes communs et un certain nombre de forces se mettre à agir de manière plus ou moins concertée, l'exemple balte s'étend très rapidement.

S'il est une république où cette contagion n'était guère attendue du pouvoir central, c'est bien la Moldavie ! Enlevée durant la Seconde Guerre mondiale à la Roumanie[11], dotée de l'alphabet cyrillique pour couper ses attaches avec la langue roumaine, la Moldavie fut longtemps une république pluri-ethnique, sans qu'il en résulte apparemment de problèmes. En 1989, sur ses 4 332 000 habitants, elle compte 2 790 769 Moldaves, plus d'un million de Russes et d'Ukrainiens répartis de manière presque égale, et une forte communauté juive : 65 668 en 1989, contre 80 000 dix ans plus tôt. Le pouvoir soviétique s'est vivement félicité de ce que 53 % des Moldaves dominent bien la langue russe, soit une proportion presque aussi importante que celle des Ukrainiens et des Biélorusses, alors que leur langue, le roumain, n'appartient en rien au groupe des langues slaves. Or, c'est dans cette paisible république que grandit dès 1988 un mouvement démocratique surgi des profondeurs de la société, qui l'apparente soudain à l'évolution des Baltes et la range pour ainsi dire parmi l'avant-garde.

A l'origine, le *Mouvement démocratique pour la perestroïka*, fondé le 3 juin 1988, paraît s'inscrire dans la lignée des mouvements encouragés, voire inspirés par le pouvoir. Il défend les réformes, la démocratisation, bref, les exigences de Gorbatchev. Certes, il insiste aussi et de façon croissante sur l'autonomie des républiques, le contrôle de l'immigration, l'appropriation de la terre par la paysannerie, encore importante en Moldavie. Mais deux problèmes surtout confèrent au programme de ce mouvement une

tonalité étrangère à la *perestroïka*, qui va marquer sa
transformation en front populaire. La langue, d'abord : le
Mouvement démocratique la tient pour un problème prioritaire ; il demande que le moldave devienne *langue d'État*
d'une république comportant de nombreuses minorités dont
les droits culturels se trouveraient par là diminués. Surtout,
il exige que l'alphabet cyrillique soit abandoné au profit de
l'alphabet latin, ce qui marquerait le retour à l'unité
linguistique perdue en 1940. « Le moldave et le roumain
sont une même langue arbitrairement divisée... Il est temps
d'abattre la muraille de Chine qui nous sépare de nos
origines... » La nostalgie pour la Roumanie voisine perce
sous ces exigences. Elle s'accompagne d'une nostalgie égale
à l'égard des districts enlevés à la Moldavie et incorporés
à l'Ukraine. Si le Mouvement démocratique n'exige pas
leur retour, il n'en a pas moins posé le problème, et, par
là, inquiété Moscou où l'on se refuse à débattre de
rectifications de frontières[12].

A côté de ce mouvement, proches de lui et souvent
mêlées à lui par leurs adhérents, d'autres organisations se
développent au même moment : *Verts*, associations culturelles, scientifiques, qui toutes posent le même problème
— la survie d'une nation moldave menacée de destruction
par la politique nationale de l'U.R.S.S.

Malgré l'insistance mise par le Mouvement démocratique
sur le respect des droits de toutes les minorités, celles-ci
s'inquiètent, à commencer par les Juifs que la montée du
nationalisme moldave incite à fuir la république en grand
nombre, et les Russo-Ukrainiens qui créent en janvier 1989
un *Front internationaliste* analogue à l'*Interfront* letton. Ce
Front, qui exige la reconnaissance du russe comme langue

d'État, à égalité avec le moldave, et qui s'oppose violemment à l'adoption de l'alphabet latin, est sinon poussé, du moins soutenu par Moscou ainsi que par le P.C. de la république, très proche du P.C.U.S.

La fondation du *Front internationaliste* ne pouvait évidemment qu'exacerber, en retour, la détermination et les orientations nationales des divers mouvements. Il n'est donc guère étonnant que leurs conciliabules aient conduit à un regroupement de toutes les associations existantes, qui se sont réunies le 20 mai 1989 à Kichinev pour fonder le *Front populaire de Moldavie*. Inspiré par l'exemple des fronts baltes, dont il est très proche, tirant la leçon des réactions russes en Moldavie et des flottements du pouvoir central, le Front s'affiche comme très radical sur plusieurs points : la Moldavie doit être pleinement souveraine ; le problème des districts perdus doit faire l'objet d'une négociation entre les gouvernements d'U.R.S.S., de Moldavie et d'Ukraine, et le *statu quo* territorial n'est donc que temporaire ; toute immigration en Moldavie et toute tentative centrale d'incitation des Moldaves à l'émigration hors de leur république doivent prendre fin, car la préservation du groupe ethnique est une priorité indiscutable ; renouvellement total du personnel dirigeant hors de tout contrôle central ; abolition de la *nomenklatura ;* promotion de la langue roumaine relatinisée. Autant d'exigences présentées comme un tout non négociable. Enfin, le Front populaire a soulevé dès sa création le problème du pacte germano-soviétique et lié le sort des Moldaves à celui des Baltes, indûment annexés au terme d'un traité inacceptable sur le plan du droit international comme sur celui du droit des peuples à l'autodétermination.

Il n'est guère de problèmes mettant en cause l'U.R.S.S. telle qu'elle est dont le Front n'ait ainsi débattu. Et son radicalisme est loin de se limiter au domaine du verbe. Les réticences des autorités à le reconnaître aussitôt, comme il l'exige, le conduisent à organiser des manifestations populaires visant à démontrer sa représentativité et le soutien social dont il jouit. Depuis l'apparition du mouvement démocratique, ces manifestations, rassemblant des milliers de personnes, font de Kichinev une des villes soviétiques les plus agitées. Les foules viennent un jour soutenir la *perestroïka,* un autre jour exiger la réhabilitation des victimes de Staline, un troisième la restitution à l'Église orthodoxe de Moldavie de ses lieux de culte. Toujours plus nombreux, les manifestants se sont battus pour la légalisation du Front, qu'ils ont fini par imposer après d'impressionnants défilés, le 26 octobre 1989. Tout en Moldavie devient épreuve de force entre le pouvoir local, à l'évidence soutenu par le pouvoir central, et la population moldave de la république, regroupée de manière de plus en plus massive derrière le Front. Lorsque celui-ci est enfin légalisé, peu d'exigences le séparent encore des fronts baltes auxquels il ne cesse de se référer. La Moldavie, sous son influence, a depuis longtemps cessé d'être une république « modèle ».

Autre république modèle, mais slave, la Biélorussie s'est elle aussi dotée très tôt d'un front populaire, mais dans des conditions difficiles et en recourant à l'aide des élites nationales de Lituanie — ce qui témoigne une fois encore du rôle moteur des fronts baltes dans l'évolution générale de la périphérie. Le 19 octobre 1988, le *Front populaire de Biélorussie* est créé à Minsk et se trouve aussitôt confronté à la réaction hostile du pouvoir local. Le P.C. biélorusse déclare d'emblée que nul membre du Parti ne saurait y adhérer, ce qui incite maints enthousiastes de la première heure à la prudence. Et la première manifestation organisée par le Front, le 30 octobre, est dispersée avec une rare violence par les forces de l'ordre[13]. Poursuivi par la fureur des autorités qui lui refusent un statut légal, le droit de publier, de présenter ses thèses à la télévision ou à la radio, de manifester dans les rues, le Front paraît condamné. Mais, de nouveau, l'exemple balte sauve les frontistes du désespoir. Nombre d'entre eux se rendent le 29 juin 1989 à Vilnius où ils fondent officiellement, cette fois à grand bruit, avec le concours des délégués des fronts baltes, leur front populaire. Deux naissances pour un seul front, est-ce une de trop ? Voilà en tout cas un signe inquiétant pour Moscou[14], et une incitation pour les autorités locales à multiplier les provocations en invoquant la nécessité de défendre les droits des nationalités vivant en Biélorussie (1 341 000 Russes, 290 000 Ukrainiens, 418 000 Polonais, 118 000 Juifs[15]). A cela les Biélorusses ont beau jeu de rétorquer qu'on a assisté, entre 1979 et 1989, à un afflux massif de Russes et d'Ukrainiens dans leur république, alors que la population biélorusse, écrasée, se situe fort au-dessous du taux de progression démographique de l'U.R.S.S. (9 % pour l'ensemble de l'U.R.S.S., 4 % pour les Biélorusses). Régression relative qui alarme l'élite de la république. *Interfront* n'en envoie pas moins des représentants en Biélorussie pour mobiliser les « minorités menacées » par le nationalisme local. Si le Front n'a pas le droit de tenir des réunions, ces étranges voyageurs, eux, ne se heurtent à aucune entrave sur les lieux de travail où beaucoup de non-Biélorusses sont assemblés.

Le succès populaire du Front après sa seconde naissance (près de 100 000 adhérents revendiqués) tient avant tout à la tragédie de Tchernobyl. Le pouvoir — central et local — a voulu faire silence sur l'étendue du désastre (terres radioactives) après avoir tardé à évacuer la population des zones contaminées. Le Front s'est fait l'artisan d'enquêtes parallèles sur l'ampleur des phénomènes de radioactivité et sur leurs conséquences sanitaires pour une population qui n'a jamais été informée des dangers encourus lors de l'explosion et qu'on a maintenue dans les zones dangereuses. Tchernobyl est sans aucun doute à l'origine du divorce croissant entre l'U.R.S.S. et la Biélorussie, qui semblaient jusqu'alors si parfaitement accordées. La création rapide du Front, la montée de son audience, en dépit des persécutions, sont liées à l'accident nucléaire. Mais, dans cette république, le Front populaire, symbole de la rancœur et de l'angoisse nationales, paraît avoir encore bien du chemin à parcourir avant de se trouver à l'avant-garde du changement politique.

En Ukraine, au contraire, où un tel front tarde à émerger, le foisonnement d'idées réformistes nationales, la multiplication des luttes engagées font de cette république un centre potentiel de changements lourds de conséquences pour l'U.R.S.S. Pour le comprendre, il faut se souvenir de ce qu'est l'Ukraine au sein de l'U.R.S.S. Elle en est la seconde république, en poids humain et par son importance économique. 51,5 millions d'habitants y résident, dont 37 millions d'Ukrainiens et 11 millions de Russes. L'U.R.S.S. dans son ensemble compte 44 millions d'Ukrainiens, ce qui signifie qu'après les Russes, slaves comme eux, ils constituent la plus forte communauté implantée dans tout l'espace soviétique. Une très grande part des cultures industrielles de l'U.R.S.S. est localisée en Ukraine (lin, betterave sucrière, etc.) ; on y trouve des mines de charbon, des centres sidérurgiques, un nombre considérable de centrales nucléaires. Depuis Tchernobyl, l'Ukraine n'accepte plus d'être la « poubelle nucléaire » de l'U.R.S.S. Et elle attend toujours un bilan digne de la *glasnost'* de ce qui constitue pour elle un inimaginable désastre.

Depuis des années, l'intelligentsia ukrainienne avait soulevé le problème des menaces pesant sur sa langue et sa culture. Ces menaces ne sont pas fictives, tout atteste leur réalité. Mais, au cours de la dernière décennie, le peuple ukrainien a découvert qu'il était victime d'un véritable « Tchernobyl démographique ». Tandis que la population de l'U.R.S.S. augmentait de 9 %, celle de l'Ukraine n'a crû que de 3 %, et la communauté ukrainienne de 2 % seulement. De surcroît, dans leur propre république, ils ne sont que 87 % à déclarer que leur langue maternelle est l'ukrainien, alors qu'à travers toute l'U.R.S.S., le pourcentage de nationaux revendiquant leur langue nationale comme langue maternelle est de cinq points plus élevé. Mais ils sont près de 60 % à dominer le russe, et l'intelligentsia nationale s'inquiète à juste titre de la propension des siens à adopter cette langue par commodité ou opportunisme. Ce qui explique le rôle joué par les écrivains dans le mouvement pour la création d'un front populaire.

Mais si l'Ukraine tient une place spéciale en U.R.S.S., c'est aussi en raison de deux données très spécifiques. D'abord l'hétérogénéité des deux parties de la république sur le plan historique, religieux et sur celui de la culture politique. L'Ukraine orientale, intégrée de longue date à la Russie, et qui, hors la brève période d'indépendance, a toujours fait partie de l'U.R.S.S., a par contrecoup tout partagé avec le monde russe orthodoxe, y compris toute l'histoire soviétique à laquelle elle a payé un effroyable tribut. Nulle part ailleurs ou presque, la collectivisation n'a été aussi horrible : pour Staline, collectiviser servait aussi à briser le nationalisme ukrainien. C'est délibérément qu'il organisa la grande famine de 1932-33, qui fit périr plus de trois millions d'Ukrainiens[16]. Contentieux impardonnable. La guerre ne fut pas moins atroce, et Staline, hanté par l'idée de trahison, rêva un moment de déporter toute l'Ukraine. Il n'y renonça qu'à cause du nombre des Ukrainiens, mais en le regrettant. De son côté, l'Ukraine occidentale a jadis appartenu pour l'essentiel à l'Empire austro-hongrois, où la culture ukrainienne trouva à se développer davantage. Rattachée à l'U.R.S.S. à la fin de la Seconde Guerre mondiale, elle a, de ce passé lointain et de celui de l'entre-deux-guerres, une mémoire différente. Elle est largement catholique, même si Staline a rattaché de force les catholiques à l'Église orthodoxe en en faisant des uniates. Mais les Ukrainiens occidentaux ne se sont jamais résignés ni à la perte de l'autorité vaticane, ni à celle des libertés religieuses. Et, depuis le début des années 80, ces Ukrainiens se sont installés dans l'espérance. Ils espèrent qu'un « pape slave », et non pas seulement polonais, obtiendra leur retour dans le giron de l'Église catholique. Ils bénéficient depuis plusieurs années de l'œuvre missionnaire clandestine et courageuse de prêtres polonais qui franchissent la frontière au péril de leur vie pour desservir des paroisses fantômes. Le pape et le clergé polonais ont contribué à rouvrir, fût-ce de manière encore imperceptible, une frontière qui, depuis 1945, était celle du désespoir.

Si Gorbatchev, partout pressé de se défaire des dirigeants communistes nationaux qui avaient servi Brejnev, a longtemps conservé à son poste le vieux Vladimir Chtcherbitski, c'est qu'il se méfiait des réactions d'un nationalisme ukrainien que tout désormais vient nourrir[17].

Le retard pris en Ukraine par la formation d'un front populaire — lequel ne naît qu'en 1989 — tient tout à la fois à l'activité d'organisations nombreuses (Union des écrivains, qui se situe à l'avant-garde, Académie des sciences, société nationale *Mémorial*, divisée en antennes locales parfois concurrentes, Union démocratique, groupes Helsinki, etc.), à la dispersion de l'action politique entre deux centres, Kiev et Lvov, et surtout à une irréductible opposition du pouvoir local. Parce qu'il a été durablement maintenu à la tête de son parti, parce que l'Ukraine n'a pas été systématiquement victime de purges après 1985, ce pouvoir local reste relativement semblable, sous Gorbatchev, à ce qu'il fut sous Brejnev. Très nombreuses, les manifestations politiques, rassemblant des dizaines de milliers d'Ukrainiens, ont souvent été réprimées avec une extrême violence.

En dépit de ces obstacles, le *Front populaire pour la perestroïka* (RUKH) est fondé à Kiev les 9 et 10 septembre 1989 ; il adopte aussitôt un programme, des statuts, et élit à sa tête le poète national et nationaliste Ivan Drach. Comparé aux programmes balte et moldave, sa plate-forme initiale paraît plutôt modérée. Elle ne va pas au-delà de la volonté d'autonomie économique pour la république, mais accorde une place considérable aux problèmes d'environnement, de langue, et naturellement aux droits de l'homme[18]. Tel quel, le document n'annonce guère les développements à venir.

La fondation du RUKH est un grand sujet de perplexité pour le successeur de Chtcherbitski et pour Moscou. N'ayant pu prévenir cet événement, les responsables communistes hésitent entre une attitude relativement flexible qui permettrait, espèrent-ils, de neutraliser le Front, et un raidissement immédiat contre « les extrémistes qui rêvent de s'emparer du pouvoir, d'imposer au peuple une idéologie nationaliste, la séparation d'avec l'U.R.S.S., la réhabilitation du bandérisme[19] et le retour en force de tous les symboles nationaux[20]. »

L'une des raisons qui expliquent la prudence initiale du RUKH est l'extrême difficulté à élaborer une position commune aux deux parties de l'Ukraine. Sur les rapports avec l'U.R.S.S., avec la Russie, sur l'épineuse querelle religieuse, les mouvements informels qui se sont développés entre 1986 et la création du RUKH ont eu souvent des positions sinon contradictoires, du moins très différentes. A cet égard, la création d'un Front populaire pour l'Ukraine entière constitue déjà un progrès considérable. Dès sa naissance, il était évident que le premier souci de ses responsables serait d'arriver à rapprocher les thèses en présence, en dépit de leurs divergences.

La création du Front intervient de surcroît à un moment où toute la vie politique de l'Ukraine est bouleversée par la grève des mineurs de l'été 1989. En Ukraine principalement, ce conflit a vu surgir un puissant mouvement ouvrier qui a affirmé sa capacité d'agir de façon autonome vis-à-vis des autorités traditionnelles, pouvoir étatique, Parti, syndicat. Dès l'apparition de ce mouvement, le RUKH a dû se préoccuper de ses liens avec lui. Problème d'autant plus urgent que le Front populaire, au sein duquel l'influence des intellectuels est prépondérante, semble à l'origine dominé par la représentation de l'Ukraine occidentale, alors que le mouvement des mineurs a affecté en priorité la partie orientale de la république. Les relations avec les mineurs recouvrent donc une double préoccupation : unifier les deux parties de l'Ukraine, resserrer les liens entre l'intelligentsia, active de longue date, et la classe ouvrière jusqu'alors silencieuse[21].

Au-delà se pose le problème des priorités du RUKH : nationales et culturelles, comme le veulent les intellectuels ? Sociales, comme le souhaitent les mineurs ? Ces débats constituent un casse-tête pour les responsables du mouvement, et un soulagement provisoire pour les responsables soviétiques, conscients du retard qu'ils apportent au développement du Front populaire.

Malgré ces obstacles initiaux, la création du RUKH a été d'emblée perçue en U.R.S.S. et hors d'U.R.S.S. comme un tournant décisif dans la difficile histoire de l'Ukraine. La présence, au congrès de fondation, du conseiller de Lech Walesa, Adam Michnik, témoignant de l'attention que le mouvement démocratique polonais portait à cet événement, en a souligné, si besoin était, l'importance. Jusque-là, la création de fronts populaires était restée sans grand écho hors d'U.R.S.S. Avec Adam Michnik, venu porter aux Ukrainiens et à ce qu'il qualifia de « manifestation de renaissance nationale » le soutien de *Solidarité* et du Parlement polonais[22], les fronts populaires de l'U.R.S.S.

ont fait leur entrée dans la grande entreprise de démocra
tisation de l'Europe orientale et centrale.

Concilier la nation et la démocratie

Au nombre des fronts populaires nés tardivement, le
Front populaire de Géorgie illustre les difficultés internes
rencontrées par les mouvements démocratiques de la périphérie. La Géorgie a été à l'avant-garde de la renaissance
démocratique en manifestant dès mars 1956, alors que
l'habitude en était depuis longtemps perdue ; puis, à
nouveau, en 1978, à l'occasion du combat autour de la
révision constitutionnelle de 1977.

Plusieurs éléments caractéristiques du « cas » géorgien
rendent compte d'une évolution qui, un moment, paraît en
retrait par rapport à celle des Baltes, par exemple. L'expérience démocratique, brève mais intense, des années
d'indépendance (1918-1921) a laissé le souvenir d'une
véritable vie politique qui explique la résurgence, au milieu
des années 80, d'une floraison de petits partis. Phénomène
démocratique, certes, mais générateur d'initiatives dispersées et peu favorable à des regroupements efficaces. Il est
vrai que la légende entretenue en Géorgie assure que là où
il y a deux Géorgiens, il y a d'emblée deux partis
politiques... et l'amorce de scissions à l'intérieur de chacun
d'eux[23] ! Second élément : le traumatisme du 9 avril 1989,
qui radicalise l'opinion publique, la mobilise d'emblée
autour d'exigences d'indépendance qu'un front populaire
n'est pas encore préparé à reprendre complètement à son
compte. Enfin et surtout, le poids des problèmes ethniques
au sein de la république : faut-il tenter de rassembler tous

les groupes pour accélérer le processus démocratique et donner une large assise au Front ? Faut-il au contraire en faire le strict défenseur de la communauté géorgienne, au risque de se heurter à d'autres fronts fondés par les minorités, tel le très actif Front populaire d'Ossétie méridionale ?

Ces lignes de clivage national, la Géorgie n'est pas seule à en connaître ; les fronts baltes ont dû également y réfléchir. Mais, dans les États baltes, les minorités, russes ou ukrainiennes, sont venues de l'extérieur, et le débat n'affecte pas le territoire national. En Géorgie, c'est la définition spatiale et la structure nationale de l'État — étroitement ethnique ou fédérale — qui sont en cause. Les vraies questions sont : *que* doit être la Géorgie de la fin du XXᵉ siècle ? *qui* est membre de la communauté nationale de Géorgie ?

Avant que ne se manifeste un front populaire, la scène politique géorgienne est complexe. Deux groupes, culturels à l'origine, se la disputent dès le début de 1988. L'association *Ilia Tchavtchavadze* (informelle) et la *Société pangéorgienne Chota Rustaveli* défendent au départ les mêmes causes : droits de l'homme, restauration du passé, lutte contre la russification culturelle. Mais, l'opinion publique se mobilisant spontanément sur des thèmes plus directement politiques — la lutte contre les amendements constitutionnels de 1988 —, les deux associations ont tôt fait de glisser vers un nationalisme plus indépendantiste, et tentent de placer sous leur autorité les multiples groupes informels que suscite cette exigence. En marge de ces deux organisations, les Géorgiens ont encore le choix entre un *Parti national démocrate* — naturellement illégal : le pluralisme ne fait pas encore partie du système soviétique —, un *Parti national pour l'indépendance*, une association des *Verts*, un *Parti monarchiste*, etc. L'Union des écrivains — ici comme ailleurs consciente des dangers de cette dispersion des bonnes volontés — prêche en faveur d'un regroupement, c'est-à-dire d'un Front populaire, lequel sort des limbes en juillet 1989.

Contrairement à la plupart des groupes informels, privés de statut légal, le Front est aussitôt enregistré, donc intégré dans la vie politique de la république. Cette légalisation rapide éclaire l'ambiguïté originelle de ce rassemblement, et nombre de ses difficultés ultérieures. Voulu par l'intelligentsia pour remédier aux rivalités entre organisations informelles et canaliser l'ardeur populaire montante, il est également souhaité par les autorités de la république — surtout dans le climat de crise permanente qui suit le 9 avril — comme instrument de contrôle des diverses organisations existantes. Le pouvoir local espère que le Front saura y puiser ses troupes et affaiblira par là leur zèle. Il escompte aussi que la légalité dont jouit le Front le préservera, comme ses homologues baltes, de positions par trop extrémistes.

De fait, lors de sa fondation, le Front inscrit dans ses statuts qu'il est une « organisation sociopolitique populaire, universelle, unissant tous les hommes de bonne volonté pour restaurer l'indépendance politique, économique, culturelle de la Géorgie et créer une société démocratique et humaine pour tous ceux qui y vivent ». La combinaison du thème de l'*indépendance* — la société ne veut connaître que cette exigence, et, à l'oublier, le Front eût risqué d'emblée de se couper d'elle — et d'un projet pour *tous* les habitants de la Géorgie, affaiblit le Front et y crée des tensions considérables. Au vrai, cette désunion au sein des organisations ne freine en rien l'agitation populaire et les demandes toujours plus radicales qui émanent de la société.

Il aura alors manqué à la Géorgie un *Comité Karabakh,* puis son prolongement naturel : le *Mouvement national arménien,* fondé le 4 novembre 1989 à Erevan et doté d'emblée d'un programme civique et national très cohérent. Si l'on oublie l'ambiguïté qui plane encore, pour des raisons liées à la situation si particulière de l'Arménie, sur sa conception de la souveraineté, ce programme est on ne peut plus explicite sur les moyens d'instaurer la démocratie et sur les dispositions propres à protéger la nation arménienne. La légitimité du mouvement en Arménie ne fait aucun doute, pas plus que sa représentativité au regard des autres organisations politiques similaires. La présence au Congrès fondateur de représentants des fronts populaires de Moscou, Leningrad, de Lettonie, et de ceux de l'Union démocratique de la jeunesse hongroise, témoigne de l'autorité dont jouit le rassemblement arménien. La tragédie du Karabakh, la cohésion traditionnelle du groupe arménien ont eu raison ici d'une propension non moins classique que celle des Géorgiens à la division.

C'est dans le monde musulman, enfin, que les fronts populaires vont le plus s'enraciner dans le sillon des traditions passées, et, par là, s'écarter du courant général. Les deux plus actifs et originaux sont le *Front populaire d'Azerbaïdjan,* dont la naissance doit beaucoup à la question du Karabakh, et le *Front populaire d'Ouzbékistan.*

En Azerbaïdjan, la formation officielle du Front n'a lieu à Bakou que le 16 juillet 1989 ; mais les intellectuels azéris qui en sont les promoteurs travaillaient depuis des mois à un programme. Ce qu'il importe de souligner dans l'histoire de ce Front, déjà évoquée ailleurs, c'est qu'à la faveur du conflit du Karabakh, puis de l'intervention militaire de janvier 1990, il va pouvoir s'ériger en véritable contre-pouvoir et canaliser les aspirations d'une opinion publique que les conflits avec l'Arménie conduisent en peu de mois à une position violemment séparatiste. La stratégie de rupture avec l'U.R.S.S., la quête de l'unité azerbaïdjanaise, c'est le Front qui était le mieux à même d'en définir les moyens.

En Asie centrale, c'est le Front populaire d'Ouzbékistan *Birlik* (Unité) qui a montré la voie aux mouvements informels, encore très dispersés, des autres républiques. L'intéressant, ici, est que *Birlik*, organisation de masse regroupant plus d'un demi-million d'adhérents et qui a suscité une série de grandes manifestations (comme à Tachkent, le 19 mars 1989) pour obtenir sa légalisation, réclame entre autres l'abandon de la monoculture coton-nière, thème qui cristallise toutes les frustrations des Ouzbeks et provoque des réactions émotionnelles intenses. *Birlik* s'oppose sans réserve à toute l'organisation écono-mique de l'U.R.S.S., et cette position explique que ses responsables ne prennent pas la peine de se dissimuler sous l'étiquette convenable de soutiens de la *perestroïka*. La seule *perestroïka* que *Birlik* reconnaisse est celle de l'Ouz-békistan. Cette attitude contribue à son succès populaire et à la mobilisation du peuple ouzbek. L'évolution rapide du contexte politique dans cette république, dont *Birlik* a été l'artisan, s'est traduite par un événement dont la signification a échappé à nombre d'observateurs : la fondation, au début de 1990, du parti ERK, qui est selon toute probabilité une extension de *Birlik*. Ce parti est d'abord remarquable par sa dénomination, référence à l'éphémère Parti national du Turkestan fondé dans la foulée de la révolution. Il l'est aussi par la personnalité de ses dirigeants, dont le principal est le poète ouzbek Muhammad Solih, l'un des chefs de file de la jeune intelligentsia qui tente difficilement de trouver un compromis entre tradition nationale et démocratie[24].

En Géorgie, en Azerbaïdjan, dans les États musulmans de l'U.R.S.S., le poids de l'Histoire sur le présent est plus qu'ailleurs perceptible. Dans leurs programmes, voire dans leurs dénominations, les fronts populaires et les groupes informels se réfèrent constamment à un passé lointain qui, parce qu'il fut un passé de grandeur, leur sert de repère symbolique. Les noms de Roustaveli, d'Ali Chir Navaï ou des Djadids, qui inspirèrent ERK, planent sur ces formations et les empêchent parfois de jeter sur les problèmes un regard lucide. Tels quels, ces fronts, en étroit contact avec les autres organisations des diverses républiques de l'U.R.S.S., s'attachent selon les cas à guider ou à suivre une opinion très mobilisée vers une nouvelle définition de l'intérêt national et des droits de la nation.

Victoires symboliques : les chaînes de l'unité

En août 1989 et janvier 1990, quatre fronts populaires — de Lituanie, d'Estonie, de Lettonie et d'Ukraine — font une impressionnante démonstration de leur capacité à rassembler la population de leurs républiques dans une perspective unitaire. L'exemple est venu, comme toujours, des trois États baltes.

Une fois installés, les fronts baltes doivent faire face à un double problème qui commande toute leur action. D'abord pallier la faiblesse humaine de ces républiques (à peine 6 millions d'individus) par leur regroupement dans la lutte. Les États baltes ont trop été victimes par le passé de ce qui les séparait pour que les fronts ne tentent pas d'en finir avec ce vieux problème. La création du Conseil balte des fronts populaires a constitué une première réponse à ce défi. Mais, au-delà, les Baltes entendent marquer l'illégalité de leur annexion en commémorant à leur manière le Pacte germano-soviétique, objet d'un très large débat ouvert à cette époque par les fronts populaires.

Dans les États baltes, la pression exercée sur le pouvoir soviétique pour que soit reconnue l'existence des protocoles secrets annexés au Pacte du 23 août 1939, pour qu'ils soient dénoncés et que le soit du même coup la violation du droit international constituée par les annexions de 1940, a imposé à Moscou la création d'une commission spéciale au sein du Congrès des députés du peuple de l'U.R.S.S., cependant que, simultanément, des commissions *ad hoc* se penchaient sur ce problème au sein des parlements baltes. Cela s'est fait en dépit de l'acharnement du pouvoir soviétique à nier d'abord l'existence de ces protocoles secrets, puis à affirmer que leur contenu ne pouvait être dénoncé sans inconvénient majeur pour l'équilibre euro-péen[25]. Mais, à la veille du cinquantenaire du Pacte, les fronts ont gagné cette rude bataille. Si Moscou ne reconnaît pas encore explicitement la nécessité de dénoncer les protocoles et les conséquences de l'alliance germano-soviétique, un groupe important de parlementaires l'a fait, donnant une grande publicité à sa démarche[26]. La dénonciation et l'invalidation du texte ont été officiellement annoncées le 22 août 1989, non seulement dans les États baltes, mais aussi à Varsovie où le Politburo du POUP a publié un communiqué condamnant le traité et ses protocoles secrets au nom du droit international violé par ces accords.

C'est sur la toile de fond de cette réévaluation historique, victoire morale remportée de haute lutte sur le pouvoir soviétique, que la coordination des fronts populaires s'est assuré ensuite un vrai triomphe avec la *chaîne humaine*. Les trois capitales baltes, Tallin, Riga, Vilnius, sont reliées le 23 août par une chaîne humaine rassemblant de deux à trois millions de personnes (comme toujours, l'estimation exacte est difficile, et les médias soviétiques s'emploient à minimiser l'événement) déployées sur 600 kilomètres. Aux frontières, les responsables de chaque république allument côte à côte les feux d'artifice destinés à célébrer cette réussite empreinte de solennité et de joie. Le double symbole de cette démonstration est clair : peuples enchaînés, les Baltes avancent dans l'union sur la route de l'émancipation. La réaction est brutale à Moscou où la presse traite les Baltes de « diviseurs », d'ennemis du renouveau[27], ou, plus grave encore, suggère que les fronts populaires préparent les voies d'un soulèvement armé[28]. Le ton ouvertement menaçant de certains commentaires, leurs incitations à réprimer n'émeuvent guère les fronts populaires. La chaîne humaine leur a permis de tester leur ascendant sur la société, leur aptitude à la mobiliser de manière pacifique ; forts de ce constat, les mouvements nationaux baltes vont poursuivre leur avancée tranquille vers la souveraineté. De cette immense manifestation se dégage un vrai bilan de solidarité entre trois peuples qui furent longtemps divisés. L'exemple sera repris quelques mois plus tard par le Front populaire d'Ukraine.

Pour le RUKH, l'éternel problème consiste à rassembler les deux parties de la république et à démontrer que l'exigence nationale est commune à toutes les couches de la société, y compris aux puissants comités de mineurs. Comment y parvenir, sinon en s'inspirant de ce qui a été fait par les Baltes ? Ici aussi, la réussite est remarquable. Le 21 janvier 1990 — autre date symbolique, puisqu'elle marque le soixante-douzième anniversaire de la fondation de la république indépendante d'Ukraine —, une chaîne humaine longue de 500 kilomètres, reliant Kiev à Lvov, les capitales des deux parties de l'Ukraine, est organisée sous l'égide du RUKH et de plusieurs autres associations, illustration complémentaire des aspirations unitaires de l'Ukraine. S'il est difficile d'évaluer le nombre exact des participants, tous les témoignages s'accordent à dire que la chaîne fut ininterrompue, qu'en certains de ses segments, les manifestants étaient regroupés sur trois rangs, tant ils étaient nombreux, qu'enfin cette chaîne donna lieu dans plusieurs villes à des rassemblements de milliers, souvent même de dizaines de milliers de personnes. Si grande était la densité des participants que beaucoup de ceux qui souhaitaient s'associer à cette chaîne durent « s'exiler » hors de leur ville pour y prendre part. Le succès de l'entreprise a donné au RUKH un poids accru, non seulement auprès des Ukrainiens, mais également auprès des minorités installées dans la république.

L'Ukraine pesant fort lourd dans la fédération soviétique, le pouvoir central ne peut se permettre de traiter l'événement avec la brutalité réservée aux Baltes. En Ukraine, une réaction prudente s'impose à lui, d'autant plus que tout ne paraît pas encore joué dans les choix ultimes du mouvement. Alors que les Baltes sont déjà engagés, lorsque leur chaîne se forme, dans la voie qui doit les libérer de l'U.R.S.S., les diverses composantes du RUKH, acharnées à s'unir, ne se sont pas encore prononcées, à ce moment, sur leur conception future de l'Ukraine : dans l'U.R.S.S. ou en dehors ? La chaîne ukrainienne est en outre moins radicale dans son dessein, puisqu'elle vise à démontrer l'unité ukrainienne, alors que la balte, elle, est destinée à exprimer un rejet de l'annexion.

Telles quelles, ces deux manifestations sont d'une importance politique que l'on ne peut sous-estimer à Moscou. Peut-être pour la première fois, elles ont démontré que des organisations issues de la société étaient capables de mobiliser de manière simultanée la population de tout l'espace républicain. Jusqu'alors, elles n'avaient testé leurs capacités de mobilisation que dans des territoires limités. Les chaînes humaines témoignent que les fronts populaires, d'existence encore récente, n'en ont pas moins atteint déjà le stade de la maturité, celui où ils peuvent traiter d'égal à égal avec toutes les instances politiques censées représenter jusqu'ici les sociétés nationales. Les partis communistes, les syndicats, toutes les organisations sociales émanant du Parti viennent d'y perdre leur légitimité — ou ce qu'il en restait.

Victoires concrètes : la bataille électorale.

La réforme politique de décembre 1988 et les élections au Congrès des députés du peuple donnent aux fronts populaires l'occasion de mesurer leur force en termes d'accès à la sphère du pouvoir. Épreuve redoutable, puisque les élections législatives de mars 1989 ne sont encore que des élections semi-libres, où la pluralité autorisée des candidatures ne suffit pas à compenser l'interdit qui frappe toujours les partis politiques[29]. De surcroît, les mouvements nationaux ont à faire face à deux difficultés majeures. La première, juridique, tient au statut même de ces organisations. Si la loi électorale de 1988 reconnaît à tout un chacun le droit d'être candidat aux élections, si les organisations sociales strictement énumérées ont leur quota de députés, les fronts populaires et organisations informelles, n'entrant ni dans la catégorie des individus, ni dans celle des organisations sociales répertoriées, ne figurent pas, en principe, parmi les acteurs des élections. La seconde difficulté tient à la nouvelle répartition des députés au Congrès et au Soviet suprême, telle qu'elle a été définie aux articles 18 de la loi électorale et III de la Constitution révisée le 1er décembre 1988[30]. Les amendements apportés à celle-ci ont eu pour effet de diminuer de manière notable la représentation des républiques au sein du Congrès nouvellement créé ; le système des députés de trois origines (représentant la fédération, les républiques, les organisations sociales) réduit cette représentation spécifique à un tiers, alors que dans l'ancien système, les deux chambres du Soviet suprême (Soviet de l'Union, Soviet des nationalités) accordaient aux républiques la moitié de la représentation. Sept cent cinquante députés républicains sur quinze cents députés au Soviet suprême avant la réforme de 1988 ; sept cent cinquante sur deux mille deux cent cinquante après. La même remarque vaut pour le nouveau Soviet suprême de 1989 où la diminution générale du nombre des députés fait que les républiques se sentent moins représentées. Conséquence de ce changement : l'électorat des républiques est peu enclin à se rendre aux urnes. Il faudra toute la force de persuasion des fronts populaires pour le convaincre de voter. Dans ces conditions, le résultat des élections, surtout dans les États baltes, en Moldavie et en Ukraine, est d'autant plus remarquable.

C'est en Lituanie que le poids électoral des nouvelles formations apparaît le plus nettement. Fort de son statut légal, d'un appui populaire testé en maintes circonstances, *Saïudis* a présenté partout des candidats contre ceux du Parti. Deux exceptions seulement à ces duels : des candidats retirés au bénéfice de A. Brazauskas et de V. Berezov, respectivement premier et second secrétaires du P.C. de Lituanie. Parce qu'ils s'étaient montrés relativement ouverts aux thèses novatrices, *Saïudis* a craint, dans l'hypothèse de leur défaite, que ces deux responsables du Parti ne soient remplacés par deux conservateurs. Ce retrait tactique n'a diminué en rien un succès électoral aussi écrasant qu'inattendu. A l'issue du scrutin, *Saïudis* a remporté 75 % des sièges attribués à la Lituanie, aussi bien dans les circonscriptions urbaines que dans les campagnes. Les succès des premier et second secrétaires du P.C. doivent au demeurant être ajoutés aux sièges remportés par *Saïudis*. Si l'on se souvient que les Lituaniens comptent pour 80 % dans la population de la république, on peut en conclure que

Saïudis a recueilli pratiquement toutes les voix nationales, et qu'il est donc, dès l'ouverture du Congrès, le 25 mai 1989, un véritable parti politique représentant la quasi-totalité du peuple lituanien.

Face à *Saïudis,* il est également remarquable qu'aucun des candidats de l'organisation à dominante russe *Edinstvo* (Unité) n'ait été capable de gagner un seul siège. Tous les hauts responsables de l'État et du Parti ont été battus. La légitimité se trouve incarnée par *Saïudis.* Pour autant, le Front populaire n'est pas au pouvoir. Dès le lendemain des élections, un problème crucial commence à se poser : peut-on, dans le cadre du système soviétique, réconcilier pouvoir et légitimité ?

Dans les deux autres républiques baltes, en dépit d'élec-torats russes importants, le succès des candidats des fronts ou soutenus par eux, pour être moins écrasant, est si net qu'on assiste là aussi à un glissement de la légitimité des instances de pouvoir aux fronts.

En Estonie, le Front populaire ne présente pas de candidats, mais soutient tous les candidats du Parti qui sont membres du Front, ou tout candidat qui se réclame de son propre programme. Sur les 21 candidats soutenus par le Front, 18 sont élus. La république ayant droit à 36 députés, le Front peut s'enorgueillir d'un beau score : ces 18 députés, soit 50 % des élus, correspondent presque exactement à la part estonienne de la population, qui est de l'ordre de 60 %. Mais — composition ethnique de la population oblige ! — sept candidats d'*Interfront* ont été élus dans les districts à dominante russe.

En Lettonie, le résultat des élections n'est pas moins satisfaisant pour le Front populaire. Le quota des députés de la république est de 40. Comme en Estonie, le Front populaire, au lieu de présenter ses propres candidats, s'est contenté de soutenir les candidats réformistes qui adhéraient explicitement à son programme. Le poids d'une population non lettone avoisinant la moitié de la population totale a probablement joué un rôle déterminant dans ce choix. Pour autant, le Front populaire n'y a rien perdu : la moitié des élus sont membres du Front, 70 % se réclament de ses idées, et *Interfront* est largement distancé.

En Moldavie, les succès électoraux des mouvements nationaux ont été encore plus surprenants, car tout concourait à leur défaite : le poids considérable d'un appareil étatique conservateur, soutenu par un Parti ouvertement hostile à la *perestroïka* ; les pressions subies par les candidats et par le corps électoral, qui souvent confinaient à la menace pure et simple ; enfin le caractère non démocratique de la campagne, en contradiction totale avec les dispositions de la loi électorale de 1988 qui garantissait aux candidats retenus un traitement équitable par les médias et un égal accès aux lieux de réunion. Constatant leur incapacité à franchir ces barrages à l'échelle de toute la république, les organisations nationales moldaves ont choisi de se battre dans un nombre restreint de circonscriptions : seize, soit un petit peu moins du tiers, qu'elles ont remportées en majorité. Si l'on tient compte de l'ensemble des députés moldaves — élus et représentants des organisations sociales —, sur 55 sièges, les réformateurs en détiennent près du tiers.

Se prévalant de leur représentativité incontestable, les députés réformateurs moldaves au Congrès se sont montrés très actifs dans tous les débats touchant aux problèmes

nationaux. Ils ont notamment exigé des enquêtes parlementaires sur les répressions conduites en Géorgie et à Kichinev ; un contrôle politique des forces de l'ordre et une
législation interdisant leur utilisation dans les républiques ;
enfin, une nouvelle politique linguistique conforme aux
programmes de tous les fronts populaires. Ainsi les élus
nationaux moldaves tendent-ils à se faire, sur le plan
parlementaire, les porte-parole de l'ensemble des organisations nationales.

Ces résultats inespérés, obtenus dans un climat électoral
détestable, ont considérablement renforcé la position des
organisations nationales de Moldavie et contraignent le
pouvoir central à prendre leurs exigences en considération.
En même temps, l'inquiétude manifestée devant ces succès
par les groupes minoritaires a attiré l'attention de Moscou,
où se développe une « stratégie des minorités » contre les
nationalismes grandissants. Stratégie dangereuse, car elle
risque de provoquer ou d'attiser des affrontements interethniques que Moscou semble bien en peine de contrôler.

Les élections en Ukraine ont été marquées par la défaite
retentissante de très nombreux responsables du Parti et de
l'État. Défaite due — expliquera Chtcherbitski au plénum
du C.C. du Parti communiste ukrainien, réuni pour constater le désastre — à l'activité du Front populaire et des
divers groupes informels qui ont mobilisé la société contre
le Parti et obtenu de l'électorat ces votes négatifs. Aux
défaites subies par la *nomenklatura* ukrainienne s'ajoute ici
l'affront que représente pour elle l'élection de plusieurs
candidats, futurs responsables du RUKH ou d'autres
organisations nationales. Sans doute les élections de 1989
sont-elles venues trop tôt dans le contexte compliqué de

l'Ukraine où, de surcroît, avec plus de trois millions de membres, le P.C. constitue une force redoutable, capable de mettre en déroute toute candidature indésirable. Aucune organisation nationale n'avait pu s'implanter suffisamment (le RUKH se cherche alors encore) pour être à même de préparer une véritable campagne électorale. Ce sont pourtant des personnalités de ce mouvement national encore en voie d'organisation qui vont triompher ; le harcèlement du Parti par tous les groupes informels aura suffi à emporter l'adhésion populaire au réformisme. Ces résultats, inattendus aussi pour le P.C. ukrainien, ont été très mal acceptés par lui. Au lendemain de la consultation, dans un élan bien peu démocratique, Chtcherbitski clame que la *glasnost'* « produit l'extrémisme et un nationalisme démagogique ». Son virulent discours appelle à une véritable mobilisation du Parti contre une politique qu'il n'a jamais acceptée. Mais, en Ukraine comme ailleurs, il est trop tard pour enrayer le cours de la démocratisation. La formation du RUKH, quelques mois plus tard, montrera que le durcissement n'a aucun effet sur une société qui s'éveille à la vie politique et aux thèses qui lui sont le plus proches.

Si les élections n'ont pas permis à d'autres mouvements ou fronts des républiques d'accéder à la scène politique avec autant d'éclat, c'est que dans tout le Caucase, elles coïncident avec la montée des tragédies interethniques et avec une agitation qui suscite la répression, climat peu propice au bon déroulement d'une campagne électorale. En Asie centrale, la pression de la *nomenklatura*, l'absence de traditions politiques expliquent que les jeunes fronts populaires n'aient pas été très actifs. C'est ainsi qu'au Kazakhstan, tous les secrétaires régionaux du Parti ont pu être candidats uniques dans leurs circonscriptions, situation assez répandue dans cette partie de la périphérie. Élections inutiles, donc, mais dont les leçons ne seront pas perdues. Les fronts populaires en concluront qu'il importe de se préparer aux élections locales de 1990 : leurs enjeux, plus proches des électeurs, les inciteront à prendre le scrutin d'autant plus au sérieux.

Mais, en ce début d'année 1989, les fronts populaires portent en priorité leurs efforts sur le problème de la langue. Ils se préoccupent aussi d'écologie, domaine où les *Verts*, très actifs, menacent de réduire leur audience.

Victoire pour demain : la langue

Premier effet de la *glasnost'* : toute la périphérie, ou presque, s'est lancée à corps perdu dans la bataille linguistique. Le bilinguisme, si ardemment souhaité par Moscou comme manifestation tangible de l'existence d'un *peuple soviétique*, a conduit, se plaignent Ukrainiens, Géorgiens ou Ouzbeks, à une perte d'identité, à une lente aliénation de la langue nationale. L'ouverture gorbatchévienne incite à poser ce problème en premier lieu ; tous les groupes informels ou fronts s'en saisissent pour mobiliser la société autour d'une exigence compréhensible par tous et faire aboutir le projet d'un renversement radical de tendance.

La bataille linguistique recouvre en réalité deux problèmes distincts.

Les peuples titulaires des républiques entendent assurer la suprématie de leur langue sur le russe et sur les langues de leurs minorités lorsque celles-ci ont aussi des droits acquis. Pour y atteindre, les grandes nations entendent user du *droit* : Constitution et lois spécifiques. Dès lors que l'U.R.S.S. se dit *État de droit,* les garanties légales deviennent importantes.

Le second aspect, plus complexe, est celui des alphabets. L'identité nationale n'implique pas seulement l'adhésion à une langue qui est celle de la nation, mais également le rattachement à un alphabet traditionnel qui la relie au groupe culturel plus large dont celle-ci fait partie. C'est toute la politique stalinienne d'unification des langues autour de l'alphabet cyrillique que la révolte des nations va mettre en pièces.

Jusqu'au milieu des années 80, c'est aux constitutions républicaines que les nationalistes les plus intransigeants s'en remettaient du soin de garantir le statut de leur langue. Dans le Caucase, les trois républiques avaient de longue date inscrit dans leurs constitutions que leurs langues étaient langues d'État. En 1978, lors de la révision consti-tutionnelle, cette disposition avait été reconduite au terme de manifestations impressionnantes. Mais les années 80, marquées par un réveil national général en U.R.S.S., ont montré l'insuffisance des garanties constitutionnelles. Des petits peuples en ont exigé l'application pour eux-mêmes, tandis que le russe s'imposait dans le silence des textes.

C'est pourquoi — *glasnost'* et *perestroïka* poussant au changement — les États nationaux rouvrent le dossier après 1985, et donnent cette fois à leurs langues un statut légal qui en assure la survie.

Au premier rang de ce combat, on trouve naturellement les trois peuples baltes, mais aussi, en éclaireurs, la Moldavie et l'Ouzbékistan, ces deux derniers pays gagnant d'un coup la double bataille du statut légal et de l'alphabet.

Toutes les lois ne sont pas identiques, elles traduisent une plus ou moins grande flexibilité vis-à-vis du pouvoir central. Celui-ci s'est d'autant plus ému de ce qui constitue une défaite majeure pour l'U.R.S.S. que les conséquences en sont non seulement morales et politiques, mais aussi internationales.

Dans ce marathon légal, l'Estonie a élaboré les textes les plus drastiques[31]. La loi ne reconnaît que la langue estonienne, et n'accorde aucun privilège au russe. Tout habitant de la république dispose d'un délai de quatre ans pour dominer sa langue, et tous les mots russes doivent disparaître sans délai des lieux publics. La Lituanie[32], bien que la population russe y soit moins nombreuse, s'est montrée plus souple sur les délais, puisqu'elle prévoit, pour l'entrée en vigueur des mêmes dispositions, une période transitoire de deux ans. La Lettonie, avec près de 50 % d'immigrés, se devait d'être plus accommodante en laissant à chaque habitant de la république la possibilité de choisir, pour s'exprimer dans la vie publique, entre le letton et le russe. Pour autant, la terminologie russe doit également y disparaître du regard[33].

C'est pourtant la Moldavie qui, dans cette révolution des rapports interethniques, s'est montrée la plus résolue à refuser toute concession.

L'Union des écrivains et le Front populaire se sont unis pour défendre le projet accordant au moldave le statut de langue officielle et limitant l'usage du russe aux relations avec le reste de l'Union. Soutenu par le Parti, le Soviet suprême présentait au contraire un projet dans lequel le moldave était certes reconnu comme langue officielle de l'État, mais où le russe jouait le rôle de langue de communication *interne* pour toutes les nationalités de la république. Les premiers ont multiplié les manifestations à Kichinev (près de 500 000 manifestants les 28 et 29 août 1989) pour bien montrer que la volonté populaire était de leur côté. En face, la communauté russe n'est pas restée inerte : les soviets locaux et les organisations du Parti des villes à fort peuplement russe (Tiraspol, Rybnitsa) ont bombardé le pouvoir local de motions condamnant les projets moldaves. Les 28 et 29 août, un comité de coordination russe, *Soïuz* (Union), et l'association *Edinstvo* (Unité) mobilisent à leur tour les Russes. Cependant que le Soviet suprême débat du problème, une grève générale paralyse Tiraspol ; les comités de grève rassemblent des dizaines de milliers de manifestants exigeant que le russe soit placé dans la loi à égalité avec le moldave et que la question de l'alphabet (retour à l'alphabet latin) soit soumise à référendum. A l'affrontement interethnique, Mikhaïl Gorbatchev ajoute son intervention personnelle : il pèse de toute son autorité dans le débat en demandant au premier secrétaire de la république, Grossiu, que le russe reçoive le statut de langue de communication interethnique.

Durant quatre jours, le Soviet suprême débat sous la pression contraire des Moldaves et des Russes, et sous celle, combien pesante, de Gorbatchev. Le vote final marque le triomphe des thèses nationales. Le moldave est reconnu langue de l'État, langue de communication interethnique, et l'alphabet latin chasse le cyrillique. Avec, cependant, un léger geste en direction de Moscou : le russe est *aussi* reconnu (mais non lui seul) comme langue des relations interethniques[34]. Pour Gorbatchev qui s'est si fermement engagé, l'échec est cuisant.

A l'instar des Moldaves, les Ouzbeks mènent aussi un double combat pour leur langue et pour la restauration de l'alphabet arabe. Sur le plan légal, ils ont été précédés par les Tadjiks, qui ont assuré le statut étatique de leur langue le 22 juillet 1989, mais le problème de l'alphabet n'était pas pour autant résolu. Sans doute, comme les Moldaves, les peuples musulmans ont-ils commencé, bien avant que la loi ne les y autorise, à diffuser leur alphabet par l'intermédiaire de nouvelles publications ou de journaux qui se sont mis soudain à utiliser simultanément les deux alphabets. Dans toute les républiques d'Asie centrale, cette « pédagogie de l'alphabet » a gagné du terrain, et des cours de « lecture arabe » se sont mis en place. Là encore, ce sont les fronts populaires qui sont les artisans d'un changement à la pointe duquel se trouve l'Ouzbékistan. Les termes du débat sont identiques à ceux qui ont présidé à l'adoption de la loi moldave : que faire du russe ? Car, pour ce qui est de l'alphabet, la cause est dans les faits déjà gagnée. Mais, en Ouzbékistan, les Russes sont en position de retrait : ils se préparent au départ, et nombre de ceux qui doivent rester tentent de se familiariser avec la langue d'État.

La révolution linguistique qui se développe ainsi en U.R.S.S. a de multiples conséquences. Le débat a contribué à l'affrontement intercommunautaire ; la victoire des langues nationales laisse la communauté russe des républiques et le peuple russe en général plus amers encore qu'ils n'étaient. Ce rejet de leur langue est le symbole de la fragilité de l'« amitié des peuples ». Le Grand Frère est nu.

Sur les autres peuples de l'U.R.S.S., l'effet de cette victoire n'est pas moindre. Effet moral, certes, encourageant le nationalisme. Mais également effet politique. Les peuples unis par un alphabet commun, hermétique aux autres, auront tendance à former une communauté repliée sur elle-même. Effet international, aussi : certaines frontières de l'U.R.S.S. acquièrent ainsi une porosité linguistique, des peuples séparés se rapprochent. Revenus à l'écriture latine, les Moldaves rentrent par là dans la communauté roumaine[35]. En reconquérant leur alphabet, les Azéris se rapprochent, comme ils le souhaitaient, de leurs frères iraniens. Cela vaut pour toute la périphérie, à l'exception des Géorgiens et des Arméniens à qui Staline avait laissé leurs alphabets et qui ne disposent pas d'interlocuteurs extérieurs à leurs frontières...

Les fronts populaires et regroupements de mouvements divers ont été des acteurs décisifs de la décomposition de l'Empire. Mobilisant la société autour d'aspirations ou d'inquiétudes latentes que la *glasnost'* permet enfin d'exprimer, ils en sont devenus les véritables représentants. La légitimité qu'ils tirent de ce contact étroit avec la société leur a au minimum permis de faire pression sur le pouvoir local, voire central, et d'orienter ou d'infléchir ses décisions en invoquant la volonté populaire qu'ils incarnent. Au-delà, au mépris du système de parti unique encore en vigueur, ils ont pu pénétrer sur la scène politique et y rivaliser triomphalement avec le Parti dont ils ont signé l'effondrement.

En l'espace de deux ans, alors que le pluralisme n'existe pas encore en U.R.S.S. et que l'Empire est encore officiellement intact, ces représentants réels de la volonté sociale ont — de manière inégale, sans doute, mais à peu près partout — contribué à l'émergence d'une société civile, à l'instauration d'un pluralisme de fait, à la transformation, voire à la dislocation de l'Empire.

Il n'est guère étonnant que des hommes comme Ligatchev, attachés au maintien du système soviétique, aient constaté avec épouvante que la floraison d'organisations informelles ou reconnues conduisait à l'instauration d'un *double pouvoir*[36] *(dvoevlastie)* ; ce qui implique que le système soviétique, tel qu'il a existé pendant soixante-dix ans, a déjà virtuellement cessé d'être.

CHAPITRE VIII

De la souveraineté
à l'indépendance

Le fédéralisme soviétique repose sur plusieurs piliers.

Le droit, d'abord : la Constitution de l'U.R.S.S. est commune à tous, et les constitutions républicaines doivent être en accord avec elle (article 73 de la Constitution de 1977). L'article 74 précise que « les lois de l'U.R.S.S. ont force égale sur le territoire de toutes les républiques fédérées. En cas de divergence avec la loi fédérale, cette dernière prévaut ».

L'armée, ensuite : « Le service dans les rangs des forces armées de l'U.R.S.S. doit être une véritable école d'internationalisme[1]. » A cet effet, la loi militaire de 1938, qui a aboli les unités militaires nationales, stipule que le service militaire s'effectue dans des unités ethniquement hétérogènes et hors du territoire national[2]. L'armée soviétique ne connaît qu'une langue, le russe.

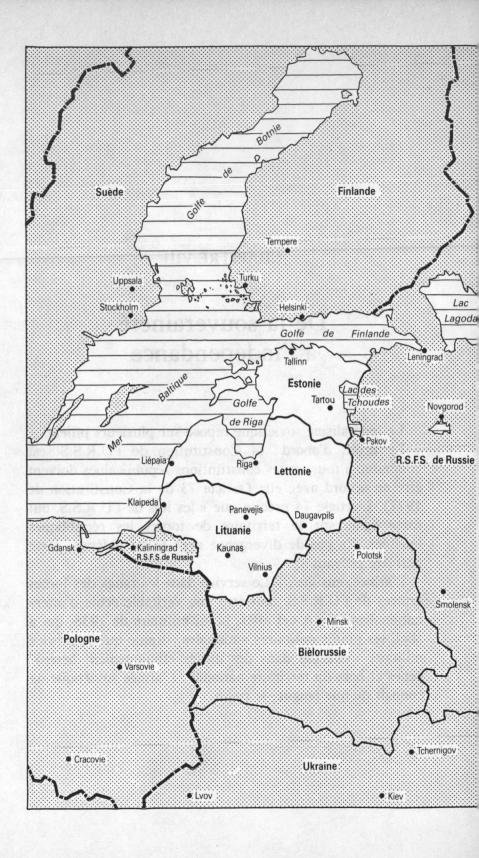

Dernier pilier, le Parti communiste, « force qui oriente et dirige la société soviétique » (article 6 de la Constitution de 1977). Le Parti est le symbole de l'unité de la société soviétique, même si des P.C. locaux existent dans toutes les républiques. Ceux-ci ne sont que des instances du P.C.U.S., comme l'indique l'article 41 des statuts du Parti, adoptés lors de son XXVIIe Congrès, en 1986[3].

Ce sont ces trois piliers que certaines républiques vont progressivement abolir à l'étape de la *souveraineté*, avant de constater que cette dernière exigence est dépassée et que l'heure de l'*indépendance* a sonné.

La conquête de la souveraineté

La vérité historique retrouvée, fût-ce incomplètement, a joué un rôle considérable dans l'affirmation de la souveraineté des républiques. La signification du mot est néanmoins assez imprécise[4], puisqu'il recouvre aussi bien la pratique soviétique du fédéralisme — « la République fédérée... est un État *souverain* » (art. 76 de la Constitution de 1977) — que les exigences les plus extrêmes, c'est-à-dire l'indépendance et la séparation d'avec l'U.R.S.S.

C'est pourtant une conception intermédiaire qui prévaut dans un premier temps, quand les États baltes décident de proclamer leur souveraineté. A l'origine de cette décision, deux constats : la souveraineté à la soviétique n'est qu'un leurre (les trois « piliers » évoqués ci-dessus la vident de tout contenu) et la « libre association » à l'U.R.S.S., fondement de tout le système (art. 70 de la Constitution), n'a jamais existé dans le cas des Baltes ; en second lieu, le débat sur le Pacte germano-soviétique[5], dont les Baltes se sont immédiatement saisis, leur permet de fonder leur prétention à la souveraineté : annexés en vertu d'un accord si inique qu'il dut être tenu secret, les États baltes ont un droit particulier à l'affirmer. Le légalisme balte, dont Moscou n'a pas perçu à temps toute la portée, est au cœur de la marche des trois républiques vers cette souveraineté d'abord, vers l'indépendance, c'est-à-dire la sécession, ensuite.

C'est donc en l'espace de moins d'un an — novembre 1988-juillet 1989 — que les trois États baltes affirment leur souveraineté et, dans la foulée, prennent les dispositions légales qui leur permettront de la traduire dans la réalité. Si l'idée en avait déjà circulé avant 1988, ce sont les Fronts populaires qui ont fait du mot leur programme.

L'ASPECT CONSTITUTIONNEL

C'est l'Estonie, déjà radicale dans sa politique linguistique, qui l'est le plus dans sa volonté de rétablir une souveraineté perdue. Le 16 novembre 1988, le Soviet suprême de la république la proclame et fait voter aussitôt par le Parlement les amendements constitutionnels qui lui donnent un contenu. Le 18 mai 1989, la Lituanie en fait autant, suivie le 28 juillet par la Lettonie[6]. Dès ce moment, les trois États baltes constituent une entité à part dans l'ensemble soviétique. Cette spécificité est renforcée par les décisions du *Conseil des fronts populaires* qui amorcent un véritable processus d'intégration économique des trois républiques. A aucun moment, entre l'affirmation des souverainetés particulières et cette formation d'un ensemble commun, Moscou n'a été consulté. Il est mis devant le fait accompli.

Première disposition découlant de cette souveraineté proclamée unilatéralement : la base des relations entre l'U.R.S.S. et les républiques doit être modifiée ; il y faut un traité interétatique de droit international. En d'autres termes, l'U.R.S.S. doit *négocier* avec les républiques leur participation à la fédération. Deuxième disposition fondamentale : la primauté de la loi républicaine. La loi soviétique ne peut s'appliquer que si elle lui est conforme et est approuvée par le Soviet suprême de la république (Estonie, article 74 de la Constitution amendée ; Lituanie, article 70). La Lettonie s'est montrée plus modérée sur ce point : dans l'article 71 de sa Constitution révisée, elle affirme la primauté de la loi républicaine, mais aussi celle de la loi soviétique en cas de conflit.

La souveraineté se traduit également par l'appropriation par la république de toutes ses ressources naturelles et par son droit exclusif de décider de sa politique en tous domaines, notamment économique. Les trois républiques ont affirmé leur autonomie économique par des lois adoptées dans la foulée de leur déclaration de souveraineté et qui les engageaient dans des réformes radicales.

Cette souveraineté a également des effets en matière de droit électoral, en prévision des scrutins locaux à venir. Toujours en avance sur les autres, l'Estonie a voulu, par une nouvelle réglementation de la participation électorale, réduire les droits des résidents non estoniens ; le texte adopté par le Parlement, le 8 août, imposait à tout Soviétique non estonien, pour devenir électeur, une durée totale de résidence dans la république de cinq ans, ou un séjour continu de deux années à la date des élections. Devant le tollé soulevé par ces dispositions au sein de la communauté russe — grèves et manifestations paralysant tout le pays — et l'intervention en force du Soviet suprême de l'U.R.S.S., condamnant ces dispositions pour non-conformité avec la Constitution de l'U.R.S.S.[7], le Parlement estonien a battu en retraite, mais pour un temps limité. Il a voté la suspension de ces dispositions pour les élections locales de 1990, mais non leur annulation[8]. Satisfaction provisoire pour Moscou, mais qui laissait le problème non résolu. En fait, celui-ci a été renvoyé jusqu'à l'élaboration de la loi sur la citoyenneté, où les idées les plus radicales peuvent resurgir. Rappelons que le Front populaire de Lettonie, dans sa plate-forme élaborée en juillet 1988, prévoyait que la citoyenneté ne serait accordée qu'à ceux qui avaient résidé au moins dix ans dans la république. Mais la marche rapide vers l'indépendance allait rendre ce débat sans objet...

La réaction du pouvoir central à ce rejet de la suprématie fédérale a été variable. Lorsque l'Estonie déclare sa sou-veraineté, l'hostilité, à Moscou, est totale ; la bataille sur la loi électorale en témoigne. La mobilisation des Russes d'Estonie est aussi un signe de l'inquiétude que suscite cette démarche inédite. Mais, à l'heure de la déclaration de souveraineté de la Lettonie, Moscou semble avoir pris son parti de ce qu'il tient pour de simples déclarations for-melles, et il tente de reprendre l'initiative sur le terrain économique. Le 27 juillet 1989, le Parlement soviétique (Soviet suprême) vote deux textes qui établissent ou plutôt reconnaissent l'autonomie économique des trois républiques et confirment leur passage à l'économie comptable *(khozrastchet)*. On a compris à Moscou la nécessité de composer avec le fait accompli[9], et l'on tente d'en tirer

avantage en persuadant les républiques baltes de servir de
« cobayes » pour la mise en œuvre des réformes que
Gorbatchev entend imposer à l'ensemble de l'U.R.S.S.
Leur réussite serait bénéfique à chacun. D'un échec, des
leçons pourraient aussi être tirées pour tous.

Mais l'exemple des pays baltes est contagieux. D'abord
parce qu'il n'est pas que de pure forme. La Lituanie oppose
ostensiblement son veto à divers textes (notamment en
refusant l'imposition des fonds salariaux des entreprises
d'État, ou en décidant unilatéralement du montant des
retraites). De même, l'Estonie pratique une politique des
prix et des impôts sans se soucier de ce qui se fait dans la
fédération. Alexandra Birioukova, vice-premier ministre de
l'U.R.S.S., proteste, le 16 janvier, en précisant que l'autonomie économique doit respecter les lois soviétiques. Nul
dans les États baltes ne paraît se soucier de ces objections.

C'est dans le Caucase que l'exemple balte séduit le plus,
car il semble apporter une réponse aux conflits locaux. La
loi sur la souveraineté votée par le Soviet suprême de la
république d'Azerbaïdjan, lors de sa session de septembre
1989, implique une conception territoriale de la souveraineté. L'Azerbaïdjan se dit maître de l'organisation politique
de son territoire, et seuls les organes du pouvoir d'État ou
un référendum populaire peuvent la modifier (claire allu-
sion au Nagorno-Karabakh). Comme dans les pays baltes,
la déclaration azérie de souveraineté stipule que la loi
soviétique ne s'applique à l'Azerbaïdjan qu'à condition
d'être conforme à la loi de la république. Enfin, l'exercice
du droit à la sécession dépend d'un référendum populaire
au sein de la république. L'Azerbaïdjan se réserve aussi le
droit exclusif de proclamer l'état d'urgence. On voit là

combien l'autorité centrale est limitée par des dispositions qui l'excluent de tout réaménagement territorial[10]. Contestée par Moscou pour ses aspects inconstitutionnels, ignorée aussi dans la pratique, cette loi ne marquait qu'une première étape, puisque le Soviet suprême de la république annonça au début de 1990 que, n'ayant pu imposer sa souveraineté, il allait recourir au référendum pour passer à la sécession.

L'Arménie a également proclamé sa souveraineté en s'intitulant République Unie d'Arménie, et, sous une forme plus radicale, la Géorgie a fait de même.

En Géorgie, cependant, cette affirmation d'une souveraineté réelle semble d'emblée insuffisante, pour une double raison. Le choc du 9 avril unit la société dans une rancœur contre le pouvoir soviétique que le temps, loin d'atténuer, avive. D'un autre côté, la multiplication des revendications séparatistes à l'intérieur de la république — dernier épisode en date : durant l'été 1989, les pressions des Azéris vivant en Géorgie pour obtenir que les districts situés au sud de Tbilissi, où ils sont massivement installés, soient dotés d'un statut d'autonomie territoriale — a convaincu les mouvements nationaux que la Géorgie était menacée d'un démantèlement organisé à Moscou en vue de briser définitivement le sentiment national. L'idée que c'est la survie même de l'État de Géorgie qui est en cause domine dès lors tous les projets présentés à Tbilissi. Dans cette perspective, la souveraineté, qui laisserait une part d'initiative à la fédération soviétique, est récusée au bénéfice de l'indépendance totale. Quant au principe, les Géorgiens sont les premiers en U.R.S.S. à évoquer le droit à la sécession et à le lier aux conditions de leur rattachement à l'U.R.S.S. : annexion par la force militaire en 1921, en dépit d'un traité d'amitié et d'un statut d'indépendance internationalement reconnu. En juin 1989, l'Union des écrivains de la république a mis le Soviet suprême en demeure de proclamer une souveraineté réelle (analogue à celle de l'Estonie), avec création immédiate d'une citoyenneté géorgienne, et, si possible, organisation d'un référendum populaire sur l'autodétermination[11]. Le 25 mars 1990, la centaine de partis politiques et d'organisations de toutes sortes qui ont surgi en Géorgie pour préparer l'indépendance (cet éclatement du mouvement national témoigne de la difficulté des Géorgiens à s'entendre sur les modalités d'une telle démarche) ont néanmoins réussi à se rassembler dans un *Forum national pour l'indépendance*, destiné à devenir une assemblée rivale du Soviet suprême pour conduire la négociation de séparation avec Moscou. Dans le même temps, le Soviet suprême de la république a amendé la Constitution en y introduisant le multipartisme et a décidé de repousser les élections locales — qui, dans toute l'U.R.S.S., avaient lieu à ce moment-là — à l'automne, pour en faire des élections « nationales » organisant la vie indépendante de la république[12]. Dans des formes différentes de celles qu'ont adoptées les Baltes, les Géorgiens suivent ainsi la même voie. En modifiant le calendrier électoral, en dotant surtout les élections locales de 1990 d'un tout autre contenu, ils se placent en dehors de la vie soviétique et marquent bien que la légalité se trouve désormais à Tbilissi, et non plus à Moscou.

Autre nouveau venu à la souveraineté : l'Ouzbékistan qui, le 20 juin 1990, a repris à son compte le modèle estonien de 1989, tout en montrant bien les hésitations des

Ouzbeks à s'arrêter en si bon chemin au lieu d'aller jusqu'à la proclamation d'indépendance...

C'est aussi la position de la Moldavie où le P.C. local, confronté à des revendications séparatistes croissantes, est soudain passé du rejet de toute idée de souveraineté à l'adoption d'un projet de soutien à la souveraineté politique[13] et économique à l'intérieur d'une fédération transformée. Un mois plus tard, le 23 juin 1990, le Soviet suprême de la république a voté cette souveraineté ainsi que l'appropriation de toutes les ressources naturelles ; il a déclaré le territoire zone démilitarisée, rejeté le principe d'une double citoyenneté (moldave et soviétique) et annoncé que la république solliciterait son admission aux Nations-Unies.

Si l'on ajoute encore, en juillet 1990, la proclamation de la souveraineté de l'Ukraine dans des termes fort radicaux — appropriation de toutes les ressources naturelles de la république, décision de constituer une armée nationale et de battre monnaie, adoption d'une citoyenneté ukrainienne —, force est de constater que l'extension du phénomène à l'ensemble de l'U.R.S.S. tend à vider la fédération de tout contenu réel.

La souveraineté proclamée par la Russie elle-même, enfin, constitue un chapitre tout différent, sur lequel on reviendra plus loin. Néanmoins, elle aussi atteste que le mot d'ordre de souveraineté, opposé à toute la pratique soviétique antérieure, a, en l'espace d'un an, envahi l'Union entière et rendu caduc le fédéralisme soviétique. Par sa démarche hardie, l'Estonie a ébranlé d'un coup tout le système, et acculé Moscou à le reconsidérer de fond en comble.

L'ASPECT MILITAIRE

L'armée soviétique — « armée de l'amitié des peuples de l'U.R.S.S. » — n'a pas moins souffert que la Constitution de la volonté de souveraineté des républiques. L'avenir d'une armée multi-ethnique a été plus que mis en cause sur le terrain et dans le débat public. Sur le terrain, il est apparu clairement que, loin de jouer son rôle de force d'intégration des nationalités, l'armée était l'un des champs de développement privilégiés des haines et des violences interethniques. Un rapport officiel de la Procurature militaire estime que 20 % des crimes et de 40 à 70 % des grosses infractions à la discipline dans l'armée ont « désormais un caractère explicitement ethnique ou racial », ce qui est particulièrement alarmant ; et qu'« un grand nombre de ceux qui sont convaincus de crimes dans l'armée sont originaires d'Asie centrale ou du Caucase[14] ». Ce constat est confirmé par une remarque du général d'armée N. Popov, qui écrit : « Les éléments nationalistes, jouant sur les émotions populaires, tendent à aggraver les différends interethniques. Ils réussissent à troubler des jeunes. Certains apportent dans leurs unités des comportements et préjugés nationalistes et religieux étrangers à notre société[15]. »

Ces phrases recouvrent un lourd contentieux qui explose quand la *glasnost'* rend possible l'expression de toutes les frustrations. Les appelés d'Asie centrale se plaignent d'être méprisés et traités comme des esclaves par les Russes, ce que confirment d'ailleurs les propos de certains de ceux-ci[16] : « Depuis le début, nous, les Blancs, nous nous considérions comme supérieurs au *Tchourki* [Centro-Asiatique]. Si nous devions faire un travail désagréable —

nettoyer les latrines —, nous obligions un Kazakh à le faire... A la caserne, tout ce qui était rebutant était pour les Kazakhs et les Ouzbeks. » Mais les Baltes ne sont pas moins victimes de brutalités au service militaire où les violences physiques et morales sont devenues la règle[17]. Des batailles rangées opposent dans l'armée les « Blancs » aux musulmans ; les musulmans entre eux, de nation à nation ; les Caucasiens, divisés sur la question du Nagorno-Karabakh, s'affrontent dans la marine[18]. Bref, tous les prétextes sont bons pour transporter dans les unités militaires ethniquement si diverses la violence interethnique qui divise désormais la société soviétique. Les brimades que les anciens font subir aux nouvelles recrues — la *dedovchtchina*, ce phénomène que toutes la presse dénonce aujourd'hui comme une autre manifestation du mal qui ronge la société soviétique — n'expriment en principe que des différences d'ancienneté dans l'armée ; mais d'innombrables témoignages répercutés par la presse périphérique révèlent que la *dedovchtchina* tend de plus en plus à opposer brimés et agresseurs par groupes nationaux, ce qui aggrave la nature des brimades et confine souvent à une violence raciale pure et simple Cette violence débouche de plus en plus sur des meurtres que la *glasnost'* permet de rendre publics. Meurtres de soldats russes tués par un soldat balte qui les accusait de l'avoir violé ; meurtre du Balte, en retour[20]. Meurtres ou rumeurs de meurtres d'Ouzbeks. Rien ne manque à ce tableau tragique. Il faut ajouter que la nature de l'encadrement, assuré par des officiers en majorité russes — le pouvoir n'est pas parvenu à l'élargir à des officiers issus des nationalités périphériques, trop peu tentées par la vie militaire ou incompétentes[21] —, vient alourdir encore un climat conflictuel que les responsables militaires ne cherchent même plus à dissiper.

L'armée est un milieu hostile aux non-Russes, du moins ceux-ci le ressentent-ils ainsi. Dès lors, comment s'étonner de son rejet par les nations ? Pour échapper au service militaire, tout est bon. Les appelés ne se présentent pas aux autorités militaires qui s'effarent du nombre croissant des désertions[22] ou des innombrables déclarations d'objection de conscience (pourtant réprimée). Les grèves de la faim, soutenues par des manifestations populaires, de recrues refusant de servir dans l'armée soviétique, sont aussi devenues monnaie courante, en Géorgie notamment. Étant donné la généralisation rapide de cette hostilité à l'armée soviétique, le problème ne pouvait que figurer en tête des revendications des mouvements nationaux. De la demande encore modérée d'une modification des règles militaires soviétiques, ceux-ci sont souvent passés à une exigence plus radicale : « L'armée d'occupation doit quitter notre sol[23]. »

A cet égard, le départ des troupes du Pacte de Varsovie de Hongrie et de Tchécoslovaquie, négocié en 1990, a eu un extraordinaire effet d'accélération en U.R.S.S., notamment dans les États baltes où *Saïudis* réclamait déjà, dès sa création, que l'on en revînt aux unités nationales et que chaque république créât ses propres écoles d'officiers pour les encadrer. Dès que leur souveraineté est proclamée par les États baltes, on y met à l'étude la transformation du système militaire et, conséquence inévitable, les jeunes appelés désertent en nombre croissant dans l'attente d'être incorporés dans l'armée de leur république. Le jour même où il est fondé, le Front populaire moldave inscrit lui aussi à son programme, en corollaire à la souveraineté, la formation d'unités militaires homogènes, même s'il admet encore que celles-ci, qui restent dans l'armée soviétique, puissent être stationnées hors de la république. Mais c'est au Soviet suprême de la Moldavie qu'il appartient de décider de leur lieu de stationnement, et l'homogénéité nationale y est un principe non négociable. Le Front populaire de Géorgie n'est pas moins intransigeant sur ce chapitre et demande à tous ses sympathisants, en attendant que le service militaire soviétique soit modifié, de protéger les conscrits qui refuseraient de répondre à l'appel. Il ne s'agit pas là d'une désertion, dit le Front, mais d'une position d'attente légitime. Quant à l'Ukraine souveraine, elle résout le problème de manière radicale, puisqu'elle entend se doter de sa propre armée.

Pressé de tous côtés, conscient du malaise de l'armée — attaqué sur le chapitre de la *dedovchtchina*, sur celui des violences et de la criminalité en milieu militaire —, le pouvoir soviétique a tenté de désamorcer quelque peu cette bombe en accordant des concessions aux nationalités les plus turbulentes.

Le Premier ministre d'Estonie s'était le premier adressé au ministre de la Défense de l'U.R.S.S. pour en obtenir le maintien sur place, parmi les gardes-frontières ou les troupes du ministère de l'Intérieur, du maximum possible de recrues. Il en obtint un accord ambigu, périodiquement dénoncé à Moscou, mais qui donne néanmoins au gouvernement national le moyen de protéger nombre de jeunes du contingent. En Lituanie, c'est le Premier secrétaire du Parti, Algirdas Brazauskas, toujours soucieux de ne pas se laisser distancer dans l'opinion par *Saïudis*, qui a plaidé lui-même cette cause auprès du général Iazov. Là aussi, un accord secret, constatant le fait accompli, a pu être passé, même si le général Iazov continue de s'opposer à la formation d'unités nationales. Les Géorgiens ont tiré argument de ces précédents, censés demeurer secrets, mais bien connus, pour obtenir que les recrues mariées bénéficient du même privilège dans leur république, ce qui pourrait bien y engendrer un bond en avant de la courbe des mariages[24]...

Mais ces arrangements locaux sont bien moins significatifs que le débat général dans lequel ils s'inscrivent. Les chefs militaires soviétiques, et en tout premier lieu leur ministre, s'expriment dans l'ensemble en faveur du maintien du système existant[25]. Ils sont confortés dans cette attitude par le Parti. La XIXe conférence du Parti s'était prononcée sans ambages, en juin 1988, sur la nécessité d'un tel maintien. Pourtant, à y regarder de près, on constate que l'armée est divisée sur ce point et qu'un certain nombre de ses responsables sont enclins à considérer qu'un retour aux unités nationales, loin d'avoir un effet désagrégateur, permettrait peut-être de remédier aux maux les plus criants d'une armée minée par les conflits nationaux. C'est ainsi que le commandant du district militaire balte, le général-lieutenant Kouzmin — élu au Congrès des députés du peuple —, a suggéré que si l'on voulait éviter que l'armée soviétique ne se décompose dans l'hostilité générale, la solution des unités nationales constituerait peut-être un moindre mal[26].

L'inquiétude des responsables soviétiques devant cette extension des troubles ethniques à l'armée s'est aussi exprimée au cours du plénum que le Parti a consacré aux problèmes nationaux en septembre 1989. Le ministre de la Défense s'y est une fois encore attaqué aux « nationalistes, séparatistes et extrémistes qui minent l'armée de l'intérieur ». Cette position, il est clair que le pouvoir soviétique la tient pour sienne.

La volonté de réappropriation de la force armée par les nations répond au demeurant à une double préoccupation. Au souci de rassembler les éléments d'une souveraineté véritable s'ajoute, chez les responsables nationaux, une réelle inquiétude face aux conséquences possibles, sur le plan militaire, d'une confrontation nationale dont le risque ne fait que grandir. Tous redoutent qu'un jour, comme à Tbilissi, la répression ne s'abatte sur leur république et qu'un contingent chargé de rétablir l'ordre n'inclue dans ses rangs des recrues issues de cette même république. La peur de ce qui ressemblerait alors à une guerre civile — les mouvements nationaux sont prêts à tous les sacrifices, mais ne sont pas disposés à laisser leurs compatriotes s'entre-tuer — est partout présente. En évitant pareille perspective par le maintien des jeunes appelés dans la république, celle-ci se doterait aussi de moyens de défense dans l'hypothèse d'une répression militaire.

Ce débat sur l'armée reste quelque peu théorique à Moscou où l'on se méfie des recrues nationales ; de surcroît, le problème d'une réorganisation générale de l'armée — armée de métier ou de conscription — est désormais ouvertement posé. Dans ce contexte, la question du retour aux unités nationales ne présente qu'une importance secondaire. Mais, à la périphérie, il s'agit d'un débat crucial, car, au-delà des problèmes de fond, chaque gouvernement local qui décide de protéger ses propres insoumis doit se demander s'il ne va pas déclencher une réaction violente des chefs militaires soviétiques.

Pour ceux-ci, en effet, une chose est le débat de principe sur l'organisation du service militaire ; une autre est d'assister au développement de l'insoumission, d'autant plus inquiétant que l'effet de contagion sur les recrues russes est considérable. L'armée soviétique, discréditée par les campagnes de presse sur la *dedovchtchina*, apparaît de plus en plus à tous comme un enfer où nul n'est pressé de se rendre[27]. Au-delà même du rapport des nationalités avec l'armée, les comportements d'insoumission qui se multiplient (7 000 cas en 1989) contribuent à couper l'armée du peuple soviétique.

LA RUPTURE AVEC LE P.C.U.S.

Dans une U.R.S.S. en décomposition, le Parti communiste, enfin, restait jusqu'à une période récente le dernier pilier de l'intégration. Mais la confiance en lui comme représentant des intérêts de la société s'est effondrée puisque, selon un sondage effectué en décembre 1989, 4 % seulement des sondés lui accordent encore quelque crédit[28]. En dépit de ce divorce manifeste avec la société, c'est néanmoins au sein du Parti que Gorbatchev engage, le 19 septembre 1989 — près de trois ans après les émeutes d'Alma-Ata —, la première discussion d'envergure sur le problème national[29].

A la fin de sa longue intervention — ce qui ne donne que plus d'importance à ses propos —, Gorbatchev développe le problème des relations entre P.C.U.S. et partis nationaux, problème déjà presque partout résolu sur le terrain par la prééminence des fronts populaires sur les partis. Ce qui n'empêche pas Gorbatchev, comme il le fait souvent, d'avancer des certitudes contradictoires. Le centralisme démocratique authentique, non dévoyé, doit donner, dit-il, plus de liberté d'action aux partis communistes des républiques, en accord, bien entendu, avec la ligne générale du P.C.U.S. Mais, en même temps — et il se montre là-dessus le plus ferme —, Gorbatchev se prononce contre la fédéralisation du P.C.U.S., c'est-à-dire contre une véritable indépendance des partis nationaux. « Ce serait la fin de notre Parti, fondé par Lénine ! » déclare-t-il. Et il est vrai que cette bataille contre les tentatives de fédéralisation du Parti, Lénine l'a menée en son temps avec une rigueur extrême, et l'a gagnée[30] !

Près de quatre-vingts ans plus tard, son disciple Gorbatchev va perdre le même combat. Le P.C. lituanien, qui depuis la victoire électorale de *Saïudis* ne survit qu'en surenchérissant sur son nationalisme, a adopté le 10 juillet 1989 un nouveau programme où il se fait le champion de l'« indépendance de l'État lituanien », et, pour mieux conforter sa nouvelle image, il annonce son intention de tenir un *congrès extraordinaire* où il décidera de sa propre indépendance. L'épisode est d'une importance considérable, car il marque la fin de l'autorité de Moscou sur un parti communiste de la fédération et souligne la faiblesse personnelle de Gorbatchev hors des murs du Kremlin.

Le P.C. lituanien est soumis pendant quelques mois à la double pression du C.C. du P.C.U.S. et de Gorbatchev. Alternant supplications et menaces, celui-ci multiplie les contacts avec le premier secrétaire du P.C. de Lituanie, Brazauskas, pour le convaincre de ne pas aller plus loin dans la voie de la rupture Le 16 novembre, toute la direction du P.C. de Lituanie est convoquée à Moscou pour s'entendre signifier qu'aucun parti ne doit ni ne peut quitter le P.C.U.S. Quinze jours plus tard, Vladimir Medvedev, chargé au Politburo de l'idéologie, arrive à Vilnius, porteur d'un message de Gorbatchev. Devant tous ces avertissements, comment ne pas plier ? Surtout lorsqu'on est à la tête du parti communiste d'une petite nation qui compte moins de quatre millions d'habitants ! Le souvenir de Tbilissi n'est pas si éloigné qu'on puisse négliger ces objurgations répétées et leurs sonorités menaçantes...

Pourtant, le P.C. de Lituanie, réuni en congrès extraordinaire le 20 décembre 1989, vote sans hésiter la rupture avec le P.C.U.S. Première sécession jamais réalisée en U.R.S.S., de surcroît par un parti communiste ! Le dépouillement du scrutin lui-même est révélateur : sur 1 038 délégués, seulement 183 votes négatifs ! Ce chiffre doit être une fois encore rapproché de la composition nationale de la Lituanie : 80 % de Lituaniens. Il est clair que tous les communistes lituaniens délégués au Congrès se sont prononcés pour la rupture[31].

Devant ce score accablant, Gorbatchev réagit non moins violemment que Ligatchev. Tous deux évoquent « l'inquiétude générale des communistes » et « l'inconscience des Lituaniens devant les difficultés qui les attendent », vocabulaire qui n'est pas sans rappeler les propos habituels tenus à la veille d'une réaction brutale de l'U.R.S.S., que ce soit contre ses propres administrés ou en Europe de l'Est.

Ce qui est inédit, dans cette crise, c'est d'abord le

tranquille courage des Lituaniens. Aucune hésitation, comme
le montrent le vote puis l'absence de toute scission (entre
Lituaniens) au sein du parti indépendant. C'est aussi
l'indifférence avec laquelle ils accueillent les pressions de
Moscou. Il est clair que Gorbatchev, dès cette époque, n'a
plus aucune autorité sur le P.C. de Lituanie ni sur la
Lituanie en général. Le pouvoir de décider n'est plus à
Moscou. Autre sujet d'étonnement : hormis les propos
virulents tenus à Moscou par la direction du P.C.U.S., pas
d'autres réactions, ce qui contribue à conforter les nationalistes dans la certitude que, face à leur volonté de
souveraineté, Gorbatchev est en position de faiblesse.

Pourquoi alors d'autres partis n'ont-ils pas suivi le P.C.
lituanien dans la voie de la scission ? Selon toute probabilité, parce que ces partis ne jouissent pas d'un prestige
suffisant, face aux fronts populaires, pour s'engager dans
des combats solitaires dont ils craignent de ne tirer aucun
bénéfice. Au surplus, à peine le P.C. de Lituanie a-t-il
donné l'exemple de l'indépendance que l'Histoire s'accélère.
De l'indépendance du Parti, on passe à l'indépendance de
l'État. La souveraineté ne suffit plus aux républiques les
plus en pointe. Là encore, la Lituanie prend la tête du
mouvement.

David contre Goliath

Si, jusqu'à la sécession du P.C. lituanien, Gorbatchev
pensait être capable de renverser les tendances indépendantistes, après le 20 décembre 1989, il constate la nécessité
de prévenir les événements au lieu de n'agir que lorsqu'ils
sont en train de s'accomplir, voire après. C'est pour cette

raison qu'il se rend en Lituanie, le 11 janvier 1990, précédé par une « grande ambassade » du P.C.U.S. Ni Gorbatchev ni ses collègues n'ont ménagé leur peine, durant cet extraordinaire voyage (depuis 1945, jamais le maître de l'U.R.S.S. n'avait foulé le sol de la Lituanie), pour convaincre les Lituaniens de renoncer à leur rêve de séparation, d'attendre plutôt les résultats de la *perestroïka* qui amélioreraient le sort de toute l'U.R.S.S. Tous les arguments possibles ont été avancés par Gorbatchev : le sort de la *perestroïka*, menacée par le comportement de la Lituanie, l'intérêt économique de cette dernière, dont tout le développement et les structures sont étroitement liés à ceux de l'U.R.S.S. : défaire ces liens reviendrait à appauvrir la Lituanie, laquelle ne pourrait leur substituer des liens avec les pays capitalistes, ceux-ci n'étant pas à même de constituer un marché pour sa production. « L'indépendance vous conduira aux prix du marché mondial, et vous sombrerez ! » prophétise Gorbatchev à la foule venue l'entendre dans un silence glacial. A cette menace de désastre économique s'ajoute un chantage à peine dissimulé. L'U.R.S.S. a doté la Lituanie de ports, nécessaires à la communauté soviétique tout entière, mais dont cette république tire des revenus considérables en devises fortes. Pour Gorbatchev, les Lituaniens ne peuvent ignorer l'immense préjudice que leur indépendance causerait à l'U.R.S.S. dont les installations militaires et navales seraient remises en cause, ainsi qu'aux individus qui ne souhaiteraient pas rester dans un État ultranationaliste, voire chauvin. Tout cela, en cas de séparation, devrait faire l'objet d'indemnisations.

Plus explicite encore que Gorbatchev, un article publié

au même moment évalue le prix des ports[32]. L'U.R.S.S. peut-elle abandonner ses investissements à l'égoïsme litua-nien ? N'est-elle pas comptable de ce que tout le pays lui a sacrifié ?

La pression économique et l'argument de la dette à rembourser en cas de sécession sont explicites dans le discours de Gorbatchev. Mais, non content de manier un lourd gourdin, celui-ci y ajoute une carotte, au demeurant peu séduisante pour ses interlocuteurs : l'U.R.S.S. va devenir une « vraie fédération », ce qu'elle n'a jamais été, admet-il. Et elle va voter une loi organisant le droit à la sécession, qui permettra aux Lituaniens d'agir, s'ils le souhaitent encore, dans la légalité[33].

Écouté poliment par ses divers auditoires, Gorbatchev, à l'évidence, ne les a guère impressionnés, qu'il s'agisse des responsables ou des foules. Le rêve d'indépendance — *nezavisimost'* — a remplacé l'idée de souveraineté. Les élections locales du printemps 1990 ont permis à *Saïudis* de remporter un grand succès sur un programme d'indé-pendance pour un État de Lituanie neutre, totalement séparé de l'U.R.S.S.

Ces élections sont fort significatives. D'abord parce qu'elles ont été une véritable confrontation entre partis politiques déjà très organisés (deux P.C., l'un indépendant, l'autre lié au P.C.U.S., un parti social-démocrate, un parti chrétien-démocrate, un parti écologiste). *Saïudis*, qui n'est pas un parti politique à proprement parler, soutenait pour l'essentiel des candidats indépendants ou des candidats d'autres partis se réclamant de son programme. Malgré tous les efforts du P.C. indépendant pour défendre ses positions (Brazauskas avait opté pour un programme proche de celui de *Saïudis*, avec des nuances : indépendance complète, mais maintien de la république, dotée d'un statut spécial, dans l'U.R.S.S.), *Saïudis* l'emporta de manière écrasante, et les quelques communistes élus le furent non en tant que tels, mais parce que *Saïudis* les avait soutenus.

Le Soviet suprême de la république, issu d'un suffrage universel réellement libre et pluraliste, avait donc un mandat indiscutable : mener à son terme l'indépendance. Réuni le 11 mars 1990, il vota à la quasi-unanimité (124 voix pour et 6 abstentions) le rétablissement de l'indépendance, en réaffirmant la validité du vote de 1918 afin d'assurer la continuité historique avec l'État lituanien, indépendant jusqu'en 1940.

L'unanimité caractérisa aussi le vote sur le changement de dénomination de la république, qui cessait d'être *socialiste* et *soviétique* pour redevenir *république de Lituanie* ; celui qui transformait le Soviet suprême en Conseil suprême ; enfin, l'élection de Vitautas Landsbergis à la présidence. Le nouveau président annonça qu'il allait demander la reconnaissance de l'indépendance recouvrée à Moscou, et il déclara d'emblée que toute demande soviétique de réparations financières provoquerait en retour des demandes de réparations pour la Lituanie. Le premier acte du Conseil suprême destiné à marquer l'indépendance fut l'adoption, le 13 mars 1990 — jour de l'élection de Gorbatchev à la présidence de l'U.R.S.S. —, d'une loi libérant les Lituaniens du service militaire dans l'armée soviétique. La situation était on ne peut plus claire : le droit était du côté de la décision de la Lituanie, Moscou n'avait qu'à l'entériner.

La réaction soviétique fut marquée par l'humeur davan-

tage que par l'intelligence de l'événement. « Illégal »,
« inquiétant », « inadmissible » — Gorbatchev, Ligatchev,
tous les responsables soviétiques usèrent du même vocabulaire pour répondre à la déclaration d'indépendance,
même si Ligatchev prit la précaution d'annoncer d'emblée
que l'usage de la force était exclu. Mais, pour Gorbatchev,
il n'y avait rien à négocier, puisque l'U.R.S.S. ne négocie
qu'avec des États étrangers, ce que la Lituanie, à ses yeux,
n'est pas. Pour lui, jusqu'à nouvel ordre, elle fait toujours
partie de l'U.R.S.S.

Le 15 mars, le Congrès des députés du peuple lui
apporte son renfort en refusant de reconnaître la validité
de la déclaration d'indépendance à une écrasante majorité
(1 463 voix pour cette motion, 94 contre et 128 abstentions). La Lituanie paraît très isolée, coupable d'avoir fait
un pas de clerc. Gorbatchev lui lance alors un ultimatum :
qu'elle se range à la position du Congrès des députés du
peuple et reconnaisse l'illégalité de sa déclaration dans un
délai de trois jours ; à partir de là, on pourrait envisager,
si la Lituanie le demande par référendum, l'ouverture d'une
négociation sur un long processus de sécession dont les
modalités resteront à définir.

Dans cette confrontation entre Moscou et Vilnius, ouverte
le 11 mars, Moscou s'inquiète surtout des suites. L'indépendance décidée par les Lituaniens, relativement prudents
l'année précédente, ne va-t-elle pas gagner aussitôt l'Estonie, qui a été d'abord en tête de ces mouvements ? Puis la
Lettonie ? Comment isoler la Lituanie ? Comment effrayer
ceux qui seraient tentés de suivre son exemple, les en
dissuader ? Questions urgentes, car si les deux autres États

baltes manifestent en effet une certaine prudence, leurs orientations à venir ne laissent guère de place au doute.

L'Estonie suit un chemin particulièrement original. Au lendemain des élections du printemps 1990, les Estoniens se sont donné deux assemblées. L'une est le Soviet suprême, élu dans le cadre des lois soviétiques ; l'autre, le Congrès d'Estonie, dont l'élection a été organisée par des comités de citoyens. Mais, en fait, le Congrès d'Estonie est d'emblée perçu comme le Parlement légal de la future république. Étranger à la légalité soviétique, il a pourtant été immédiatement accepté par le Soviet suprême, institution soviétique. Parmi ses membres se trouvent les grandes figures de la vie politique estonienne, la plupart des élus estoniens au Congrès des députés du peuple, telle la présidente du Front populaire, Marilu Lauristin, et bien d'autres.

Le Congrès d'Estonie affirme l'*existence ininterrompue* de l'État estonien (puisque son annexion n'a pas été reconnue par un grand nombre d'États), il a pour programme le rétablissement de la république sur la base du traité signé à Tartu en 1920 avec le jeune État soviétique, dirigé alors par Lénine. Puisque Gorbatchev se réclame de Lénine, qu'il se montre fidèle aux traités de celui-ci ! Le 12 mars, le Congrès estonien adresse au Congrès des députés du peuple de l'U.R.S.S. une déclaration réclamant la restauration *de facto* de la république et l'ouverture immédiate de négociations pour régler tous les problèmes liés à l'indépendance recouvrée. Le Soviet suprême de la république lui emboîte le pas, crée une commission chargée de négocier l'indépendance avec Moscou et ne se sépare du Congrès que sur un point tout théorique : y a-t-il eu

ou non interruption de la vie de la république ? y a-t-il
continuité entre l'État de 1918 et l'État indépendant de
1990 exerçant sa souveraineté sur le même territoire et la
même population ?

Au demeurant, le Soviet suprême oublie très vite ces
quelques points de friction et finit par se ranger à la
position du Congrès. Le 30 mars, par 73 voix favorables
et 3 abstentions, il déclare que l'État estonien n'a jamais
cessé d'exister *en droit*. Son statut a été, selon lui, celui
d'un « État occupé », et il ajoute qu'une proclamation
d'indépendance n'est pas adéquate, puisqu'elle reviendrait
à conférer une légitimité au gouvernement d'occupation.
Par cette déclaration, le Soviet suprême ouvre aussi une
période transitoire qui doit se prolonger jusqu'à ce que les
institutions de l'État indépendant puissent fonctionner
normalement. Certes, ce n'est pas là une déclaration
d'indépendance formelle de type lituanien. Mais l'esprit
qui l'anime est le même. De plus, l'alignement total du
Soviet suprême sur le Congrès montre le triomphe d'institutions qui sont déjà post-soviétiques. Le pouvoir estonien
affirme également qu'il n'a plus d'obligations militaires vis-
à-vis de l'U.R.S.S. et qu'il assurera la protection de ses
insoumis. Le conflit entre les Constitutions de l'U.R.S.S.
et de l'Estonie est donc ouvert.

Malgré le handicap d'une forte population russe, la
Lettonie n'est pas en reste ! Le 15 février 1990, son Soviet
suprême vote par 177 voix contre 48 une déclaration, plus
pondérée que les autres, affirmant cependant la nécessité
de restaurer un État letton indépendant.

Trois positions distinctes, donc, où la Lituanie se trouve
en avance par rapport aux deux États voisins ; mais,

partout, l'indépendance déclarée ou enclenchée est fondée sur un mandat populaire explicite (Lituanie, Estonie) ou sur un vote parlementaire à une très forte majorité (Lettonie).

Était-il temps encore, pour Moscou, d'intimider Estoniens et Lettons en menaçant cette dernière ? Pouvait-on encore faire reculer la Lituanie par la menace ?

Goliath empêtré

Contre l'indépendance lituanienne, Moscou va déployer un prodigieux arsenal : le droit soviétique, la pression économique, la pression militaire et la menace d'une amputation territoriale.

L'ARME DU DROIT SOVIÉTIQUE

Lors de son voyage en Lituanie, Gorbatchev avait annoncé qu'une loi sur la sécession était en préparation. L'agenda du Congrès des députés du peuple atteste au contraire que cette loi ne devait être débattue qu'en fin de session. La déclaration du 11 mars la rend urgente. Le Congrès se saisit aussitôt du projet et vote un texte organisant les modalités de la sécession, le 4 avril 1990[34]. Fort de cette loi, Gorbatchev objecte aux Lituaniens qu'ils sont en contradiction avec le droit, puisque la loi du 4 avril ne prévoit pas le cas de déclaration d'indépendance unilatérale. Les Lituaniens sont donc conviés à revenir à la case « départ », à dénoncer leur déclaration du 11 mars et à entamer le long parcours prévu par la loi.

Non content d'opposer cette loi sur la sécession à la

Lituanie, le pouvoir soviétique invoque le droit international — notamment la Convention de Vienne du 23 avril
1978, dont l'U.R.S.S. est signataire. Cette convention fait
obligation à l'État qui s'autodétermine de respecter les lois
en vigueur dans l'État dont il fait partie et qu'il veut
quitter. Et Moscou de brandir la nouvelle loi du 4 avril[35] !

La réponse lituanienne est doublement pertinente. Tout
d'abord, la Lituanie affirme que la sécession n'est applicable
(aux termes mêmes de la Constitution) qu'aux pays qui
ont adhéré *librement* à l'U.R.S.S., ce qui n'est pas son cas.
Pays annexé par la force, comme ses deux voisins baltes,
la Lituanie n'entre pas dans la catégorie des États décrits
par l'article 70 de la Constitution soviétique. De surcroît,
elle objecte que sa déclaration d'indépendance est conforme
à l'article 72 de cette Constitution : « Chaque république
conserve le droit de se séparer librement de l'U.R.S.S. »,
et ne contrevient pas à la loi sur la sécession, puisque
celle-ci n'existait pas le 11 mars 1990. Sur le plan
international, la position de la Lituanie est d'autant plus
difficile à contester que la plupart des grandes nations
n'ont jamais reconnu son incorporation à l'U.R.S.S., ce que
le président Giscard d'Estaing a encore rappelé en 1975,
lors de la signature de l'acte final d'Helsinki.

Ce sera d'ailleurs la position adoptée prudemment par
la plupart des États occidentaux en 1990 (États-Unis et
France en tête). A la demande de reconnaissance de la
Lituanie, ils répondront en toute logique qu'il ne leur est
pas possible de reconnaître une indépendance qu'ils ont
toujours considérée comme juridiquement maintenue, même
si elle a été supprimée *de facto*.

Si, en droit, la Lituanie campe ainsi sur un terrain plus

solide que Moscou, dans la réalité, la force n'est pas de son côté. Et cela explique que, refusant de perdre du temps en arguties juridiques, Gorbatchev ait préféré se consacrer à faire pression sur les rebelles.

LES PRESSIONS ÉCONOMIQUES

Les pressions économiques sont faciles à appliquer. L'interdépendance économique est la règle en U.R.S.S. Par un blocus approprié, Moscou peut donc asphyxier la république, même si Gorbatchev a souligné d'emblée qu'il n'entendait pas la réduire à la famine. Le blocus, qui concerne essentiellement les produits énergétiques et des matières premières, fait peser une contrainte considérable sur les capacités productrices et la vie quotidienne de la république. Moscou menace aussi de s'opposer à toute exportation de biens de la Lituanie à destination du reste de l'U.R.S.S., ce qui affecterait immédiatement son budget[36]. Pour autant, l'efficacité du blocus n'est pas totale. Les Lituaniens fournissent aussi à l'U.R.S.S. des biens de consommation, alimentaires notamment ; dans la pénurie générale, leur absence ne pourrait qu'aggraver les effets de la crise économique.

Pour que le blocus soit réel, l'U.R.S.S. doit de surcroît s'assurer qu'elle est suivie par tous les partenaires économiques de Vilnius, en premier lieu l'Estonie, la Lettonie et la Biélorussie voisines par où transitent les produits pétroliers à destination de la Lituanie, et le monde extérieur. Il faudrait aussi priver la Lituanie du revenu en devises fortes qu'elle tire du trafic de ses ports.

Moscou s'est employé efficacement à décourager toute

aide extérieure (la Pologne a jugé sage, dans un premier temps, de ne pas bouger ; les États occidentaux aussi), et à interdire aux navires et aux touristes l'accès des côtes et des frontières de la république. Mais ces mesures, l'expérience historique en témoigne, ont en général une portée limitée, surtout lorsqu'elles ne réussissent pas d'emblée à intimider les pays qui les subissent. Or ce qui est remarquable, c'est la détermination des Lituaniens et leur mépris affiché pour les problèmes matériels nés du blocus. A cet égard, la cohésion de la société autour du pouvoir indépendant rappelle la mobilisation anglaise face au *Blitz* de 1940.

Les pressions militaires

Les pressions militaires sont plus difficiles à supporter, car on ne peut jamais savoir s'il s'agit d'une simple intimidation ou d'une marche à l'intervention militaire totale. Moscou n'a cessé, depuis le 11 mars, de souffler le chaud et le froid. Après que ses responsables politiques eurent déclaré que tout recours à la force était exclu, le maréchal Akhromeev, conseiller de Gorbatchev pour les affaires militaires, adoptait la position inverse : « Je n'ai pas peur d'utiliser la force si cela est nécessaire[37] », déclare-t-il. La menace est d'autant plus sérieuse que les troupes soviétiques n'ont pas à effectuer de grands mouvements pour se rendre en Lituanie : elles s'y trouvent, de même que les troupes du M.V.D. Elles s'y sont d'ailleurs livrées à quelques opérations spectaculaires : défilés de blindés dans les rues de Vilnius, prise de contrôle de certains édifices publics, et surtout opérations « coups de poing » pour s'emparer, dans les hôpitaux où ils étaient abrités, des insoumis. Mais, comme pour le blocus, la menace militaire n'est jamais menée à son terme. De temps en temps, un responsable soviétique — Gorbatchev au sommet d'Ottawa, le 30 mai, par exemple — laisse entendre qu'il est prêt à user de la force. Mais, à trop agiter cette menace sans la mettre à exécution, les responsables soviétiques nourrissent le doute. Les Lituaniens, qui avaient pris la décision assez théorique de ne pas paraître effrayés, en ont peu à peu conclu qu'ils n'avaient nulle raison de l'être, et que ces menaces étaient au moins autant destinées à préserver la dignité de l'U.R.S.S. qu'à les faire plier.

LA MENACE TERRITORIALE

L'arme de la dislocation territoriale est peut-être en dernier ressort la plus inquiétante, car elle ouvre la porte à des conflits ultérieurs entre nations voisines.

Deux problèmes territoriaux furent soulevés à Moscou dès le 11 mars : l'avenir de Kaliningrad — l'ex-Kœnigsberg —, dont l'accès pour la Russie se trouve remis en cause par l'indépendance lituanienne, et surtout le sort de Vilnius et Klaipeda que l'U.R.S.S. avait rattachés à la Lituanie en 1940, lors de son annexion[38]. Ce qui est ici en question, ce sont des districts qui se trouvaient en 1939 sous souveraineté polonaise et qui, lorsque l'U.R.S.S. annexa la Biélorussie occidentale en 1945, auraient dû, pour des raisons historiques évidentes, être incorporés à la république soviétique de Biélorussie. La frontière lituano-biélorusse, tracée en 1940 et complétée à la fin de la guerre, intègre ces districts et essentiellement Vilno (ou encore Wilna), devenue Vilnius, au territoire de la république socialiste sovié-

tique de Lituanie. Jusqu'en 1990, nul en Biélorussie ne
s'était avisé qu'il y avait là matière à contestation, et l'on
ne peut douter que la soudaine ardeur des Biélorusses à
revendiquer des territoires situés en Lituanie a été allumée
à Moscou. Cette ardeur se traduit par une demande
officielle du Soviet suprême de Biélorussie, adressée à
Vilnius, de reconsidérer le tracé de la frontière. Pour les
Biélorusses, il va de soi que si les Lituaniens quittent
l'U.R.S.S. parce qu'ils rejettent les conséquences des accords
de 1939 et 1940, les Biélorusses n'ont pas davantage de
raisons de se sentir liés par ces accords qui les privent
d'une partie de leur territoire.

La Lituanie peut-elle envisager tout à la fois de perdre
Vilnius, plusieurs districts, le port de Klaipeda, et d'être
traversée par un couloir reliant la Russie à Kaliningrad ?
Les responsables lituaniens ont repoussé sans les discuter
ces menaces territoriales. Pour autant, ils ont bien compris
qu'il ne leur était pas possible de les traiter à la légère,
car, sur ce point, le droit n'est pas entièrement de leur
côté.

Dès qu'elle a avancé résolument dans la voie ouverte
par la Lituanie, l'Estonie a fait l'objet de menaces similaires.
Interfront, qui rassemble les Russes estoniens, a annoncé
en effet qu'en cas de sécession formelle, les Russes
réclameraient à leur tour le droit de se séparer de l'Estonie
pour former, dans le Nord-Est qu'ils peuplent, une région
rattachée à l'U.R.S.S. Dans un second temps, ils y ont
ajouté la région de Tallin. Même si l'Estonie ne peut
envisager de perdre ainsi une partie de son territoire, ses
responsables ont accueilli avec sang-froid ce projet dans
lequel ils ont soupçonné une pression indirecte de Moscou

plutôt qu'une menace sérieuse émanant de la communauté russe[39].

Vers la sécession

En dépit de toutes les mises en garde, Estonie et Lettonie ont, en l'espace de deux mois, rejoint la Lituanie. Fidèle à la conception prudente qui a présidé à toutes ses démarches en ce domaine, l'Estonie s'est contentée d'accumuler les décisions confortant sa déclaration du 30 mars : refus de remplir des obligations militaires communes ; refus de contribuer davantage au budget de défense et de maintien de l'ordre (K.G.B. en premier lieu) de l'U.R.S.S. ; instauration par la loi du 16 mai d'un statut transitoire aux termes duquel la légalité soviétique et le système judiciaire de l'U.R.S.S. cessent de s'appliquer. Symboliquement, après s'être redonné le nom traditionnel de la république, l'Estonie a déboulonné les statues de Lénine. Enfin, des communistes pro-soviétiques et des provocateurs ayant tenté de prendre d'assaut le siège du gouvernement, les autorités ont mobilisé une milice nationale — largement composée d'insoumis ou de conscrits potentiels — et l'ont chargée du maintien de l'ordre public, voire, le cas échéant, de la défense de l'État.

La Lettonie s'est voulue plus formelle. Le 4 mai 1990, le Soviet suprême a proclamé par une loi l'indépendance de la république au cours d'une séance solennelle à laquelle le président de la Lituanie avait été convié, sa présence symbolisant la solidarité et la communauté des choix baltes[40].

Comme l'Estonie, la Lituanie a mobilisé des jeunes gens

pour constituer une garde nationale, armée potentielle, qui
ne pourrait être très efficace face à une intervention
militaire, mais qui témoigne, comme la garde estonienne,
de la détermination de la république à défendre par tous
les moyens son indépendance recouvrée.

Le 12 mai, les présidents des trois États baltes, réunis à
Tallin, ont restauré le *Conseil des États baltes*[41] qui existait
avant guerre. Ce Conseil est chargé d'organiser en commun
le passage de l'indépendance formelle à l'indépendance
réelle, et contribuera à développer une véritable coopération entre les trois États. Mais c'est avant tout pour
pouvoir présenter un front commun à l'extérieur que les
Baltes l'ont ressuscité. Sitôt installé, le Conseil a demandé
à Mikhaïl Gorbatchev d'ouvrir des négociations en vue de
normaliser les rapports entre les trois États et l'U.R.S.S.,
et de régler tous les problèmes liés à la séparation. Il a
aussi demandé aux signataires de l'acte final d'Helsinki que
la C.S.C.E. veuille bien accueillir les Baltes, d'abord à titre
d'observateurs, et serve de cadre à leurs indépendances
rétablies.

Ignorées par les signataires de l'acte final, les démarches
des Baltes ont été entendues à Moscou. Pas plus qu'en
mars, Mikhaïl Gorbatchev ne se montre disposé, en mai, à
accepter ces indépendances décidées unilatéralement — du
moins le dit-il. Il dénonce l'inconstitutionnalité des démarches
estonienne et lettone, et charge les procureurs des républiques d'assurer dans les États baltes, sous l'autorité de la
Procurature de l'U.R.S.S., le respect de la Constitution
soviétique et des lois fédérales. Accompagnées de l'insinua-
tion que des sanctions économiques pourraient également
frapper la Lettonie et l'Estonie, ces dispositions sont, de

prime abord, difficiles à interpréter. Menaces réelles ou
tentatives destinées à gagner du temps dans l'attente d'une
négociation qui sauverait les apparences de part et d'autre ?

Sans doute la position officielle de Moscou s'exprime-
t-elle dans une première étape par une réelle intransigeance
verbale. Comme il le fait depuis le 11 mars, Gorbatchev
maintient que les États baltes sont dans l'illégalité, que
leur statut est une affaire interne à l'U.R.S.S. et ne peut
en aucune manière relever d'une négociation, puisque la
négociation s'applique aux relations entre États, non aux
relations internes d'un État. Que les États baltes renoncent
à leur indépendance, se replacent dans le cadre de l'U.R.S.S.
et de sa Constitution, et un compromis pourra alors être
trouvé.

Pour radicale que soit cette position, elle suscite néanmoins le doute. S'il convie les Baltes à s'incliner devant la
force de Moscou, Gorbatchev entrouvre déjà certaines
portes. Il le fera davantage encore après le sommet soviéto-
américain. Cette chronologie est d'ailleurs aisée à
comprendre : Gorbatchev ne pouvait rencontrer le président Bush après avoir fait des concessions aux Baltes, sous
peine de paraître céder d'avance aux « préoccupations »
des États-Unis. Qui se rend à un sommet en position
d'extrême faiblesse, en s'étant déjà défait de ses principales
cartes ? Mais, au lendemain de la rencontre, fort de ce
qu'aucune pression réelle en faveur des Baltes ne s'est
officiellement exercée sur lui, il lui est loisible de préparer
les voies de l'apaisement.

Le 12 juin, il reçoit à Moscou les trois présidents des
Soviets suprêmes baltes et leur suggère de *geler* leurs
déclarations d'indépendance pour permettre à la négocia-

tion de commencer. En apparence, rien n'a changé, mais le pas est néanmoins considérable. D'abord, les « geler » n'est pas dénoncer ces déclarations. Celles-ci subsistent, même si, durant une période transitoire, les gouvernements baltes s'engagent à ne pas prendre de dispositions contraires à la loi soviétique. De plus, Mikhaïl Gorbatchev adopte une position souple sur la procédure de sécession et admet qu'elle peut être plus rapide que ne le prévoient les textes. Le président du Conseil suprême letton, Anatoli Gorbounov, a sans doute raison lorsqu'il constate que la proposition de Gorbatchev équivaut à une reconnaissance implicite de l'indépendance. On ne peut « geler » que ce qui existe. Et les responsables de Lituanie, jusqu'alors intraitables, ont aussi raison d'accepter le principe de ce « gel » dès lors que l'U.R.S.S. renonce au blocus économique.

La voie est libre pour une solution négociée, non de la « crise balte », mais bel et bien de la sécession des États baltes. David et Goliath sont en apparence à égalité. Mais le David balte était si mal parti, trois mois auparavant, que le seul fait d'avoir survécu constitue déjà pour lui une incontestable victoire. Au demeurant, tout incite Moscou à éviter de prolonger un conflit dont les conséquences sur le reste de la fédération sont déjà désastreuses.

Le « modèle » balte

Le 11 mars, la déclaration d'indépendance de la Lituanie a été accueillie avec scepticisme dans toutes les républiques où le geste spectaculaire du Parlement de Vilnius a été taxé d'imprudence. L'importante majorité qui, à Moscou, vote la loi sur la sécession, loi qui contraint la Lituanie à reculer, témoigne de la solitude initiale des Baltes. Plus encore, les hésitations des Estoniens et des Lettons à emprunter le chemin que les Lituaniens ont ouvert a certainement inspiré à Moscou l'idée qu'en maniant adroitement menaces et offres de paix, il était possible d'éviter la formation d'un front balte unifié.

Mais, rapidement, l'erreur de calcul est manifeste. Estoniens et Lettons préfèrent l'imprudence, au risque de paraître divisés et, par là, vulnérables ; après un bref temps d'hésitation, ils multiplient d'ailleurs les gestes de solidarité envers Vilnius. Des marques de soutien analogues viennent du reste de l'U.R.S.S. où les fronts populaires — tel le RUKH —, mais aussi des autorités officielles — Soviet de Moscou, par exemple — organisent des manifestations en faveur de la Lituanie. Le Front populaire de Biélorussie s'est montré à cet égard particulièrement actif en prenant position contre le gouvernement de cette république et contre ses exigences territoriales en Lituanie.

Les Baltes sont redevables au Front de Biélorussie de la mobilisation générale des fronts populaires en leur faveur et de l'élaboration de deux projets également inquiétants pour Moscou : une « Union politique des républiques occidentales de l'U.R.S.S., allant de l'Estonie à la Moldavie », et un Marché commun couvrant le même espace[42].

Dans les États musulmans, le sentiment de solidarité n'est pas moindre. Il s'exprime par des manifestations de soutien et par des actes spectaculaires organisés par les fronts populaires. Pour l'Ouzbékistan, *Birlik* adresse une lettre ouverte de soutien à la cause lituanienne aux dirigeants soviétiques, aux responsables de toutes les républiques et aux Nations unies. Tous les mouvements informels et partis politiques d'Azerbaïdjan se regroupent pour proposer à leur république et aux autres d'aider la Lituanie « à payer sa rançon à l'U.R.S.S. », si elle s'y trouve contrainte, et d'entrer en contact diplomatique avec elle[43].

Aussi longtemps que ce soutien émane d'organisations politiques au statut encore mal défini, Moscou peut s'en accommoder. Mais, progressivement, gouvernements et autorités officielles s'alignent sur les fronts. La Moldavie, la Biélorussie, la Géorgie, par le canal de leurs Soviets suprêmes issus des élections de 1990, reconnaissent solennellement le droit des Baltes à s'autodéterminer et la légalité de la procédure qu'ils ont employée, puisque leur indépendance a été déclarée par des parlements librement élus.

Le 31 mai, c'est aussi un élu issu des dernières élections qui accomplit un geste décisif. Gavril Popov, nouveau maire de Moscou, annonce son intention d'établir des relations commerciales directes avec la Lituanie en vue d'approvisionner la capitale. A Leningrad, c'est aussi le maire nouvellement élu, A. Sobtchak, qui engage le 26 juin des pourparlers politiques et économiques avec le gouvernement d'Estonie. Enfin, sitôt élu président du Soviet suprême de la Russie, Boris Eltsine fait part de son intention de conclure un traité de coopération avec les États baltes.

A l'extérieur, en dépit de la prudence générale, l'étau de glace qui enserrait les États indépendants commence à fondre. La Pologne fournit des matières premières à la Lituanie. Et Vaclav Havel, nouveau président de l'État tchécoslovaque, reçoit le président Landsbergis à Prague.

Même si François Mitterrand et Helmut Kohl appellent

alors la Lituanie à négocier, il est clair que leur message incite les deux parties à un dialogue raisonnable. Ce message constitue aussi une reconnaissance implicite du caractère international de la confrontation entre Moscou et les États baltes. C'est exactement la thèse de Vilnius, c'est ce qui fonde son appel à une négociation sur une indépendance qui ne regarde que la Lituanie. Enfin, quand le Conseil des États baltes s'adresse à la C.S.C.E. et aux Nations unies, il devient patent que l'une et les autres — mais surtout la C.S.C.E. — ne pourront durablement ignorer ces États. L'isolement balte est bien près de n'être plus qu'un souvenir, et Moscou se trouve déjà en position défensive.

Le « modèle balte » n'a pas seulement eu raison des sceptiques, il fait aussi des disciples. Dans sa marche à la sécession, la Géorgie reprend à son compte l'argumentation générale des Baltes, espérant entrer par là dans une « voie internationale » d'accès à l'indépendance, au lieu d'être soumise à la procédure si difficile de la sécession. Invoquant les conditions de son entrée dans le système soviétique, elle affirme que le gouvernement légal n'a jamais abandonné ses fonctions et qu'elle n'a pas adhéré librement à l'Union. Du coup, la sécession ne la concerne pas plus qu'elle ne concerne l'Estonie. S'il est douteux que le cas géorgien soit assimilé par Moscou à celui des Baltes — librement ou non, la Géorgie a adhéré au pacte d'union qui fonda l'U.R.S.S. le 30 décembre 1922 —, cette démarche ne laisse pas d'être inquiétante pour Moscou car elle révèle que les républiques sont aux aguets de tout ce qui se passe en U.R.S.S. et au-dehors pour en tirer argument en faveur de leur propre cause.

Les événements qui ont bouleversé l'espace politique est-européen — frontières brisées, frontières changées, peuples qui se retrouvent — ont connu un fantastique écho à la périphérie soviétique, qui ne peut qu'y renforcer la marche aux indépendances. Les Moldaves posent à cet égard un très sérieux problème à Moscou. Sans doute les incertitudes qui pèsent sur la politique roumaine peuvent-elles les inciter un temps à la patience. Mais les manifestations populaires à la frontière, les expéditions de petits groupes qui tentent de cisailler les barbelés séparant la Moldavie de la Roumanie (toute la révolution dans l'Est européen n'a-t-elle pas commencé par le démantèlement des barbelés frontaliers entre Autriche et Hongrie ?) témoignent que le rêve de la réunification prend corps en Moldavie. Ce processus de réunification n'est-il pas, en cette fin de siècle, la perspective qui s'ouvre aux peuples séparés en 1945 ?

Le même rêve habite les Caréliens de Finlande, séparés de leurs frères quand l'U.R.S.S., à l'issue de la guerre soviéto-finlandaise, s'est approprié en 1945 une partie importante du territoire de la Carélie. A l'heure des revendications d'unité, les Caréliens de Finlande pressent leur président d'exhorter l'U.R.S.S. à accepter pour eux ce qu'elle a accepté pour l'Allemagne. Quatre-vingt-un mille Caréliens vivent dans la république autonome de Carélie, soit le dixième de sa population[44]. Leur nombre décroît d'année en année, et leurs compatriotes de Finlande ont beau jeu de plaider qu'à rester en U.R.S.S., ils disparaîtront bientôt totalement. Si l'on imagine mal le gouvernement finlandais exigeant de Moscou le retour de ce territoire perdu, on pouvait en revanche s'attendre que les Caréliens d'U.R.S.S. s'organisent pour réclamer la souveraineté de la Carélie. Compte tenu du nombre peu élevé de Caréliens, la menace qui pèse ici sur Moscou n'est pas considérable. Mais, dans l'ébullition nationale de l'U.R.S.S., Moscou souhaite-t-il ajouter une nouvelle crise, si marginale soit-elle, à celles qui ébranlent déjà le pays ?

Tout plaide donc, dans le cas balte, en faveur d'un apaisement auquel il faudra néanmoins du temps et une solide volonté de compromis. Quelle que soit l'issue de la négociation qui s'engage entre Gorbatchev et les États baltes, la crise ouverte par la volonté de ces derniers de recouvrer leur indépendance perdue en 1940 aura à jamais transformé l'Union soviétique. C'est cette crise qui a signé la fin du fédéralisme, contraint le pouvoir soviétique à rechercher de nouvelles formules pour organiser les relations à l'intérieur de ce qui fut l'Empire, et à admettre que la possibilité de s'en séparer existe, même si elle s'accompagne de conditions très difficiles.

De cette crise, que retenir ?

D'abord, que le comportement du pouvoir central, celui de Gorbatchev lui-même, en aura constitué un élément décisif. A trop longtemps ignorer ce qui se passait à la périphérie, ces aspirations nationales montantes qui, au début, ne dépassaient pas la revendication d'autonomie réelle, Gorbatchev a exaspéré les passions, conduit certaines républiques à considérer qu'aucun changement ne venant du centre, il leur revenait de tout changer, et de le faire radicalement[45]. A cet égard, le geste de rupture définitive de la Lituanie est inséparable de la politique d'attentisme aveugle adoptée à Moscou.

Gorbatchev a joué ici un jeu double, contradictoire, dont les Lituaniens ont tiré la leçon. En reconnaissant à Vilnius que la fédération soviétique n'était qu'un mythe, qu'elle était encore à construire, il semblait s'engager à accorder aux républiques les pouvoirs réels qu'elles n'avaient jamais obtenus. Mais, dans le même temps, alors qu'on attendait à la périphérie une véritable déconcentration des pouvoirs, Gorbatchev fit voter à la hâte par le Congrès des députés du peuple la réforme politique instituant en U.R.S.S. un pouvoir présidentiel. Or cette présidence qu'il a passionnément voulue et imposée représente une autorité centrale considérable. Le président de l'U.R.S.S. a la capacité de placer à tout moment n'importe quelle partie du territoire soviétique sous un régime d'exception, la *loi présidentielle* qui, pour un temps, se substitue à toute autre autorité. Comment concilier la souveraineté réelle des républiques et un président tout-puissant qui peut, s'il le juge nécessaire, s'y arroger tous les pouvoirs ?

Les Lituaniens ont parfaitement compris cette contradiction. Ils ont compris qu'en imposant la présidence avant de procéder à la moindre réforme de la fédération, Gorbatchev préparait une « fédération présidentielle » dont il pourrait dessiner à sa guise les contours. L'opposition à cette conception autoritaire du futur système soviétique n'est d'ailleurs pas venue que de la périphérie. En Russie même, Boris Eltsine a clairement exposé les données du problème : créer un pouvoir présidentiel sans connaître l'espace où il s'appliquerait ni les conditions dans lesquelles les républiques accepteraient d'être intégrées à cet espace aboutirait à coup sûr à accélérer la dislocation du pays. Et, de fait, convaincus qu'une fois la présidence créée et à même de dicter sa définition du cadre fédéral, les possibilités de sortie de la fédération seraient réduites, les Lituaniens se sont empressés de la quitter avant même que l'institution de la présidence ne soit votée. Alors que l'on avait pu voir une extrême imprudence dans la démarche lituanienne — et, à court terme, elle s'exposait en effet à cette critique —, sur le long terme, c'est par prudence, au contraire, que les Lituaniens ont joué leur va-tout.

La confrontation dans laquelle ils s'engageaient était sans doute dangereuse, car rien, hormis l'esprit de compromis manifesté par l'U.R.S.S. en Europe de l'Est, n'était de nature à les rassurer. Mais ce qui était acceptable pour Moscou hors des frontières soviétiques l'était-il à l'intérieur de celles-ci ? Était-il tolérable à ses yeux que chaque république revendiquât le droit d'être traitée comme la Pologne ou la Hongrie ? Les Lituaniens pensaient disposer d'un argument susceptible d'apaiser Moscou sur ce point. En invoquant les conditions de leur incorporation à l'U.R.S.S. — en 1940, alors que le traité d'Union, lui, avait été signé en 1922 —, ils offraient une ligne de défense à Gorbatchev : ce qui vaut pour les États baltes ne vaut pas pour ceux qui, en 1922, de bon ou mauvais gré, fondèrent ensemble la fédération soviétique. En rejetant cet argument, en plaçant la Lituanie sur le même pied que les autres républiques, Gorbatchev se donnait certes, dans l'immédiat, la possibilité de récuser ses prétentions à l'indépendance ; mais, à plus long terme, il autorisait toutes les républiques, dans l'hypothèse où la Lituanie réussirait sa sortie, à opter pour ce modèle et à décider seules de leur destin. Des

Lituaniens ou de Gorbatchev, qui a été en l'occurrence le plus imprudent[46] ?

Le problème de la prudence resurgit aussi à l'heure où s'ouvre la négociation[47]. En acceptant un moratoire qui gèle pour un temps déterminé les effets de l'indépendance, la Lituanie pousse-t-elle son avantage, par l'ouverture même de la négociation, ou bien donne-t-elle à Gorbatchev une chance de gagner du temps et de vider l'indépendance de son contenu ? Sans doute les deux hypothèses coexistent-elles. Mais l'évolution historique joue en faveur des Lituaniens. L'Europe de l'Est autodéterminée, les républiques de l'U.R.S.S. proclamant leur souveraineté, le tout à une cadence accélérée, peut-on imaginer que le mouvement s'arrête soudain et que le balancier reparte dans l'autre sens ?

A l'heure du moratoire, le face-à-face des Baltes et de Moscou est surtout révélateur de la différence de vues et de stratégies entre les deux parties. Ce qui importe aux Baltes n'est pas le fait de suspendre un moment leur course à la séparation, car l'acquis est déjà considérable — l'indépendance proclamée fait partie du paysage politique, les lois qui marquent cette indépendance ont été votées — c'est que ce moratoire n'affecte pas l'acquis. Leur démarche ayant consisté à poser un à un les jalons de l'indépendance et à faire constater que celle-ci était réalisée dans les faits, ils sont avant tout attachés à ce qu'aucun acte, aucune loi ne soient « gelés ». Or le moratoire ne le leur impose pas.

En revanche, pour Gorbatchev, l'essentiel paraît résider dans les apparences. Plus que les faits, ce sont les mots qui, par leur charge explosive, l'épouvantent. Aux yeux de Moscou, le moratoire signifie que, pour un temps, le mot indépendance est banni. Peu importent les lois qui subsistent. Au demeurant, dans l'épreuve de force entre David et Goliath, les choses ne se sont-elles pas passées ainsi ? La fronde de David, pour modeste qu'elle fût, eut raison de la puissance de Goliath parce qu'elle marquait le triomphe du réel sur les apparences.

CHAPITRE IX

La Russie contre l'U.R.S.S.

« Bientôt les peuples humiliés entreront sur la scène de l'Histoire... » Cette prédiction de Lénine, à l'heure où toute son œuvre s'effondre, se vérifie par l'irruption ou plutôt le retour sur cette même scène du plus inattendu des acteurs : la Russie. La Russie, absente à elle-même et au monde depuis 1917, est soudain devenue, dans la tourmente soviétique, une composante très importante de la crise nationale.

A première vue, ce retour semble relever du paradoxe. La Russie n'est-elle pas le « noyau dur » de l'U.R.S.S. ? Tous les peuples de l'Union qui manifestent une hostilité croissante envers les Russes, qui brandissent contre la langue et la culture russes des lois destinées à en limiter l'influence, voire l'usage, qui affirment l'urgence de régler à jamais la « question russe » en se séparant de la Russie, font d'elle le symbole de l'oppression qu'ils rejettent. Hors d'U.R.S.S., le malentendu n'est pas moindre : le réveil de la Russie suscite d'immédiates méfiances, alors que la révolte des peuples de l'U.R.S.S. apparaît comme une marche vers le progrès. Absente ou présente, la Russie dérange. Nul ne veut voir dans son éveil une chance pour ce pays de reprendre sa longue et difficile marche vers un destin européen.

Sauver le passé

Le réveil du sentiment national russe est un phénomène récent[1] qui n'exprime à l'origine que les inquiétudes d'un petit groupe d'intellectuels. Quelques thèmes les rassemblent et les conduisent à se pencher sur le sort de la Russie. D'abord, la destruction de sites ou de monuments qui témoignent du passé de leur pays : églises détruites systématiquement depuis 1917 ou bien détournées de leur destination première, transformées en hangars, cinémas, ou carrément abandonnées, qui achèvent de s'effondrer dans l'incurie générale ; villages qui meurent ou dont les projets de modernisation emportent les derniers vestiges. Au début des années 80, ce qui subsiste du passé russe est de surcroît menacé par le dernier projet « prométhéen » du pouvoir soviétique, le détournement des fleuves de Sibérie vers les régions méridionales de l'Empire que le pouvoir entend transformer ainsi en nouvelles « Californies ». De Staline à Brejnev, le centre n'a pas été avare de tels projets destinés à prouver que l'homme, spécialement l'homme du socialisme, pouvait transformer la nature à son gré. Chaque projet a détruit un petit peu plus l'héritage du passé : monuments et nature. Si, jusqu'aux années 70, nul ne s'en est vraiment soucié, dès ce moment, une société démoralisée, sans repères, se retourne vers son passé pour s'y rattacher. Les intellectuels russes découvrent alors combien leur patrimoine a été dilapidé.

S'ils partent en quête de ce passé, c'est aussi qu'ils constatent combien le présent leur est défavorable. Les recensements de 1970 et 1979, si réconfortants pour de nombreux peuples de l'U.R.S.S. qui y lisent leur propre dynamisme, leur avenir, sont pour les Russes une terrible épreuve. Le recul de la nation russe dans un empire qu'elle a jadis édifié, son affaiblissement par rapport aux peuples qu'elle dominait, ressortent brutalement des chiffres et ne peuvent être contestés. Accusé d'être un peuple dominateur, le peuple russe apprend qu'il est un peuple déclinant, condamné. Effarés par ce constat, les intellectuels n'en ignorent pas les causes. La Russie est épuisée, démoralisée, livrée à l'alcoolisme comme elle ne l'a jamais été. La famille est disloquée, la morale traditionnelle n'existe plus, les enfants n'ont guère leur place dans un univers où l'on ne peut se loger, où le divorce est une pratique générale et où les crèches sont presque inexistantes. La destruction du milieu rural, des villages où familles et voisins s'épanouissaient dans une réelle solidarité, en est l'origine profonde. Une remarquable pléiade d'écrivains, presque tous originaires de la campagne, les *ruralistes,* confrontés à cette catastrophe russe, se penchent tout à la fois sur ses causes et sur le village mourant dont ils se veulent pour le moins les mémorialistes. Belov, Astafiev, Raspoutine, Solooukhine, Zalyguine se montrent dans un premier temps les archivistes désespérés d'un passé et d'une civilisation qu'ils pensent perdus. Cette nostalgie ne débouche pas sur un mouvement ni même sur un programme. Elle est une plainte lancinante.

L'arrivée au pouvoir de Gorbatchev, le droit à la vérité qu'il décrète changent tout, faisant passer les rêveurs de la nation perdue à l'action destinée à la sauver. Ceux-ci vont s'engager sur trois fronts.

Première urgence, la bataille pour sauver la terre et les villages qui subsistent du désastreux projet de détournement des fleuves. Dans ce combat, les écrivains ruralistes se retrouvent aux côtés d'une des plus remarquables personnalités de la Russie, le grand spécialiste de Byzance Dimitri Likhatchev. Ils publient en commun un appel à la raison et remportent leur première victoire[2]. Malgré les pressions de l'Asie centrale où l'on compte sur les fleuves détournés pour irriguer une terre ingrate, le projet est très vite abandonné. Entre-temps, Tchernobyl aura démontré combien l'U.R.S.S. peut être dangereuse, et la voie aura été ouverte à toutes les luttes pour protéger l'homme contre un progrès mal maîtrisé.

Deuxième front : la reconquête du passé. Tout a été occulté du passé proche et du passé lointain ; constatant que la Russie a perdu ses racines paysannes, mais aussi ses racines tout court, les intellectuels vont non seulement reconstituer son histoire, mais la livrer à la société. Pire que la destruction des villages, l'histoire de la Russie est d'abord celle d'un véritable génocide de la paysannerie. Si génocide signifie destruction systématique d'un groupe ethnique, alors ce terme s'applique parfaitement à ce qu'a subi la paysannerie russe — et ukrainienne —, liquidée parce qu'elle était paysanne et que toute la civilisation paysanne donnait son contenu à la Russie.

« Presque tout le capital d'énergie intellectuelle amassé en Russie au XIXe siècle, utilisé pour la révolution, a été dissous dans la masse paysanne. L'intellectuel, producteur de nourritures spirituelles, l'ouvrier, créateur des mécanismes de la culture urbaine, sont avalés à une vitesse croissante par la paysannerie qui se nourrit voracement de ce que les autres ont produit dans un effort incroyable. On peut dire avec certitude que la paysannerie s'est ranimée en tuant l'intelligentsia et la classe ouvrière... Le peuple russe des villes et des villages, bête à demi sauvage, stupide, presque effrayant, mourra pour laisser place à une nouvelle race humaine[3]. » Ces propos haineux, racistes, de Maxime Gorki, l'ami de Lénine, concernant la paysannerie (le texte date de 1922), annoncent ce que fut la politique à venir. Le combat mené par les écrivains du monde rural les conduit non seulement, dans des œuvres remarquables enfin publiées, à décrire ce que fut ce génocide, mais aussi à exposer toutes les responsabilités — Solooukhine fait ainsi le procès de Lénine sur ce chapitre — et à évoquer l'abandon de la campagne contemporaine. On leur doit aussi d'avoir imposé la publication des textes les plus odieux, tels ceux de Gorki, jusqu'alors à l'abri des critiques et qui, grâce à cette œuvre de vérité, sort impitoyablement associé au génocide paysan.

Les écrivains ruralistes ont réussi à montrer que le prix de l'industrialisation effrénée du pays a été la mort de dizaines de millions d'hommes, la mise au pillage et la réduction à l'esclavage du monde paysan, enfin la destruction des fondements de la civilisation russe[4].

Cela conduit au troisième front, où tout l'effort s'est

concentré sur une seule question : pourquoi est-ce arrivé ?
La Russie méritait-elle cela ?

La réponse gît dans l'histoire vraie du pays, celle qui lui
a été confisquée dès 1917. Une fois encore, le grand
intellectuel Likhatchev, modèle de tolérance, se retrouve
aux côtés d'hommes dont le nationalisme confine déjà au
chauvinisme, pour exiger que l'on publie d'urgence l'*Histoire de l'État russe* de Karamzine[5]. Au peuple de juger ce
que valait son passé et si l'État russe offrait, pour avancer
sur le chemin du progrès, une alternative aux solutions
radicales de Lénine.

Dans ces premiers combats au cours desquels grandit
peu à peu le sentiment national russe, rien ne ressemble à
une mobilisation contre autrui. Rendre vie au passé, le
comprendre, telle est la visée première. Certes, un sujet de
conflit à venir commence à se faire jour : ce passé détruit
portait-il en lui le progrès ? Et par quel chemin ? Celui de
la Russie, de sa spécificité ? Ou bien celui que le monde
occidental a emprunté ? la voie occidentale n'est-elle pas
celle qui a mené au désastre ? Le vieux conflit, pour ou
contre l'ouverture à l'Occident, n'est pas loin.

Mais, hormis quelques écarts çà et là, l'influence occidentale n'est pas encore assimilée à un « complot judéo-
maçonnique » ! Lorsque Dimitri Likhatchev dit que le
« nationalisme doit être en fait un patriotisme », c'est-à-
dire la fidélité à la patrie et non pas la fermeture à autrui,
il résume assez bien l'esprit qui anime cette quête de la
vérité russe.

L'intolérance viendra ensuite.

Regarder la Russie en face

Mettre à nu la tragédie vécue par la Russie constituait déjà une terrible épreuve. Quel peuple peut de sang-froid découvrir le massacre systématique des siens, le mépris et l'abaissement de l'homme dans lesquels toute une société a vécu, la complicité morale de la société avec les bourreaux ?

Parce que le pouvoir était russe, parce que tous les peuples de l'U.R.S.S. tiennent que la Russie et le système sont les deux faces d'une même réalité, la société russe ne peut échapper au constat qu'elle a été tout à la fois victime et bourreau. Après des décennies de malheur, il lui faut aussi faire connaissance avec elle-même, mesurer l'ampleur de son malheur, accepter sa responsabilité pour enfin s'accepter. En se réveillant, la Russie doit aller au bout de la vérité. Ce qui confère à son nationalisme une tonalité particulière. Il ne s'agit pas du nationalisme triomphant d'un peuple qui a la révélation de sa puissance. Mais d'un nationalisme de la douleur et de l'humiliation.

Comme si cela ne suffisait pas, la renaissance de la Russie a pour cadre un désastre qui, peut-être, condamne la nation à jamais. Peuple en déclin démographique, soumis à une tendance qu'aucune baguette magique ne peut inverser à court terme, le peuple russe est aussi un peuple « abîmé » physiquement et intellectuellement.

La Russie partage avec la Lituanie, l'Estonie et l'Ukraine le triste privilège d'avoir les plus forts taux de mortalité de l'Union soviétique et de se situer sur ce plan bien au-dessus de la moyenne nationale (10,5 pour 1 000 en R.S.F.S.R., contre 7 pour 1 000 en Asie centrale en 1987), ce qui n'est pas surprenant, compte tenu de la pyramide des âges. Mais il est vrai que c'est en Russie que l'on bat tous les records d'éthylisme et que le nombre d'alcooliques a même grimpé au cours des années de *perestroïka*[6].

Si la dégradation de l'état de santé des Russes était prévisible en raison de leur haut degré d'urbanisation, leur recul intellectuel l'était moins ; or c'est un constat très grave pour ce peuple. Un ouvrage récent donne une idée précise de la situation[7] : « Le recensement de 1970 a montré que si la R.S.F.S.R. a le plus fort pourcentage de diplômés de l'enseignement supérieur de l'U.R.S.S. parmi les plus de 60 ans, la situation s'inverse dans les tranches d'âge plus jeunes, et, pour les 20-29 ans, la Russie est précédée par toutes les républiques à l'exception de l'Ukraine et de la Kirghizie. Le recensement de 1979 a accentué très fortement cette tendance... Le pourcentage de spécialistes ayant reçu une formation supérieure ou secondaire se situe au-dessus de la moyenne nationale pour le Caucase et l'Asie centrale, au-dessous pour la Russie. »

Tous les indicateurs sont à cet égard au rouge. La Russie compte en moyenne deux fois moins d'établissements d'enseignement supérieur que l'ensemble des républiques de l'Union. Elle est plus pauvre en « aspirants » et docteurs, et a cinq fois moins d'académiciens et de correspondants de l'Académie[8]. L'enseignement primaire et secondaire y est tout aussi délaissé ; si le nombre d'enfants scolarisés croît à très vive allure en Asie centrale, il a chuté en Russie. L'enseignement obligatoire de dix ans n'a pas enrayé cette *déscolarisation,* car c'est bien d'un tel phénomène qu'il s'agit. Celui-ci tient à la montée du nombre d'enfants déficients physiquement ou mentalement, à la fermeture des écoles dans les régions dépeuplées et à l'absence ou au bas niveau du corps enseignant dans des écoles plus ou moins à l'abandon. A la périphérie, au contraire, le nombre d'écoles augmente et la qualité des maîtres s'améliore.

Les conséquences de cette évolution sont la prolétarisation rapide de la société russe et la promotion sociale des sociétés périphériques : 40 % de la population active russe est composée d'ouvriers employés dans l'industrie, contre 10 % ou moins en Asie centrale. Dans la périphérie méridionale, la population active se partage entre intellectuels et paysans. Or, là où la classe ouvrière est condamnée à stagner, les intellectuels bénéficient de grandes possibilités de promotion sociale. Quant aux paysans, ils représentent la stabilité morale et la permanence des références sociales qui confèrent une grande sécurité à la société. Autrement dit, être russe n'offre guère de chances — ou offre moins de chances — d'occuper dans l'avenir une place décisive dans la fédération[9]. Ce n'est donc pas seulement la démographie qui ôte au peuple russe son rôle dirigeant dans l'ensemble soviétique, c'est aussi une régression fondée sur une véritable discrimination[10].

Longtemps les Russes, accusés par les nationalités de dominer l'ensemble, n'ont pu mesurer le bien-fondé de ce constat. Mais la *glasnost'* a permis de vérifier les intuitions de l'intelligentsia nationale, convaincue que la Russie n'était nullement bénéficiaire au sein du système fédéral. Déjà, Gorbatchev avait indiqué que le « parasitisme » des républiques était insupportable. Mais celui-ci est moins grave aux yeux des Russes que cette dépossession intellectuelle dont ils se savent désormais victimes.

Les raisons de ce statut humiliant tiennent à la stratégie

même du fédéralisme. D'un côté, la promotion nationale a, en U.R.S.S. comme aux États-Unis, des effets par trop radicaux. Dans certains établissements d'enseignement supérieur prestigieux de Moscou, la sélection inégalitaire destinée à favoriser les nationalités conduit parfois à ce qu'aucun Russe n'y soit admis[11]. A cette promotion des nations il convient d'ajouter la volonté d'identifier la Russie à l'U.R.S.S. afin d'ouvrir la même perspective à toutes les nations, volonté qui a privé la Russie de nombreuses institutions existant ailleurs. Jusqu'en 1990, elle n'avait pas de parti communiste et, surtout, elle ne possédait pas en propre d'Académie des sciences. Or, dans toutes les républiques, les académies des sciences se sont consacrées à la promotion de la nation. Chaque république fédérée dispose ainsi d'un Institut d'histoire où s'écrit dans ses moindres détails l'histoire de la nation. Cette inégalité conduit à des situations pour le moins etonnantes. Les bibliothèques soviétiques croulent sous les ouvrages consacrés à la Seconde Guerre mondiale dans ses variantes nationales, tels : *L'Apport des Karakalpaks dans la Seconde Guerre mondiale, Les Ouzbeks dans la Seconde Guerre mondiale*, etc. Il n'est pas un peuple, si petit soit-il, dont une institution nationale ne chante la gloire et les exploits, sauf les Russes. A en juger d'après le vide des bibliothèques, la Russie n'a rien fait ni dans la révolution, ni dans la guerre, ni dans l'économie. Le peuple russe en tant que tel n'existe pas dans les livres.

La fiction de son identification à l'U.R.S.S. ne prive pas seulement ce peuple de son histoire, mais nuit aussi à sa culture et à sa langue. Nulle institution pour défendre la littérature russe ; elle est le bien commun de ce *peuple soviétique* dont on a constaté qu'il n'existait pas ! Quant à la langue russe, imposée à tous comme langue commune, elle a été de ce fait remarquablement défigurée. La Russie, submergée par une paysannerie jetée sans transition dans les villes, soumise à un brassage de populations sans précédent, contrainte de s'exiler aux confins, a assisté à l'appauvrissement et à la « paysannisation » de sa langue. Pour la rendre compréhensible à tous les citoyens de l'U.R.S.S., on l'a truffée d'abréviations, de contractions, de soviétismes. Tandis que les peuples des confins se battaient pour sauver leurs langues des apports extérieurs, en maintenir la pureté syntaxique et grammaticale, le russe se transformait en véritable jargon que les nationalités reje-taient avec mépris. Et, là encore, pas d'Académie des sciences pour veiller à préserver l'héritage !

Quand, à la fin de ce siècle, les Russes font le bilan de leur « domination » au sein de la fédération, ils constatent que la misère matérielle et intellectuelle, la dépossession du passé et de la culture sont les corollaires de l'horreur qu'ils ont vécue. C'est tout cela qu'ils doivent accepter. Tel est le cadre dans lequel vont à présent s'ébaucher la réflexion nationale et la renaissance de la nation.

Gorbatchev et le nationalisme russe

Mikhaïl Gorbatchev ne pouvait rester indifférent à la montée de l'inquiétude des Russes qui coïncide avec son avènement. Le prestige des intellectuels engagés dans la bataille russe au moment où lui-même entend mobiliser l'intelligentsia pour convaincre la société des efforts à accomplir, le conduit à s'appuyer sur eux. Ce prestige est

mesurable à l'audience de leurs ouvrages. On se bat en
U.R.S.S. autour des ouvragres de Pikoul, Astafiev, Belov
ou de l'écrivain kirghiz Chinguiz Aitmatov, très aimé
précisément par les écrivains russes. Les œuvres de ces
auteurs qui se penchent sur la réalité de leurs peuples font
en U.R.S.S. les plus gros tirages. Dix fois plus que
Perestroïka de Mikhaïl Gorbatchev ! Peut-il ignorer ceux
dont les écrits fascinent ainsi la société ?

L'ouverture du pouvoir en direction du sentiment national russe prend deux aspects : l'appel à certains de ses
représentants, la réconciliation définitive avec l'Église de
Russie.

Dès l'automne 1986, Gorbatchev appelle l'académicien
Likhatchev, que ses compatriotes considèrent comme la
« conscience de la Russie », à la présidence du *Fonds pour
la culture soviétique.* Et l'écrivain ruraliste Sergeï Zalyguine
devient rédacteur en chef de *Novyi Mir.* Deux nominations
qui auraient dû en principe concilier à Gorbatchev la
sympathie de l'intelligentsia russe.

Novyi Mir, sous la direction de Zalyguine, est réellement
la revue de la renaissance intellectuelle et morale de la
Russie. Toutes les tendances qui se conjuguent pour
comprendre le passé sont présentes dans cette revue. C'est
là que paraîtront les œuvres prohibées de Pasternak,
Boulgakov ; et Soljénitsyne y sera très tôt inscrit au
programme des publications. La revue confie à Sergeï
Averintsev, autre figure emblématique de la pensée libérale
russe, la responsabilité de retrouver et de publier les textes
des penseurs du XIXe siècle[13].

Ainsi la Russie renoue avec son patrimoine, elle peut y
puiser pour se retrouver et chercher la voie à suivre. Le

Fonds dirigé par Likhatchev offre lui aussi de grandes chances aux projets nationaux. Il s'est attaché à rendre vie au passé en restaurant les vieilles dénominations de rues ou de villes. La réhabilitation du grand poète Goumilev, fusillé au temps de Lénine, la publication des œuvres de Karamzine, tout paraît soudain devenir possible du seul fait que des hommes respectés se trouvent à la tête de revues ou d'institutions qui peuvent promouvoir cette politique de redécouverte de la Russie.

Les efforts de Gorbatchev portent aussi sur la réconciliation avec l'Église. Depuis le « concordat moral » passé entre Staline et l'Église russe, les rapports entre ces deux partenaires si mal assortis se sont révélés fluctuants. Certes, l'Église de Russie a retrouvé droit de cité, mais dans quelles conditions ! Un patriarcat soumis à l'État, peu respecté, toujours prêt à s'associer à toutes les démarches du pouvoir (appels pour la paix, etc.). Un clergé dont les liens avec le K.G.B. sont notoires. Des églises en nombre restreint, où, durant des années, des fidèles âgés étaient seuls à fréquenter les offices. Par-dessus tout, l'oscillation perpétuelle du pouvoir entre la volonté d'en finir avec la religion — Khrouchtchev le tenta réellement — et une tolérance qui compromet la hiérarchie.

Au début des années 80, néanmoins, cette triste perspective comporte quelques zones claires. L'intelligentsia russe hésite de moins en moins à se réclamer de sa foi. Une jeunesse inquiète envahit les églises. Elle y vient souvent par une voie détournée, après les avoir découvertes comme monuments en péril qu'elle a contribué à sauver. Gorbatchev, lui, voit à l'Église de Russie un double attrait. Russe, elle est pour lui un moyen de se poser en défenseur des racines religieuses de son pays. Porteuse d'un système de valeurs morales — le temps n'est pas encore venu d'insister sur les valeurs spirituelles —, elle peut l'aider à remobiliser une société démoralisée. Cela explique que le millénaire de la christianisation de la Russie ait été pour lui l'occasion de jeter un pont entre le pouvoir soviétique et l'Église. Il a donné son appui à cette célébration d'une pompe extraordinaire, plus proche des fastes de l'Ancien Régime que de ceux de l'U.R.S.S. Sa rencontre solennelle avec le patriarche et le Saint Synode[14], la présence de Raïssa Gorbatchev aux cérémonies du 10 juin 1988 au théâtre Bolchoï, la critique systématique par Gorbatchev des restrictions apportées à la liberté religieuse, enfin l'information, livrée à la presse française, qu'il était lui-même baptisé, tout devait contribuer à porter l'Église aux côtés de la *perestroïka,* dès lors inscrite au chapitre des grandes entreprises nationales. Le redressement de la Russie, la restitution à l'Église de lieux de culte longtemps fermés, l'autorisation de construire de nouvelles églises, celle de célébrer pour un jour — inoubliable au cœur des Russes — un office dans la cathédrale de l'Assomption du Kremlin : autant de signes en direction de la société russe lui suggérant qu'elle se trouvait enfin dotée d'un pouvoir qui lui était familier.

Cela suffisait-il à l'intelligentsia nationale pour la convaincre de se rassembler autour de la *perestroïka ?* Non, sans doute. Même si elle tient Likhatchev pour son représentant au *Fonds pour la culture soviétique,* et *Novyi Mir* pour le lieu le plus approprié à l'expression de ses idées, elle a tenu à fonder des institutions qui soient explicitement russes et dont le terme *soviétique* soit banni.

C'est ainsi que naissent l'*Association des artistes russes* et la *Fondation pour la littérature et la culture slaves.*

La première, fondée en novembre 1988 sous l'égide d'une pléiade d'intellectuels russes renommés — Raspoutine, Belov, Astafiev, Kouniaev, Lobanov, Kojinov — et du directeur de la très conservatrice revue *Molodaia Gvardia,* entend tout à la fois se consacrer à la redécouverte et à la propagation du patrimoine culturel et historique de la Russie, et mobiliser les intellectuels pour préserver l'unité du pays des déchirements nationalistes. La seconde, née de la coopération de plusieurs institutions — Unions des écrivains des trois républiques slaves, Église de Russie, Église des Vieux-Croyants —, souhaite rassembler dans un même effort de redressement tous les peuples slaves de Russie. A sa tête, trois écrivains que l'on retrouvera plus tard autour de Gorbatchev : Raspoutine, l'Ukrainien Boris Olinik et le Biélorusse Nil Gilevitch. Le soutien explicite du patriarcat de Moscou, et notamment du métropolite de Léningrad, Alexis, qui succédera en 1990 au patriarche Pimen, souligne le mélange d'idées religieuses et panslaves qui a présidé à l'entreprise.

Gorbatchev a moins attiré à ses côtés les promoteurs de la cause russe qu'il n'a contribué, par son ouverture en leur direction, à les faires bénéficier de considérables canaux d'expression, et, en dernier ressort, à conférer une légitimité à ce nationalisme russe dont il convient à présent d'examiner les variantes.

Le pluralisme national russe

Du nationalisme russe l'Occident retient surtout la variante extrême, parfois caricaturale, qu'il identifie à *Pamiat*. Il imagine un mouvement structuré, intellectuellement cohérent, de type néo-nazi. Si *Pamiat* est en réalité une appellation qui recouvre une poussière d'organisations différenciées sur lesquelles on reviendra, les courants influents du nationalisme se situent tous hors de cette constellation et sont infiniment éloignés des stéréotypes répandus en Occident.

Le nationalisme russe, tel qu'il s'est développé au cours des années 1986-90, se divise grossièrement en quatre courants principaux : nationalisme libéral, nationalismes radicaux de droite et de gauche, nationalisme conservateur. Il faut noter que tous ont en commun un certain nombre de revendications ou de projets qui constituent réellement le programme du nationalisme russe :

— gouvernement russe indépendant ; pouvoirs locaux ; large autonomie économique à l'intérieur même de la Russie pour permettre à l'initiative populaire de s'exprimer ;

— restauration d'une paysannerie propriétaire des terres ;

— séparation réelle de l'Église et l'État ;

— retour aux dénominations russes traditionnelles des villes et des rues[15].

En dehors de ce programme commun, chaque tendance du nationalisme à ses vues propres sur des problèmes aussi importants que le choix entre le modèle de développement occidental ou la tradition socio-économique russe ; la place de la religion dans le système politique ; les rapports avec les autres nations.

Les *libéraux*, qui pourraient être qualifiés de chrétiens-démocrates, ont pour chef de file moral Dimitri Likhatchev, qui, après avoir lutté pour la préservation du patrimoine culturel et naturel, tente de protéger les nationalismes des dérives chauvines. Aidé par Zalyguine et l'équipe de *Novyi Mir*, il cherche à conserver dans les rangs du nationalisme libéral ceux qu'il croit capables, par leur talent et leur compréhension de la tragédie russe, d'attirer de nombreux sympathisants. Si Raspoutine (en dépit de quelques excès de langage), Belov et Astafiev restent proches de ce groupe, c'est parce que Likhatchev ne souhaite pas les rejeter dans les rangs des conservateurs, tout prêts à les accueillir. Pour ce courant, l'héritage intellectuel et philosophique russe du début du siècle est assez riche pour servir de référence à une Russie qui se cherche. Berdiaev, le père Boulgakov, Semion Franck, autant de philosophes qui ont su trouver dans les valeurs chrétiennes une alternative au marxisme. Inconnus en U.R.S.S., ils doivent désormais féconder la pensée russe renaissante. Dans ce christianisme, clé de la culture politique russe, il n'y a pas place, dit Likhatchev, pour l'intolérance et le rejet d'autrui. Tout au contraire, il y a les éléments d'un rapprochement entre peuples dont l'histoire a été également tragique. Patriotes — mais la patrie ne se définit pour eux ni par le sol, ni par les gènes, elle est identification à un héritage culturel —, les libéraux rejettent avec force tout le marxisme et notamment son « nihilisme national[16] ». Mais ils rejettent tout autant le chauvinisme qui parfois débouche sur l'antisémitisme. De ce dernier aspect Likhatchev dit qu'il est le propre des « pseudo-intellectuels » russes, alors que la vraie intelligentsia, tout comme la vraie paysannerie, en est exempte. Le christianisme, qui est ouverture, n'admet pas de telles dérives. De là la nécessité de s'appuyer solidement sur ce qui fait le fonds même de la culture russe authentique. Gorbatchev lui-même n'a-t-il pas dit dans un discours que « la Russie était le dernier refuge de la spiritualité[17] »?

A l'autre extrémité de l'éventail politique, les nationalistes radicaux ou *nationaux-bolcheviks* ne sont pas des staliniens ; pourtant, ils ne rejettent pas l'héritage légué par les dirigeants de l'U.R.S.S. Ils leur attribuent le mérite d'avoir tenu l'Empire, édifié un État solide qui a su reprendre une large part des traditions de l'État précédent. Certes, ils rejettent le marxisme-léninisme, mais ils en acceptent implicitement une variante russe. On les trouve à des postes clés dans les grandes institutions culturelles : l'Union des écrivains de l'U.R.S.S., l'Union des écrivains de Russie. Ils tiennent un journal, *Molodaia Gvardiia,* et sont fréquemment à l'honneur dans le journal de l'armée, *Krasnaia Zvezda.* Bondarev, Proskourine, leurs chefs de file, tentent — exactement comme le font les libéraux — d'attirer dans leur camp le centre hésitant que l'on classe trop aisément à droite.

Radical aussi, mais se situant à gauche, à la différence des précédents, tout un groupe rassemblé dans les clubs politiques qui se sont mis à foisonner à Moscou et Léningrad se pose en réformateur de type social-démocrate et occidentalisant. C'est là, dans des publications comme les *Nouvelles de Moscou, Oktiabr, Znamia,* que Gorbatchev trouve ses plus chauds partisans. Ils s'efforcent de délimiter

les frontières qui séparent les acquis de la révolution du
« culte de la personnalité ». D'une certaine manière, *Les
Enfants de l'Arbat,* le roman-fleuve de Rybakov, correspond
à leur programme. Éclairer les conditions du stalinisme et
de la destruction de la vieille garde léniniste, dégager de
ce désastre une pensée et un projet de modernisation qui
pourront servir de référence, voilà ce qui les unit entre
eux et à Gorbatchev. Ils se sont battus pour arracher au
passé soviétique des figures de proue — Boukharine,
Trotsky — qui puissent donner de la culture politique russe
une autre image que celle des slavophiles prérévolution-
naires[18]. Nombre d'entre eux sont entrés dans la compétition électorale et tentent, au Congrès des députés du
peuple, d'élaborer un programme démocratique dans lequel
le peuple russe puisse se reconnaître. Ce qui les distingue
avant tout des libéraux, c'est que le christianisme est pour
eux une affaire privée, non un élément constitutif de la
culture politique sur laquelle la Russie se reconstruira.
C'est aussi que s'ils se disent russes, le nationalisme compte
moins dans leur réflexion que leur attachement à une part
du passé soviétique, celle qui entendait constituer un projet
de modernisation. Ils souhaitent sauver encore quelque
chose du socialisme — l'intention, les conceptions d'un
Boukharine, de la N.E.P. — pour développer la Russie.

Entre ces tendances déjà si différentes, un *centre* que
l'on qualifie volontiers de conservateur — mais tous les
qualificatifs sont en l'occurrence inadéquats — est composé
précisément de ces écrivains que la Russie respecte parce
qu'ils s'attachent à lui restituer son passé. C'est là que se
situent tous les ruralistes, le critique Kojinov, le peintre
Glazounov à la personnalité obscure. Pour eux, le marxisme-

léninisme est totalement inacceptable, de même qu'au-delà, tout ce qui leur semble à l'origine de ce système de pensée, ou tout ce qui détourne la Russie de son destin. Ils rejettent l'Occident qui a produit Marx et ses héritiers, et qui, à la fin de ce siècle, s'emploie à pervertir la Russie par d'autres voies : la culture de masse qui n'a aucune racine et qui est essentiellement permissive, le rock cosmopolite, la drogue destructrice des sociétés. Les valeurs morales du christianisme, si enracinées en Russie, sont le refuge contre une pseudo-culture qui n'a d'autre objectif que d'« occuper » l'esprit humain et de le détourner des vraies finalités, le salut personnel et la préservation d'une communauté de culture stable.

Comme tous les courants nationaux, cette tendance qui, pour l'avenir, mise sur la culture traditionelle, paysanne et chrétienne, consacre énormément de temps à l'analyse du passé. Là commencent les conflits et les accusations. A la thèse du *culte de la personnalité*, ces nationalistes fervents opposent une réflexion sur les raisons profondes de ce culte. Cette réflexion les rattache à Soljénitsyne. Ils insistent sur le projet nihiliste de destruction de la société russe.

Dans un essai brillant, *Pravda-Istina*[19], le critique Vadim Kojinov s'attache à ce problème. Son analyse a provoqué une véritable tempête, ouvert la voie à une sorte de guerre de religions ! Accusé de pur et simple antisémitisme ou d'être un maniaque du « complot maçonnique », Kojinov tient sans doute un langage excessif, mais il résume un débat très important : Staline a-t-il été le maître d'œuvre de la tragédie russe ou bien faut-il en chercher l'origine dans un *système de pensée* qui a conduit à la révolution ? La Russie, son retard, son peuple peu habitué à la démocratie sont-ils responsables du stalinisme ? Lui offrait-elle un terreau idéal ? Ou bien s'est-il agi d'une déformation, d'une perversion de l'esprit étrangère à la Russie et importée en Russie de l'étranger ?

Kojinov tourne le dos à la pléiade d'écrivains qui se penchent sur le culte de la personnalité : Rybakov, Chatrov *(Plus loin... plus loin, La Paix de Brest-Litovsk)*, il polémique avec le critique Benedikt Sarnov, il s'oppose en général à tous ceux pour qui le mépris dans lequel les héritiers de Lénine tinrent son testament a probablement été la cause décisive de la tragédie. En raison de cette opposition à des auteurs dont les thèses remportent un vif succès dans l'intelligentsia, et parce que sa critique s'attaque à nombre d'écrivains (Chatrov, Razgon) et de compagnons de Lénine qui souvent étaient juifs, on accuse Kojinov d'antisémitisme et on le rejette dans le camp de *Pamiat*. Mais, pour les libéraux, ces voix qui traduisent les inquiétudes de la société russe ne doivent pas être mises à l'actif des extrémistes. Quand Raspoutine s'élève contre le fait que *Pamiat* n'est pas seulement l'objet de critiques violentes, mais qu'on prétend aussi le faire taire, ajoutant : « Toute notre *glasnost'* ne laisse pas place à un mot de défense », lui aussi se retrouve taxé d'extrémisme antisémite par les collaborateurs des *Nouvelles de Moscou*. Mais il trouve dans le même temps de chaleureux défenseurs parmi les libéraux. Alla Latynina[20], qui a peut-être présenté la meilleure synthèse de ces conflits entre intellectuels et qui est en désaccord profond avec les formulations extrêmes de Kojinov ou de Raspoutine, souligne néanmoins que l'important, par-delà ces formulations, est d'affronter toute la vérité ; de ne plus se contenter de trouver des coupables

commodes, mais d'approfondir les idées. Et Raspoutine a
le mérite, dit-elle, « de prendre sur lui la lourde tâche de
poser brutalement mais franchement toutes questions ».
Dans la foulée, elle lance un avertissement aux nationalistes
radicaux : « Il semble que ceux qui se sont élevés contre
les conservateurs en brandissant le drapeau de la démocratisation, qui ont ébranlé l'édifice stalinien, qui voulaient
une société ouverte, devraient miser sur le libéralisme.
Mais la liberté de pensée ne fait pas recette... La théorie
désormais est : "Gagnons d'abord, et ensuite nous ferons
place à la liberté[21]"... » Elle fait ainsi écho à l'inquiétude
exprimée par un autre libéral, A. Strélianyi : « Ce que je
crains le plus, c'est que l'on impose silence aux conservateurs. Si nous en arrivons là, alors nous ne nous contente-
rons pas de les imiter, nous prendrons leur place[22]. »

Telle est bien la position des libéraux, attachés à ne
tomber dans aucun extrémisme, à n'en légitimer aucun, à
tenter de leur arracher tous ceux qui peuvent influer sur
la société.

La pensée libérale-nationale n'accepte, cela va de soi, ni
l'extrémisme de *Pamiat,* ni le néo-stalinisme de Nina
Andreieva.

A dire vrai, la seconde n'est pas une intellectuelle, mais
une « pédagogue » inconnue de tous avant que n'ait paru
son texte-manifeste condamnant pêle-mêle le réformisme
de Gorbatchev, qualifié de « libéralisme gauchiste », le
libéralisme national et toutes les orientations qui rejettent
l'héritage révolutionnaire[23]. Il n'est pas inutile de souligner
que cette nostalgique du stalinisme, qui en appelle à un
rapide retour à l'ordre, manifeste un antisémitisme viscéral,
suggérant que la caractéristique de la gauche libérale

gorbatchévienne est précisément qu'elle est composée de Juifs, tout comme jadis le groupe des adversaires de Staline.

Quant à *Pamiat*[24], c'est une nébuleuse née à la fin des années 70 d'une association de sauvegarde des monuments historiques et culturels. Pendant quelques années, elle se contente de ce but. Puis, sous l'influence du photographe Vasilev, orateur remarquable, capable d'électriser un auditoire en tenant des propos antisémites et hostiles à toutes les nationalités de l'U.R.S.S., *Pamiat* réussit un moment à mobiliser des publics importants ; mais son influence a rapidement décliné. L'entrée du nationalisme russe sur la scène politique en est cause. A tous ceux, innombrables en Russie, pour qui la nostalgie d'un passé perdu, qui prend dans le désastre présent la dimension d'un *âge d'or*, rend les idées nationalistes attrayantes, *Pamiat* n'apporte guère de réponses. Tout au contraire, l'entrée en politique de la nation russe, avec des porte-parole respectables, des députés issus du suffrage universel, détourne l'attention des groupuscules bruyants mais inefficaces. L'éclatement de la tendance *Pamiat* en un nombre chaque jour plus élevé d'organisations *(Otetchestvo, Rodina, Patriot,* etc.) enlève tout crédit à ces groupes et à leur cause. L'idée que *Pamiat* serait un instrument manipulé par le K.G.B. a aussi fait son chemin.

Cela ne signifie pas que les idées véhiculées par les adeptes de *Pamiat,* l'antisémitisme au premier chef, soient tout à fait condamnées. Elles ont aussi leur place dans les rancœurs de la société russe. Pourtant, la force d'attraction du christianisme grandit et apporte de l'eau au moulin d'un nationalisme sans doute conservateur, mais que les libéraux s'efforcent de ne pas abandonner aux démons qui le menacent. Il dépend largement de ceux qui disposent d'un mandat politique ou d'une tribune d'empêcher cette dérive. Et tous, que ce soit un sage comme Likhatchev ou les écrivains dont on s'arrache les livres ou les articles, tentent désormais d'imposer une conception humaniste de la Russie.

Sur un point central, le débat reste très ouvert : faut-il ou non être occidentaliste, voué à imiter l'Europe ? Un libéral comme Tsipko, qui s'attache à repousser le marxisme hors de l'horizon russe et défend avec Seliounin, Averintsev, Latynina, l'idée qu'il convient de restaurer une culture chrétienne, fondement de la future société russe, rejette en même temps l'idée qu'il faudrait tourner le dos à l'Europe, à l'Occident[25]. Même si l'attirance pour une Russie solitaire, repliée sur elle-même et son génie propre, est considérable, les idées de Tsipko — combinaison d'une culture russe et chrétienne et de l'apport occidental — peuvent s'enraciner dès lors que le destin politique de la Russie tend à se se préciser. C'est ce destin, recomposé peu à peu, qui permettra de repousser le danger d'une dérive du nationalisme vers l'extrême droite antisémite. De même, que les nouveaux dirigeants russes sachent, au sein de leur république, trouver quelques remèdes, si limités soient-ils, au désordre et à la pénurie[26], qu'ils offrent des repères idéologiques, comme ils ont commencé à le faire, et la tentation d'un glissement vers le néo-stalinisme s'affaiblira elle aussi.

L'avenir politique de la nation russe

Tout le monde, dans la sphère du pouvoir, a tenté de tirer avantage de cette Russie renaissante. D'autant plus que la crise nationale de la périphérie fait apparaître la

Russie comme le véritable pilier de l'ensemble, mais un pilier sur lequel on ne peut plus, comme par le passé, prendre appui sans en payer le prix. Ce prix, c'est la reconnaissance des droits de la Russie et de la dette contractée par l'U.R.S.S. à son égard. Premier à en saisir l'importance, Mikhaïl Gorbatchev a non seulement su s'entourer de libéraux à qui il a donné accès aux moyens de communication, mais, accédant à la Présidence de l'État, il a intégré à son *Conseil présidentiel* des représentants parfois assez extrêmes du mouvement national russe. La présence de l'écrivain Raspoutine dans ce Conseil n'est-elle pas une façon de reconnaître la nécessité de rattacher à la majorité un porte-parole du nationalisme slavophile[27] ? De même, la présence aux côtés de Raspoutine de Chinguiz Aïtmatov, l'écrivain kirghiz le plus populaire en Russie, dont tous les mouvements nationalistes soulignent combien il leur est proche, marque aussi l'intérêt porté aux certitudes nationales.

Comme les nationalistes russes, libéraux et conservateurs, Aïtmatov plaide pour la restauration des valeurs religieuses et s'inquiète de la dégradation morale du pays. Mais comment travailleront côte à côte l'économiste réformateur Chataline et le conservateur Raspoutine, hanté par l'idée que toute réforme orientant le pays vers le capitalisme est dangereuse pour la Russie, qui y perdra aussitôt son identité ?

Raspoutine assure la liaison entre le pouvoir de Gorbatchev et l'Église orthodoxe. Faut-il rappeler qu'il n'est pas membre du Parti communiste, contrairement aux autres membres du Conseil ? Avec lui, c'est la Russie qui n'a pas cédé aux tentations du communisme qui entre au cœur de l'appareil d'État.

Autre nomination « nationale », celle de l'ouvrier Veniamin Iarine, l'un des fondateurs du *Front des ouvriers russes*, né en 1989[28], et représentant de l'aile nationale ultra-conservatrice de la classe ouvrière, celle que Gorbatchev doit arracher à la tentation de recréer un front de classe néo-stalinien.

Autre geste en direction du nationalisme : l'élection du nouveau patriarche, le métropolite de Léningrad et Novgorod, Alexis. Sans doute n'est-ce pas Gorbatchev qui a organisé son élection ; mais la part prise par le pouvoir dans la désignation d'un patriarche est décisive. Nul patriarche ne peut être élu contre les vœux du pouvoir. Alexis, Estonien d'origine, attentif aux problèmes nationaux, qui a soutenu les entreprises culturelles russes, n'est-il pas de ces hommes nouveaux dont Gorbatchev a besoin pour éviter que le nationalisme ne se retourne contre lui[29] ?

Ligatchev, qui, depuis 1985, a joué avec assiduité le rôle du conservateur attaché à maintenir les acquis du système, a été le porte-parole d'une idéologie inchangée, opposée aux tentations du renouveau religieux : « Certains débattent de l'utilité d'une plus grande tolérance à l'égard de la religion. Ils oublient l'enseignement fondamental du marxisme, que la religion n'est en aucun cas source de moralité chez l'individu[30]. » Les liens de Ligatchev avec les nationaux-bolcheviks et, au-delà, avec les néo-staliniens semblent bien établis. Même si aucune preuve tangible n'en a été apportée, Nina Andreieva se réclame clairement de lui[31], ce qui le place dans la situation inconfortable de paraître le chef de file d'un néo-stalinisme plutôt critique vis-à-vis du nationalisme. En un temps où le nationalisme semble être le plus sûr moyen d'établir un rapport avec la société, cette orientation est pour le moins malheureuse. John Dunlop, le meilleur connaisseur du nationalisme russe, a cependant relevé qu'en se rendant solennellement à l'exposition Glazounov en juillet 1988, Ligatchev avait peut-être trouvé le moyen de rejoindre le camp des nationalistes « durs »[32].

Mais l'évolution politique de l'U.R.S.S., notamment le débat public imposé par les élections, allait faire passer la réflexion nationale de l'intelligentsia dans le peuple.

Le sondage réel : les élections de 1990

Les élections locales de 1990 ont d'autant plus de retentissement en Russie que la république est désormais dotée d'institutions qui reproduisent celles de l'U.R.S.S. La R.S.F.S.R. a en effet un Parlement à deux échelons : *Congrès des députés du peuple*, composé de 1 068 élus, et *Soviet suprême* rassemblant 152 membres[33]. Deux grandes tendances se sont opposées durant la campagne : le *Bloc de la Russie démocratique* et le *Bloc des mouvements russes patriotiques*.

A Moscou, cette confrontation fut particulièrement intéressante et significative. La *Russie démocratique* compte parmi ses candidats moscovites des figures de proue de la pensée libérale, les responsables de plusieurs publications dont le succès repose sur leur grande ouverture d'esprit : *Argumenty i Fakty* (33 millions d'abonnés), dont le rédacteur en chef Starkov et une partie du comité de rédaction se présentent devant les électeurs, de même que les rédacteurs en chef de *Vek XX i Mir,* de *Sel'skaia Molodej,* de *Voprosy Ekonomiki.* Parmi les candidats, on compte aussi nombre d'animateurs du *Groupe interrégional du Congrès soviétique* qui est à l'avant-garde du réformisme. C'est dire que l'élection de Russie a mobilisé tout ce que la classe politique russe compte de plus prestigieux dans le camp libéral.

Le *Bloc de la Russie démocratique,* formé en janvier 1990 pour préparer les élections, a adopté alors un programme orienté principalement vers des réformes démocratiques : multipartisme, décentralisation, fin du monopole politique et économique... Mais la partie russe-nationale n'en est pas absente : « Nous imposerons une souveraineté véritable pour la Russie avec primauté de la loi républicaine sur la loi fédérale[34]. » Dans l'ensemble, sur ce chapitre des revendications nationales, le *Bloc démocratique* a fait siennes toutes les exigences du nationalisme libéral, mais sur un ton très modéré où la volonté de ne heurter aucun peuple — pas de chauvinisme ! — prévaut à tout instant.

Le *Bloc des patriotes russes* est une alliance d'associations culturelles et politiques regroupées à l'occasion des mêmes élections. En dépit de l'appellation « patriote », à laquelle l'académicien Likhatchev donnait un sens ouvert et tolérant, c'est la fermeture et l'intolérance qui caractérisent cette alliance. Les *patriotes russes* — leur programme électoral est à cet égard explicite — critiquent les réformes économiques qui tendent vers le marché, tout en défendant l'idée que les paysans doivent être maîtres de la terre qu'ils cultivent ; ils s'opposent à l'affaiblissement et au démantèlement de l'État et de l'Empire soviétiques. Enfin, ils demandent que la Russie joue un rôle central dans l'État soviétique. Mais, peu cohérents avec eux-mêmes, ils affirment aussi la nécessité de doter la Russie d'un statut indépendant. Ils prônent enfin l'ordre moral, la réhabilitation des valeurs spirituelles et le retour aux traditions culturelles russes. Dans l'ensemble, ce programme combine non sans contradictions les aspirations des nationaux-bolcheviks et un certain populisme traditionnel en Russie[35], peut-être dans l'intention de séduire deux électorats opposés, les nostalgiques du stalinisme de type Nina Andreieva et les sympathisants d'un nationalisme conservateur. Calcul tarabiscoté, qui explique sans doute le désastre électoral des *Patriotes russes* et le succès du *Bloc démocratique*.

Cette défaite des nationalistes durs est d'autant plus remarquable que ce sont eux qui ont fait la campagne électorale la plus bruyante, la plus soutenue aussi par les médias. L'organe du Parti en Russie, *Sovetskaia Rossiia,* a jeté durant toute la campagne son poids dans la balance en faveur des *patriotes.* Leur défaite est par là même celle du Parti, puisqu'elle montre la désaffection de la population russe pour la variante du nationalisme que celui-ci soutient. Presque toutes les vedettes de la tendance conservatrice ont été battues ; un petit nombre se sont tirées d'affaire dans des circonscriptions éloignées. C'est ainsi que le rédacteur en chef de *Sovetskaia Rossiia* a dû, pour se faire élire, chercher une circonscription perdue du Daghestan, où nul n'avait probablement jamais entendu prononcer son nom. Des écrivains comme Bondarenko, Saloutski, Glouchkova ont été écrasés (de 2,72 à 3,41 % des voix !).

L'électorat n'a pas été plus indulgent vis-à-vis de la candidate qui se réclamait de *Pamiat* et qui a recueilli 5 % des voix. Pourtant, de ce désastre même, une leçon se dégage. Ce sont les candidats qui ont insisté sur leur attachement à la Russie et non sur la nostalgie de l'ordre disparu qui ont obtenu les moins mauvais résultats, tel Kouniaev, rédacteur en chef de *Nach Sovremennik*, ou encore le peintre Glazounov, même s'ils n'ont pas réussi pour autant à se faire élire.

Dès le premier tour, le *Bloc démocratique* a eu des élus réputés pour leur position ultralibérale, telle la jeune économiste Tatiana Koriaguina qui est l'un des espoirs de la vie politique russe (65 % des voix au premier tour). Les préférences des électeurs ont été tranchées. C'est en effet une particularité de ce scrutin que les écarts de voix très élevés entre élus et battus. Starkov, le rédacteur en chef d'*Argumenty i Fakty,* a été élu contre plusieurs adversaires avec près de 51 % des voix. En revanche, les meilleurs scores des battus du *Bloc des patriotes* se situent autour de 20 % — un seul de ses candidats a atteint 41 %.

Les élections ont donné une large majorité au *Bloc démocratique* à Leningrad (dans les deux principales villes de Russie, le *Bloc* va aussi réussir à s'emparer de la municipalité) et de nombreux sièges dans l'ensemble du pays. C'est donc un Congrès plutôt ouvert qui est sorti des urnes[36].

Mais le choix des électeurs n'est pas aussi simple qu'il y paraît de prime abord. Ce ne sont pas les « démocrates » qui les ont attirés de préférence aux « conservateurs », mais plutôt ceux qui ont su combiner un discours ouvert avec des exigences russes prononcées. Le *Bloc démocratique* a pu mesurer l'importance de cette exigence, donc la nécessité, pour lui, d'occuper le terrain national 'ors des élections au Soviet de la République et, surtout, de la désignation de son président. Ces élections ont été en effet décevantes pour le *Bloc* dont toutes les vedettes ont été battues et qui se retrouve minoritaire dans une assemblée dominée par les conservateurs. Cette bataille perdue n'en a rendu que plus importante la conquête de la présidence qui — Gorbatchev l'a montré au Soviet suprême de l'U.R.S.S. — peut, habilement maniée, imposer ses vues à n'importe quelle majorité. Élection d'autant plus décisive que la R.S.F.S.R. n'a pas encore de « chef de l'État », donc que l'« homme fort » en est le président du Soviet suprême. Comment éviter ici une défaite face aux conservateurs majoritaires ?

Dès la première session du Congrès, le 16 mai, les *libéraux* ont remporté à cet égard une victoire décisive en obtenant l'accord de l'assemblée sur un examen du bilan du gouvernement sortant. Ce gouvernement ultraconservateur, dirigé par Alexandre Vlasov, candidat à la présidence, n'avait pas de quoi se réjouir d'une telle perspective. Une politique désastreuse le condamnait, disqualifiant la candidature Vlasov et laissant la voie libre à Boris Eltsine, dont la candidature avait finalement recueilli l'assentiment des démocrates. La bataille pour la présidence a ainsi opposé en dernier ressort deux candidats, Eltsine et Vlasov[37], tous deux — et c'est cela qui importe — inscrivant la souveraineté de la Russie parmi leurs priorités. Mais quand Eltsine dit *souveraineté totale*, Vlasov répond *souveraineté économique dans le cadre du système politique soviétique.* Le discours fortement teinté de nationalisme de Eltsine lui vaut 537 voix au troisième tour, contre 467 à son adversaire[38]

Les premiers propos d'Eltsine confirment son « jeu

russe » : cent jours pour établir la souveraineté de la
république ; introduction d'un système présidentiel en
Russie, afin que le président de la République ne soit pas
en position de faiblesse face au président soviétique ;
réformes très rapides, de sorte que la Russie se trouve en
avance dans l'effort de reconstruction par rapport à
l'U.R.S.S. ; restitution à l'Église de Russie de son autorité
morale[39], notamment en lui rendant sa place dans le
système éducatif[40] ; enfin, critique des orientations vers
l'Ouest trop marquées de Gorbatchev.

Ce discours flatte, on le voit, le nationalisme montant
en Russie. Et Eltsine insiste : il est le président de tous les
Russes, toutes tendances confondues, et non de la partie la
plus réformiste d'entre eux. On ne peut réduire ce discours
à la seule volonté démagogique de renforcer une position
déjà solide. En tenant un langage plus national même que
réformateur — encore que Eltsine veuille se présenter, à
son poste, comme celui qui pousse toujours davantage au
changement —, le nouveau président russe a conscience
d'aller dans la direction vers laquelle toute la Russie,
libérale ou conservatrice, s'achemine[41].

C'est peut-être le nombre croissant d'organisations extrémistes (en dépit de l'insuccès électoral de *Pamiat*) qui
convainc les libéraux russes qu'à trop reléguer en seconde
position le problème de la nation russe, ils seront un jour
débordés par des manifestations de chauvinisme radical.
Barrer la voie au plus tôt à un nationalisme inavouable par
ses excès mêmes, empêcher une alliance de fait de se nouer
entre ce nationalisme extrême et les conservateurs : rien ne
paraît désormais plus urgent. En effet, après les élections,
les libéraux ont conscience que leur succès va pousser les

conservateurs à surenchérir en matière de nationalisme et à trouver là un terrain favorable à la reconquête de l'opinion. La démocratisation relative de l'U.R.S.S., qui permet non seulement la compétition électorale, mais aussi le développement des partis et de l'expression politique[42], a cet effet pour le moins inattendu d'ouvrir les vannes à un nationalisme jusqu'alors confus. Parce qu'en dehors des problèmes de la vie quotidienne, l'opinion, des sondages épars le montrent, s'intéresse en priorité à la Russie, à sa renaissance, à l'expression de son existence, toutes les tendances politiques sont condamnées à consacrer leur réflexion à ce problème, sous peine d'être coupées de la société. Les libéraux, qui ont sur ce chapitre un certain retard, ne peuvent faire moins qu'élaborer un véritable programme russe. Eltsine a très tôt emprunté cette voie et sa position politique en Russie — dans la mesure où les succès économiques exigent du temps — dépendra avant tout de son aptitude à se poser en défenseur de la nation, à faire avancer les thèses russes. Cela a été fort bien compris par les gouvernements des États baltes qui ont salué avec chaleur l'orientation « indépendantiste » de la Russie, convaincus qu'elle venait renforcer leur propre cause en affaiblissant la fédération.

Du coup, les libéraux se trouvent sur une voie difficile. Il leur faut jouer la carte russe, mais, en même temps, par fidélité à leurs idées, éviter d'encourager un nationalisme étroit qui tournerait à l'hostilité envers les autres peuples de l'U.R.S.S. Arracher la Russie aux tentations du chauvinisme et de l'isolationnisme sans tomber soi-même dans aucun de ces travers est une gageure difficile à tenir. Nombre de libéraux s'en alarment. Leur pays n'est pas une petite Estonie, c'est un puissant État qui n'a besoin de se défendre contre nul autre. A confondre ses problèmes avec ceux des petites nations de l'U.R.S.S., il risque de se ravaler à leur rang.

C'est en définitive à Alexandre Tsipko — nationaliste libéral et chrétien, qui a lucidement analysé les racines marxistes de la tragédie soviétique — que revient la conclusion la plus stimulante de ce débat sous le titre *Les Russes quitteraient la Russie*[43] : « La sortie de la R.S.F.S.R. de l'U.R.S.S. ne résoudrait aucun problème russe ; la souveraineté de la Russie ne résout rien. Si l'on n'arrache pas à la Russie les racines de son malheur, les Russes indépendants seront toujours aussi pauvres qu'ils le sont, intégrés à la fédération. De plus, la Russie n'est pas la Lituanie. Vilnius peut se séparer de Moscou, c'est son droit. Mais Moscou ne peut quitter Moscou. Moscou peut seulement réintégrer son histoire et se libérer de ce qui, si longtemps, l'a empêché de vivre et de se développer. »

Le rejet du système fédéral, qui commence avec le développement d'un second pouvoir, celui que les fronts populaires vont exercer progressivement, a donc abouti à deux formes de rupture : l'indépendance de la Lituanie, puis celle des deux autres États baltes ; la proclamation de la souveraineté russe.

Certes, ces deux ruptures ne revêtent pas la même signification. En proclamant leur indépendance, les pays baltes entendent bien quitter véritablement ce qui subsiste de l'U.R.S.S. Ils n'ont pas avec elle de véritables affinités, et les liens qui les ont unis à la fédération pendant cinquante ans leur ont été imposés par la force, alors qu'ils avaient trouvé un équilibre propre depuis 1918. Leur culture, leur volonté les tournent vers le monde scandinave auquel ils appartiennent. Sans doute l'histoire d'après-guerre les a-t-elle contraints à s'intégrer à l'U.R.S.S., et l'interdépendance économique avec elle est assez forte pour qu'une coupure totale paraisse déraisonnable. Les Baltes le savent, qui ont tenté de quitter l'ensemble soviétique en invoquant leur spécificité, afin d'éviter un divorce dans l'affrontement[44]. Ils ont été convaincus que, par-delà une crise initiale, des arrangements pourraient être négociés sur les échanges économiques, les facilités portuaires, voire le statut des Russes qui choisiraient de rester, et qu'ainsi des liens contractuels de coopération et de bon voisinage remplaceraient peu à peu les anciens liens de dépendance. Le Commonwealth britannique, la Communauté des États francophones témoignent que, passé le temps de la domination, les peuples qui ont partagé un même destin peuvent en perpétuer certains éléments. Quand le paysage européen, que l'on croyait à jamais figé, change, pourquoi les Baltes incorporés à l'U.R.S.S. au moment où ce paysage s'était fixé n'auraient-ils pas vocation à prendre part à ce changement ? Si l'unité de l'Allemagne, qui semblait à jamais révolue, est devenue acceptable pour Moscou, pourquoi l'indépendance balte le serait-elle moins ? Voyant reculer jour après jour, dans l'est de l'Europe, les limites de l'impossible, les Baltes ont raisonnablement considéré que ces limites pouvaient reculer pour eux aussi. Ce raisonnement était d'autant plus légitime que ce qui constituait le ciment du fédéralisme — le système politique, les lois, l'armée — était en voie de disparition. Le double pouvoir et le pluralisme ont insidieusement envahi l'espace politique et remplacé le système soviétique.

Officiellement, ce système était intact ; en réalité, il n'était plus qu'une coquille vide où, dès avant l'indépendance, s'étaient glissés des éléments d'un autre système qui n'avait presque plus rien de commun avec l'U.R.S.S. Plus personne n'obéit à la loi soviétique et le puissant maître de l'U.R.S.S., alors que nul n'a encore parlé d'indépendance, est bien incapable d'imposer son autorité aux Baltes. L'armée même est un recours douteux dans un pays où tout un chacun — recrues, réservistes, familles de réservistes, anciens combattants — s'interroge et entend décider seul de ce qui est son devoir. Si, durant des décennies, l'U.R.S.S. a pu imposer sa volonté à des peuples un moment rebellés à Budapest, Prague ou Varsovie, c'est que nul ne pouvait exprimer ses doutes à voix haute. *A fortiori,* dans l'espace intérieur soviétique, les doutes et la révolte de chacun ne pouvaient se transformer en conscience collective, donc jouer un rôle politique. Mais le droit à la vérité et à son expression publique, ajouté au constat que l'U.R.S.S. acceptait le rejet de son système et de sa tutelle dans tout l'est de l'Europe, allait parachever le changement qui s'était fait jour dans les profondeurs des sociétés nationales. L'opinion publique que la *glasnost'* a laissée s'épanouir, cette société civile, encadrée par les fronts populaires, a pris acte de la réalité : un système qui s'est délité insensiblement cependant que se coulaient à sa place de nouveaux modes de pensée, de nouvelles instances d'autorité. L'indépendance des États baltes était acquise avant d'être proclamée.

La seconde rupture, qui se produit en Russie, est à long terme plus douloureuse et plus complexe. Déchirée entre ses deux vocations — « un destin de nation-ermite, comme disait Claudel, c'est-à-dire de nation autarcique, tentée par la rupture du dialogue culturel avec l'Europe, tentée par une sorte de figement dans le temps, et par l'abolition de la catégorie du futur[45] » et un destin européen —, la Russie a d'autant plus de mal à choisir que le renouveau politique s'est glissé dans ce débat, s'est mêlé à lui, et que tous les mouvements qui parlent de l'avenir russe le font par référence à ces deux extrêmes. Pour un peuple humilié, désespéré, à qui l'on dit dans un même temps que tout a été manqué dans ce siècle (Gorbatchev) et qu'il en est responsable (les nations), quelle tentation que le repli sur soi et sur son passé ! L'Europe développée semble alors bien peu attrayante, car elle donne la mesure du retard accumulé et accroît d'autant l'humiliation et la tendance à s'autoflageller.

Mais cette tentation peut reculer devant l'autre tendance qui marque la renaissance russe. La volonté de comprendre le malheur qui s'est abattu sur ce pays, qui l'a réduit à la misère morale et matérielle présente, nourrit un extraordinaire mouvement intellectuel. Si le début du siècle fut son *Âge d'argent,* cette fin de siècle en Russie pourrait aussi mériter une telle appellation. Probablement pas par la qualité artistique des œuvres produites, mais par l'effort d'arrachement à la paralysie spirituelle à laquelle ce pays paraissait condamné. Tous les penseurs, les auteurs de l'*Âge d'argent* que la révolution de Lénine avait chassés de Russie, chassés des esprits et de la mémoire, refont irruption dans leur pays. Celui-ci découvre, bouleversé, une pensée philosophique, une littérature, une peinture qu'on lui avait cachées, et dans ce foisonnement prodigieux d'idées et d'œuvres, il peut retrouver son identité. L'intel-

ligentsia russe libérale se consacre aujourd'hui avec passion
non à ses propres œuvres, mais à la reconstitution morale
de la Russie. C'est en cela qu'elle peut jouer un rôle
décisif. Elle récuse le repli et la nostalgie dévastatrice. Elle
veut conduire la Russie vers l'Europe, mais, en même
temps, parce qu'elle est viscéralement attachée à son
peuple, à une conception humaniste de son destin, elle
tente de jeter un pont entre les deux vocations de ce
peuple. La brillante pléiade rassemblée autour de
D. Likhatchev, les Averintsev, Tsipko, Nouikin, Seliounin,
Latynina et tant d'autres, sait — elle le dit — que la
Russie doit être Russie et Europe à la fois. Elle doit savoir
être elle-même sans céder aux démons qui la guettent.

Pour cette Russie qui ne sait encore quel choix opérer,
qui hésite entre modernité et spécificité, les mots de
souveraineté et d'*indépendance* semblent aussi pourvus
d'attraits qu'aux autres nations de l'U.R.S.S. Mais, en
Russie, ils ne peuvent revêtir la même signification ni la
même portée. Si les peuples de l'Empire russe peuvent
décider — quitte à réfléchir ensuite à la pertinence d'un
tel choix — de quitter l'U.R.S.S. et la Russie, celle-ci ne
peut se quitter elle-même, car l'U.R.S.S. est une part de
son destin, ni se retourner de son seul gré contre les
peuples de son empire. Elle doit tout à la fois se libérer
d'un système responsable de sa faillite et de la désertifica-
tion qui la caractérise aujourd'hui, et résoudre le problème
de son empire de manière équitable. Cela signifie qu'elle
doit laisser aux peuples qui le souhaitent la liberté de la
quitter, mais qu'elle ne peut se défaire de ceux qui ne le
veulent pas. Or l'Empire lui est devenu pesant, et la partie
la plus attardée de cet empire, celle qui ne peut le quitter

— la périphérie musulmane —, la tire vers le sous-développement. La Russie peut d'autant moins, à l'instar des autres nations, décider d'avancer seule vers le progrès, qu'elle renferme dans ses frontières, dans l'espace russe inaliénable, une infinité de petites nations et de groupes ethniques avec qui elle est condamnée à vivre à jamais.

L'État-nation russe, étape nécessaire sur la voie de la modernisation, ne pourra ressembler à aucun autre État. C'est cette immense difficulté à définir l'avenir, à se séparer de l'Empire tout en acceptant d'être une Russie hétérogène, multi-ethnique, ouverte aux autres cultures, qui explique la violence des oppositions au sein du nationalisme russe renaissant. C'est ce qui explique l'effort désespéré des esprits libres — ils vont de Sakharov à Soljénitsyne — pour trouver une voie médiane qui empêche une sociéte déconcertée de répondre aux appels extrémistes. Tous savent que la Russie doit, comme les autres nations, se libérer du système soviétique, mais qu'elle ne peut non plus renier cette part de son histoire sans se séparer d'elle-même. Qu'en revanche, là où les peuples qu'elle domine peuvent s'émanciper contre elle pour avoir été contraints de vivre avec elle, elle ne peut que se réconcilier avec elle-même.

La fin du fédéralisme, du système fondé par Lénine, impose à la Russie de ne pas recréer la logique du communisme sous une autre forme. La modernisation est en dernier ressort un apaisement de la vie sociale et internationale. Si la lutte des classes, la haine de classe qu'incarnait le système soviétique, est remplacée par la lutte des nations, alors la Russie se figera de nouveau dans un destin qui rejette la modernité.

L'enjeu des indépendances, en cette fin de siècle, est en définitive plutôt simple pour les peuples de l'Empire, mais affreusement compliqué pour la Russie. La démesure de l'espace russe se retrouve dans la démesure des choix qui lui sont désormais imposés.

Quatrième partie

APRÈS L'EMPIRE

CHAPITRE X

De la fédération
à la *maison commune*

Les violences interethniques qui ont ravagé l'U.R.S.S. depuis 1988 ont sonné l'alarme pour une classe dirigeante habituée à tenir la question nationale pour secondaire. Inquiet des bruits de soulèvement qui montent en février 1988 du Caucase, Gorbatchev décide alors d'ouvrir le débat devant le Parti. Pourtant, il lui faudra encore du temps pour prendre conscience de la gravité du problème national et tenter d'y apporter des solutions autres qu'un discours incantatoire sur les vertus de l'internationalisme.

Le débat dans lequel le Parti doit s'engager n'aura lieu qu'à l'automne 1989, un an et demi après avoir été décidé : dix-huit mois pendant lesquels des intellectuels partisans de la *perestroïka* tentent d'attirer l'attention de Gorbatchev sur ce qu'ils commencent à percevoir comme l'obstacle décisif à tout progrès général[1] : « Le pouvoir soviétique a

une politique ethnocidaire. » « Le peuple russe joue les
patrons vis-à-vis des nationalités[2]. » Avertissements inutiles, ou à peu près. Gorbatchev se préoccupe avant tout
d'affirmer son pouvoir et ne consacre à la crise montante
qu'une attention distraite. A la XIXe conférence du Parti
qui se tient en juin 1988, où il propose de remodeler le
système politique, la question nationale est évoquée, mais
en termes généraux : il faut être équitable envers toutes les
nations. Le projet de décentralisation politique qu'il défend
à cette conférence peut ouvrir des espaces de responsabilité
aux nations, mais dans quel cadre : celui des États nationaux ? Celui des régions, en affaiblissant d'autant le poids
de l'État national ? Nul ne le précisera. Et la révision de
la Constitution, en décembre 1988, montre bien que
Gorbatchev n'a pas vraiment intégré la question nationale
dans ses préoccupations.

La provocation constitutionnelle

Le 22 octobre 1988, la presse soviétique publie le projet
de Constitution amendée qui est soumis au débat public[3].
Aussitôt, la révolte s'empare des républiques. Baltes et
Géorgiens en tête — mais ils ne sont pas les seuls —
dénoncent avec vigueur un projet centralisateur qui ignore
toutes leurs revendications et constitue une véritable
régression du fédéralisme[4]. En un temps où les nationalités
commencent à s'organiser et montrent par la violence ou
le débat paisible — selon que l'on regarde vers le Caucase
ou les États baltes — que tout le système fédéral est
dépassé, ce projet constitutionnel constitue une véritable
provocation.

Réviser la Constitution s'imposait dès lors que Gorbatchev proposait l'instauration d'un véritable parlementarisme et qu'il convenait donc de définir ce que serait son expression, le Congrès des députés du peuple et le Soviet suprême transformé. Hélas, c'est précisément dans la définition des pouvoirs des institutions destinées à faire progresser la démocratie : *Congrès, Soviet suprême, Comité de contrôle constitutionnel,* que les républiques découvrent que la démocratisation se fera aux dépens du fédéralisme. Sur plusieurs points, leur indignation est particulièrement fondée.

Tout d'abord, sur le droit de sécession. Même s'il a toujours été purement théorique, ce droit inscrit dans la Constitution soviétique est fondamental pour toutes les républiques. Il signifie que si les circonstances s'y prêtent, elles pourront disposer de leur avenir. Ce droit, dans une fédération tronquée, est le symbole d'une éventuelle évolution vers un fédéralisme authentique. Or le projet constitutionnel de 1988 l'annule pratiquement en conférant au Congrès des députés du peuple le droit exclusif de « décider de la composition de l'U.R.S.S., de ratifier la formation des nouvelles républiques » (article 108, alinéa 2 du projet). Même si le droit de sécession est maintenu à l'article 72, il conserve peu de signification au regard de l'autorité totale du Congrès en la matière. D'autant que la composition de ce Congrès est défavorable aux républiques. Dans les constitutions antérieures — 1936, 1977 —, le Soviet Suprême, pseudo-Parlement, était une assemblée bicamérale où les nations étaient représentées deux fois : au Soviet de l'Union, au titre des circonscriptions territoriales — 1 député pour 300 000 habitants —, et au Soviet des nationalités. Chaque chambre comptait 750 députés. Or le système de 1988 bouleverse cet équilibre en prévoyant un triple système de représentation : 750 députés pour les circonscriptions territoriales, 750 pour les circonscriptions nationales et 750 pour les organisations sociales (partis, syndicats, etc.). Cette répartition, même si elle aboutit à une représentation plus ou moins équitable des nations au sein du Parlement, est symboliquement désastreuse. La représentation nationale proprement dite, celle d'un pays multi-ethnique de type fédéral, tombe de la moitié au tiers. C'est signifier aux nationalités qu'elles ont en somme le même statut que les organisations sociales, et que le fédéralisme n'est plus placé sur le même pied que la communauté soviétique. Cette régression statutaire dans le Congrès s'accompagne d'une baisse de la représentation des républiques dans la deuxième chambre du nouveau Soviet suprême, le Soviet des nationalités, au profit de la république de Russie. Le projet constitutionnel réduit en effet la dimension du Soviet suprême, qui était de 1500 députés, à 542, soit 271 par chambre, et modifie donc la part accordée à chaque formation nationale. L'article 111 attribue 7 députés à chaque république (au lieu de 32 auparavant), 4 aux républiques autonomes, 2 aux régions autonomes, 1 aux districts nationaux. Conséquence de cette répartition : la Russie, qui englobe dans ses frontières 16 républiques autonomes sur 20, 5 régions sur 8 et tous les districts nationaux, va se trouver beaucoup mieux représentée par rapport aux républiques que par le passé, puisque, au lieu de bénéficier de 32 % des sièges dans le Soviet des nationalités, le nouveau système lui en accorde 43 %. Certes, la Russie représente 50 % de la population de l'U.R.S.S., mais qui, à l'heure des revendications nationales croissantes, accepterait que soit rognée la représentation des nations ? C'est là une manière bien peu démocratique de les prendre en compte.

Deux autres motifs de mécontentement pour les nations :
la définition des pouvoirs du Soviet suprême et la composition du Comité de contrôle constitutionnel.

Le Soviet suprême, ou plutôt son praesidium, dont
Gorbatchev est président, a la capacité exclusive (art. 119,
alinéa 1) de décréter l'*état d'urgence* et de mettre en place
une *administration spéciale,* ce qui, considèrent les Baltes,
permet, en cas de crise grave à la périphérie, de substituer
aux pouvoirs locaux l'autorité centrale. De même, la
définition des compétences du Soviet suprême en matière
économique — prix et salaires, notamment — empiète sur
l'autorité des républiques, voire l'abolit. Au moment où
l'on évoque en U.R.S.S. l'autonomie économique des
républiques comme moyen légitime de satisfaire leurs
exigences, cette façon de mettre l'accent sur les compétences centrales témoigne que nul n'entend à Moscou jouer
la carte d'une véritable émancipation.

Enfin, point particulièrement sensible, la composition du
Comité de contrôle constitutionnel nouvellement créé
(article 125), dont on dit simplement qu'il comptera, outre
son président et un vice-président, treize membres. Qui
seront-ils ? Quelle part y auront les républiques ? Le flou
du texte les conduit à penser que cette institution, à l'image
des autres, pourrait être entachée de la même volonté
centralisatrice[5].

Ce projet de révision constitutionnelle a de quoi étonner.
Il est en contradiction avec la situation de l'U.R.S.S., où

la crise nationale est ouverte ; avec tout le discours officiel de démocratisation et de décentralisation ; avec l'engagement pris de mieux respecter les droits nationaux. Aurait-on voulu à Moscou précipiter la crise politique à la périphérie que l'on n'eût pas agi autrement. Ici, l'explication commode des tensions entre rénovateurs et partisans acharnés du *statu quo* est particulièrement peu pertinente ; en fait, Gorbatchev continue à manifester une remarquable indifférence aux récriminations de la périphérie : à ce moment encore (novembre 1988), il conçoit sa réforme politique en termes de pouvoir central ; le problème national ne fait pas encore partie, pour lui, des problèmes politiques de l'U.R.S.S. Il est évident qu'en matière d'équilibre politique centre/périphérie, ce réformateur est partisan de ne rien changer, donc éminemment conservateur.

C'est là, face aux volontés nationales, qu'il enregistre sa première défaite. L'indignation des républiques, surtout celles où la violence n'a pas remplacé le débat politique, ce qui donne à leur position beaucoup de poids, finit par avoir raison du projet constitutionnel. Celui-ci est amendé et le texte adopté le 1er décembre 1988 tient compte de leurs nombreuses objections[6].

Tout d'abord, la représentation nationale des républiques passe de 7 à 11 sièges ; et l'article 125 assure à *toutes* les républiques une représentation au Comité de contrôle constitutionnel. Dès lors que l'on tend vers un *État de droit,* la Constitution et le contrôle de la constitutionnalité des lois doivent jouer un rôle décisif dans l'évolution soviétique. On comprend parfaitement que les républiques aient attaché une extrême importance au fait que le Comité de contrôle constitutionnel soit de composition fédérale[7].

Les républiques ont aussi obtenu que l'*état d'urgence* ne puisse être déclaré sans qu'elles soient consultées ; et qu'aucune administration centrale ne puisse évincer ou remplacer les autorités locales. Enfin, le droit de sécession est maintenu dans sa forme antérieure sans qu'une compétence particulière du Congrès des députés du peuple puisse venir en limiter l'exercice.

Dans l'ensemble, les exigences de la périphérie ont donc été entendues et le texte amendé de la Constitution a été adopté à une large majorité par le Soviet suprême de l'U.R.S.S. (1 344 voix pour, 5 contre, 27 abstentions).

Cet accord quasi unanime tient non seulement aux modifications apportées au texte initial, mais à l'engagement pris par le pouvoir central de compléter dans un second temps ce qui n'est encore qu'une esquisse du système politique futur de l'U.R.S.S. La seconde étape sera celle de la définition des compétences républicaines, lesquelles seront considérablement élargies. Tel est en tout cas l'engagement de Gorbatchev, que le Comité central avait déjà pris pour sa part à la veille du vote.

Lors du débat, Gorbatchev a reconnu que le pouvoir avait mal évalué la situation, mais que, depuis lors, il avait entendu l'avertissement qui lui avait été adressé. Pour autant, il s'est bien gardé d'admettre que la révision constitutionnelle avait été initialement une tentative — manquée — d'accroître le pouvoir central et de réduire parallèlement l'autorité des républiques. Cette nouvelle attitude révélait-elle chez lui une prise de conscience de l'agitation périphérique et de ses causes ? Ou s'en tenait-il encore simplement à sa conception traditionnelle du fédéralisme, considéré comme une concession provisoire à un sentiment national condamné à terme par l'Histoire ? Pour les élites politiques de la périphérie, la réponse ne fait pas de doute : la révision de la Constitution fut une tentative délibérée d'opposer aux progrès du nationalisme un processus de centralisation accélérée. Pourtant, à considérer la facilité avec laquelle Gorbatchev a accepté de se soumettre, on est tenté d'opter pour la seconde explication et de considérer que le pouvoir, à ce stade, n'a pas encore compris que le fédéralisme se meurt dans les consciences nationales, et que le *statu quo* ne peut donc être maintenu.

Provocation ou négligence, l'essentiel est néanmoins ailleurs : dans le fait que, le 1er décembre 1988, le nationalisme de la périphérie a fait reculer le pouvoir central. On a pu constater qu'une confrontation ferme, même sans recours à la violence, a modifié du tout au tout les rapports centre/périphérie.

Les conséquences de cette première crise politique entre Gorbatchev et les républiques sont graves. L'autorité personnelle de Gorbatchev, maître d'œuvre de la révision, en est déjà affectée. La confiance qu'on lui porte l'est également, puisqu'on lui attribue la paternité du projet initial, donc une conception centraliste en contradiction avec ses propos apaisants. Tout suggère en fait que Gorbatchev, s'il a compris qu'il lui fallait céder, n'a pas pour autant révisé sa conception du problème national, ni compris ce que l'issue du conflit impliquait pour son autorité.

Un centre fort, des républiques fortes

Étrangement, 1989, année de grands changements politiques en U.R.S.S. — élections, découverte des vertus du parlementarisme —, est l'année d'une véritable « stagnation nationale » dans la politique de Gorbatchev. Cette stagnation est d'autant plus étonnante qu'elle s'accompagne d'un bouleversement radical du paysage national — violence généralisée dans le sud de l'U.R.S.S., marche paisible à l'indépendance à l'ouest. Dans cette révolution des nations où tout sombre — l'ordre public, l'autorité centrale, les chances de cohabitation entre ethnies —, l'immobilisme intellectuel et politique du pouvoir central est proprement stupéfiant. Il semble qu'à Moscou, on n'imagine pas d'autre réponse à la vague déferlante des nationalismes que la répression ou l'ignorance.

Avec près de dix-huit mois de retard sur les événements, le Parti communiste se réunit enfin, le 19 septembre 1989, pour débattre du problème.

A la veille de cette réunion, la mouture définitive du « document-plate-forme » du Parti est publiée par la presse et présente sa position officielle[9]. Ce document est un nouveau témoignage de la paralysie mentale qui affecte les dirigeants de l'U.R.S.S. dès lors que la question nationale vient sur le tapis. Le texte du Parti, incroyablement tardif par rapport au cours tumultueux des événements, n'est marqué d'aucun changement de perspective, sauf à l'égard de la Russie dont le Parti prend en compte le réveil. De ce texte, que retenir d'essentiel, sinon qu'il ne répond à aucun des problèmes qui se posent, qu'il ne marque aucun progrès en direction d'un vrai fédéralisme, alors même que l'évolution soviétique a déjà dépassé cette exigence, et qu'il contient tous les ingrédients propres à irriter davantage les républiques, à supposer qu'elles prêtent encore quelque attention aux orientations du pouvoir central ?

Le texte du Comité central, qui rappelle les débats de 1922 sur l'avenir de l'U.R.S.S. opposant partisans d'une solution confédérale et « autonomistes », c'est-à-dire centralisateurs (Staline), conclut à la sagesse du choix de Lénine en faveur du fédéralisme. Mais cette conclusion vaut pour le présent tout autant que pour le passé. Or, en 1989, on n'en est plus là ! Seul le passage à une confédération très souple d'États souverains, liés par traité, aurait peut-être constitué une solution propre à sauver l'U.R.S.S. de l'éclatement. C'est celle que l'académicien Sakharov prône alors avec persévérance[10]. Et il est juste de dire que cette thèse rencontre encore un écho dans la périphérie la plus mûre politiquement, chez les Baltes et les Ukrainiens. Estimant inutile de toucher le moins du monde à la Constitution de 1922, le Parti communiste rejette avec mépris cette solution confédérale. Pourquoi renégocier des traités puisque la Constitution de 1922 reposait sur un traité ? A l'évidence, le Comité central oublie, entre autres détails, que les États baltes, en 1922, étaient indépendants, et qu'à ce compte, rien ne les lie à la fédération. Ceux-ci s'en souviendront quelques mois plus tard lorsqu'ils franchiront le pas de la déclaration d'indépendance.

Reconnaissant que des déviations ont affecté par le passé le bon fonctionnement du système fédéral, le Parti définit ce qu'est réellement ce système et les moyens de le faire fonctionner. Aux termes du document, c'est une association volontaire d'États qui, au sein d'un État unique, l'U.R.S.S., conservent leur totale indépendance. Pour que la fédération ne soit pas dévoyée comme elle le fut, elle doit combiner « un centre fort et des républiques fortes ».

Comment les républiques pourraient-elles se satisfaire de la volonté réaffirmée de maintenir un système qu'elles rejettent, et de cette formule parfaitement contradictoire associant un centre et des républiques pareillement forts ? Elles ont également lieu de déplorer que le terme utilisé pour définir leur souveraineté soit le plus faible des deux mots que l'on pouvait introduire dans le document : *samostoiatel'nost,* employé ici, qui signifie *être maître de son destin*, est politiquement moins précis que le terme dont les républiques s'empareront peu à peu, *nezavisimost'*, qui signifie littéralement *non dépendant* et qui exclut explicitement toute autre autorité[11].

Les républiques ne peuvent pas non plus tenir pour un progrès l'insistance mise par le Parti sur le rôle de la Russie dans la fédération : un rôle décisif dans le progrès général. Il est clair que le Parti a été plus sensible aux doléances russes et à la montée du sentiment national russe qu'à l'évolution des autres nations. Aux Russes, il adresse dans ce document un véritable message : il est temps que la Russie, comme les autres républiques, dispose de toutes les institutions politiques et culturelles qui permettront à cette nation de s'épanouir.

Enfin, un dernier point peut à bon droit troubler les grandes républiques et les nations qui disposent d'un État. Le Parti communiste se fait le champion des droits de *toutes* les minorités nationales et suggère que républiques et régions autonomes deviennent plus importantes. Pour les États-nations, le soupçon se fait jour que le Parti s'en tient à sa vieille stratégie d'affaiblissement des grands groupes en leur opposant les petites ethnies minoritaires. Pour les Géorgiens confrontés aux exigences abkhazes, pour les Azéris qui refusent d'écouter les Arméniens du Karabakh, ces propositions relèvent de la pure provocation. En définitive, les républiques entrevoient dans ce discours un retour ou une perpétuation de la stratégie bien connue qui consiste, tout en réaffirmant leurs droits imprescriptibles, à les prendre en étau entre la Russie et les minorités[12].

Le discours prononcé par Gorbatchev lors du plénum « national » n'est pas fait pour dissiper ces soupçons. Au contraire, on l'a entendu insister sur l'apport de la fédération à chaque nation et sur les liens indissolubles que l'intérêt économique a créés entre elles. L'autodétermination, dit Gorbatchev, est le principe autour duquel tout le système fonctionne, mais elle doit être entendue dans son acception réelle : non pour favoriser des sécessions qui n'auraient aucun sens, mais comme principe d'autogestion permettant à chaque nation, à l'intérieur du grand ensemble soviétique, d'atteindre à un épanouissement complet.

Lors de ce plénum, Gorbatchev a aussi jeté son autorité dans la balance en faveur de la promotion de la langue russe comme langue d'État de toute l'U.R.S.S. *(obchtchegosudartvennoi).* Projet sans doute propre à améliorer bien des choses en U.R.S.S., mais qui, en 1989, alors que tous les peuples dénoncent la russification, sonne aussi comme une provocation.

De même, Gorbatchev heurte bien des sensibilités nationales en évoquant les conditions « indiscutables » du rattachement des États baltes à l'U.R.S.S. Il se trouve d'ailleurs sur ce point en difficulté avec lui-même. D'un côté, il reprend à son compte la thèse de leur adhésion volontaire à l'U.R.S.S., mais, de l'autre, il admet dans son discours la nécessité de rétablir la vérité historique sur les événements de 1940[13]...

Discours complexe, parfois incohérent, qui tend tout à la fois à apaiser les conflits, à préserver ce qui existe en indiquant que toute autre voie serait dangereuse et virtuellement impraticable, enfin à signaler aux Baltes qu'ils vont trop loin, et aux Russes qu'ils ont été compris. Dans l'ensemble, l'impression qu'on peut retirer de ce discours est que Gorbatchev n'a toujours pas compris que c'est l'existence même de l'U.R.S.S. qui est en train de se jouer. Il semble camper sur une position inchangée, tout en acceptant quelques concessions verbales ou réelles. Il faut, dit-il par exemple, des instances spéciales pour traiter les problèmes nationaux, donc exorciser les fantômes du séparatisme. Mais, responsable du Parti, Gorbatchev s'y pose aussi en héritier intraitable de Lénine. C'est à ce titre qu'il rejette sans discussion l'aspiration des partis communistes locaux à se fédéraliser. L'unité du Parti est un principe qui ne souffre aucune remise en cause. Là encore, Gorbatchev traite le problème comme si, sur le terrain, notamment dans les États baltes, les partis nationaux acceptaient encore ce principe. Or la réalité a déjà échappé à la vision gorbatchévienne. L'indépendance de ces partis est en marche et Gorbatchev mène un combat d'arrière-garde auquel nul ne prête plus attention.

« Un centre fort, des républiques fortes », la formule va faire long feu. A peine les plus hautes instances de l'U.R.S.S. ont-elles proposé aux républiques cet étonnant programme — dont le principal soutien est Tchebrikòv — que l'on peut constater combien le pays réel s'éloigne de ceux qui pensent encore représenter le pays légal. A la périphérie, les violences à rebondissements et l'activité des fronts populaires attestent que les républiques entendent accroître leur force en contestant le centre, en l'ignorant, voire en l'affaiblissant. L'écart entre un centre figé dans sa perception du problème national et une périphérie qui ne cesse d'affirmer ses ambitions autonomistes ou séparatistes se creuse inexorablement.

Les sondages qui se multiplient en U.R.S.S. montrent que la société dans son ensemble s'interroge sur l'avenir de la fédération. Une enquête d'opinion faite à Moscou — ville hétérogène où toutes les nationalités sont présentes, mais où, malgré tout, la prééminence des Russes est écrasante — montre que, même là, si 72 % des sondés se prononcent en faveur de la stabilité des institutions fédérales, 18 % ressentent la nécessité d'accorder une très large autonomie aux républiques, et 6 % souhaitent que les républiques candidates à la sécession puissent aller au bout de leurs intentions.

L'idée d'une restructuration du fédéralisme gagne également du terrain chez les partisans de la *perestroïka*[14]. Des libéraux sont, dès cette époque, responsables de la politique nationale et ils nourrissent les plus grands doutes sur la perpétuation de la situation existante. L'intervention la plus intéressante, de ce point de vue, est due à G. Tarazévitch, un Biélorusse, président de la *Commission permanente du Soviet des nationalités*, qui, commentant la plate-forme du Parti, affirme que la centralisation de l'U.R.S.S. est désastreuse pour les rapports interethniques.

Il ajoute que sa commission entend proposer des lois destinées à protéger les prérogatives des républiques. On voit ainsi se dessiner un clivage entre un Parti théoricien de la question nationale, gardien d'une orthodoxie dénoncée par tous, et les praticiens qui y sont confrontés réellement. Tarazévitch pose avec lucidité les problèmes concrets, que le Parti s'est refusé à évoquer, des frontières internes de l'U.R.S.S. et de la compétence des républiques multi-ethniques en ce domaine[15].

Présidence impériale et fédération

Ni le Parti ni le Congrès n'ont vraiment avancé dans la réflexion nationale alors que les événements galopent. Convaincus que Moscou n'ira pas au-delà de projets d'autonomie économique sur lesquels, au demeurant, le désaccord au sein de l'équipe dirigeante est profond[16], les Baltes en déduisent qu'il leur faut avancer seuls sur le chemin que Moscou se refuse à leur ouvrir, et c'est la confrontation dramatique entre Gorbatchev et la foule de Lituanie, à Vilnius, en janvier 1990.

Ce voyage, qui met en valeur le courage physique et moral de Gorbatchev — il en faut pour affronter une foule assurément calme, mais farouchement déterminée —, est en même temps pathétique, car il révèle les difficultés du pouvoir central à tirer les justes conséquences d'une situation qu'il commence à évaluer justement.

A Vilnius, Gorbatchev franchit enfin le pas qu'il s'était toujours refusé à accomplir. Il reconnaît que le fédéralisme n'a jamais existé en U.R.S.S. et plaide pour un délai de grâce, s'engageant enfin à refondre radicalement les insti-

tutions soviétiques. Rentré à Moscou, il s'adresse au Comité
central du P.C.U.S., le 5 février, constate que la détério-
ration rapide des rapports centre/périphérie impose une
réévaluation d'ensemble, et, pour la première fois, suggère
que l'on puisse imaginer de diversifier le système des liens
fédéraux en les adaptant à des situations très variées[17].
Sans doute, évoquant cette possibilité, fait-il référence à la
plate-forme adoptée par le Parti en septembre, qui dit
exactement le contraire ; mais il n'est pas inconcevable
qu'effectuant un tournant important, Gorbatchev éprouve
le besoin de rassurer ainsi le Parti, de le convaincre qu'il
reste dans la droite ligne du programme adopté peu
auparavant. Gorbatchev, en tout cas — et c'est bien la
première fois ! —, est ici en accord avec nombre de
responsables des États baltes qui plaident pour un nouveau
traité d'union tenant compte des situations historiques et
de l'évolution déjà accomplie sur place. Un tel traité,
mettant en place une *confédération* (et non plus une
fédération), aurait l'avantage, disent-ils, d'épargner à
l'U.R.S.S. des sécessions déjà prévisibles. La revue *L'État
soviétique et le droit* propose au même moment la même
analyse des solutions possibles à la crise[18].

La voie paraît soudain ouverte à une initiative du centre.
En proposant un nouveau traité aux républiques, Gorbatchev les contraindrait au dialogue alors même qu'elles
s'enferment de jour en jour davantage dans leur propre
vision de l'indépendance. L'U.R.S.S. va-t-elle changer ?

Elle change, certes, mais pas là où on eût pu l'attendre !
Si la fédération rénovée passe alors au second plan, c'est
que Gorbatchev est préoccupé avant tout par l'instauration
d'un système présidentiel.

Le Congrès des députés du peuple, réuni les 12 et 13 mars 1990, est appelé à se prononcer sur cette révolution des institutions dont le projet a été rendu public quelques jours auparavant[19]. L'instauration d'un pouvoir présidentiel a très fortement pesé sur l'évolution rapide de la question nationale ; c'est un élément dont on n'a pas assez perçu la portée, qui explique notamment la décision lituanienne d'opter pour l'indépendance immédiate, sans négociations préalables. Gorbatchev, qui a longtemps écarté l'idée d'une telle transformation du système soviétique, y est venu — c'est du moins la justification qui en a été donnée — pour éliminer une fois pour toutes les menaces d'éviction le visant au sein du Parti et pour se donner les moyens d'action qui lui faisaient défaut pour imposer ses réformes.

Les pouvoirs présidentiels, surtout dans leur définition initiale, sont considérables ; comme le projet de révision constitutionnelle de l'hiver 1988, ils donnent lieu aussitôt à un conflit avec les républiques.

Le Président de l'U.R.S.S. récupère tous les pouvoirs du présidium du Soviet suprême et de son président. Dans la mesure où ce présidium incluait les présidents des Soviets suprêmes des républiques fédérées, le changement du 13 mars signifie que les républiques sont dépossédées de leur autorité au bénéfice du pouvoir central. Mais ce n'est pas tout. Dans le projet initial, le président de l'Union dispose du droit de décider seul de l'état d'urgence ou de la loi martiale sur tout le territoire de l'U.R.S.S. La bataille livrée par les républiques en décembre 1988 pour partager ce droit avec le Congrès, qu'elles avaient alors gagnée, semble remise en cause par ces pouvoirs exorbitants. Enfin, la nomination des membres du Comité de contrôle constitutionnel dépend aussi du chef de l'État.

Sans doute le débat au Congrès a-t-il contraint Gorbatchev à céder sur des points décisifs pour les républiques, mais pas sur tous. Deux concessions, très importantes pour elles, concernent l'état d'exception et le Comité de contrôle constitutionnel. Pour imposer la loi martiale ou l'état d'urgence, le Président aura en définitive besoin de l'accord des autorités de la république où cette décision s'imposera. A défaut d'accord sur place, le Soviet suprême de l'U.R.S.S. pourra — à la majorité des deux tiers — l'y autoriser. De la même manière, Gorbatchev doit renoncer au droit de nommer les membres du Comité de contrôle constitutionnel. Ce que les républiques avaient obtenu en 1988 leur est ainsi de nouveau reconnu.

Mais il n'en reste pas moins que le système présidentiel — même assorti de dispositions plus équilibrées — ne va pas dans le sens de la véritable fédération que Gorbatchev s'était engagé à faire progresser lors de son voyage à Vilnius. Encore moins dans le sens d'une confédération. Cette présidence forte est un moyen de centralisation. Comment la concilier avec des « républiques fortes » et avec un traité d'union prévoyant des statuts différenciés dont la nécessité s'était fait sentir ?

Si le débat a contraint Gorbatchev à renoncer à un pouvoir quasi total, ses partisans sont satisfaits, car, pour eux, ce qui importe au premier chef, c'est qu'il ne soit pas éliminé par les adversaires du changement et que sa politique de réformes puisse être poursuivie. Mais ses critiques ont fort bien perçu la contradiction existant entre le discours décentralisateur et ouvert aux nations que

Gorbatchev commence à tenir et cette concentration des pouvoirs entre ses propres mains. Boris Eltsine l'a exprimée clairement en soulignant combien le choix de ce calendrier — d'abord l'établissement d'un pouvoir présidentiel, ensuite seulement la réforme du fédéralisme — était mal venu et dommageable pour l'apaisement de la crise périphérique[20]. Une position similaire a été soutenue par Iouri Afanassiev, que l'on ne peut soupçonner, lui, de s'opposer à Gorbatchev pour mieux conforter ses ambitions personnelles. Il faut d'abord modifier la Constitution, a-t-il déclaré, ensuite seulement introduire une présidence. De plus, pour lui, l'élection du président dans une société multi-ethnique devrait s'effectuer directement au suffrage universel ; à défaut, la confiance des nationalités manquera toujours au président. Raisonnement d'autant plus pertinent que le système électoral de 1988 a accru considérablement, comme on pouvait s'y attendre, la représentation de la R.S.F.S.R. : si elle disposait de 43 % des députés dans l'ancien Soviet suprême, ils sont 49 % dans le Congrès élu en 1989[21].

Quant aux Lituaniens, il est clair qu'à examiner les pouvoirs inscrits dans le projet initial, il leur a paru plus sage de s'écarter de la fédération avant qu'un président trop puissant ne puisse s'y opposer.

Malgré les réticences exprimées, le système présidentiel a été adopté par 1 817 voix contre 133 et 61 abstentions. Mais l'élection de Gorbatchev à ce poste taillé à sa mesure a été beaucoup moins brillante, puisqu'il n'a obtenu que 1 329 voix contre 495 votes hostiles. Les députés baltes boycottèrent l'ensemble de ce scrutin qui, dirent-ils, ne les concernait plus.

L'opposition entre Gorbatchev et les nationalités ressort

pleinement de ce tournant politique. Gorbatchev l'a si bien senti qu'à peine élu, il a affirmé nettement, dans son discours, qu'il s'engageait à sauvegarder l'intégrité politique et territoriale de l'État soviétique et n'entendait donc pas être le président d'un État démantelé.

Si, devant les choix de Gorbatchev, la Lituanie adopte une position radicale, les autres nations de l'U.R.S.S. s'accordent pour les juger pareillement. Quelle confiance accorder aux paroles apaisantes et aux promesses que Gorbatchev leur prodigue parfois alors que, dans ses actes, il privilégie — le choix du système présidentiel en témoigne — une version centralisatrice, unifiante et autoritaire de l'État soviétique ? Qu'il faille réformer, qu'il y faille de l'autorité, nul ne le conteste. Mais la question demeure : quelle réforme est la plus urgente ? Celle du fédéralisme ou celle de l'économie ? Les pouvoirs que s'attribue Gorbatchev sont-ils indispensables pour susciter le moindre mouvement ? La réponse des nations est claire : à repousser la réforme fédérale, Gorbatchev, quels que soient ses pouvoirs, se condamne à l'impuissance. Il faut d'abord réconcilier les nations avec l'U.R.S.S. en abolissant un statut inégal dont Gorbatchev a lui-même reconnu l'injustice et le caractère mensonger. Peut-on impunément admettre que le fédéralisme n'existe pas et repousser indéfiniment sa réforme ? Ce qui manque à Gorbatchev, ce n'est pas le pouvoir, déclare Afanassiev au cours de ce débat, c'est la confiance. Telle est aussi la conclusion des nations. Et l'instauration de la présidence a porté un coup fatal à cette confiance que Gorbatchev réclamait de manière si pathétique à Vilnius.

La présidence représente peut-être, pour lui, une grande

victoire personnelle ; mais, dans l'histoire tourmentée des relations centre/périphérie, son instauration constitue encore une occasion manquée ; pis même : un mauvais coup porté à l'Union. Et un témoignage de plus de l'extraordinaire persévérance de Gorbatchev à sous-estimer la gravité de la cassure nationale.

La loi sur la « non-sécession »

L'indépendance de la Lituanie, proclamée à la veille de l'adoption de ce qui est, à la périphérie, perçu comme une « présidence impériale », place d'emblée le nouveau président devant le problème national. Il ne peut cette fois en ignorer l'urgence. Que faire face à une république qui décide seule de s'autodéterminer ? Le silence des textes — la Constitution et les lois soviétiques ne comportent aucune disposition relative à l'exercice de l'autodétermination — donne raison à la Lituanie lorsqu'elle affirme agir en conformité avec le droit. La hâte que le pouvoir central met à combler cette lacune juridique contraste remarquablement avec les cinq années durant lesquelles le problème national a été laissé par lui à l'abandon.

Depuis qu'en 1989 le mot *indépendance* a pris corps dans diverses républiques, la presse a évoqué périodiquement la nécessité d'en définir les modalités. A Vilnius, en janvier 1990, Gorbatchev a souligné que l'indépendance ne pouvait être réalisée dans le silence des textes, auquel, dit-il alors, on allait remédier. Mais, en janvier 1990, le programme de travail du Soviet suprême ne prévoyait qu'un débat sur ce thème ; rien n'indiquait qu'une loi serait proposée et adoptée à la va-vite au cours de cette session.

C'est pourquoi la soudaine précipitation qui conduit au vote de la loi sur la sécession, le 3 avril 1990, est si remarquable[22]. Cette hâte doit être soulignée ; elle explique peut-être l'adoption d'un texte aussi malencontreux, pour les relations entre le centre et la périphérie, que toutes les autres décisions prises antérieurement.

Cette loi, intitulée *Sur la procédure liée à la sécession d'une république de l'Union*, a été aussitôt baptisée, dans les républiques où l'humour accompagne souvent les événements graves, « loi sur la non-sécession ». Définition pertinente pour un texte destiné à mettre en place un parcours semé d'embûches qui transforme la sécession en véritable gageure et la rend impraticable pour une partie non négligeable des républiques soviétiques.

En vingt articles, ce texte ferme la porte à bien des espoirs. Point de départ de toute procédure de sécession : le *référendum,* décidé par le Soviet suprême d'une république ou bien à l'initiative de citoyens représentant au minimum un dixième de la population de cette république. Ce référendum au scrutin secret doit être organisé dans un délai de six à neuf mois à compter du moment où l'initiative a été prise. Pour que la procédure de sécession puisse être engagée, il faut que deux tiers des suffrages s'expriment en faveur de la proposition de sécession. A partir de là s'ouvre une période de transition qui doit durer cinq ans et au cours de laquelle l'U.R.S.S. intervient. Le Soviet suprême de l'U.R.S.S. qui, durant la première phase, était réduit à un rôle d'observateur, condamné à la passivité, sauf dans l'hypothèse d'une grave contestation, recouvre toutes ses prérogatives au lendemain du référendum. Il lui appartient de constater la légalité du référendum et d'imposer éventuellement un nouveau vote dans un délai de trois mois ; puis de soumettre les résultats à toutes les républiques de l'U.R.S.S. afin qu'elles les commentent ; enfin, de porter résultats et commentaires devant le Congrès, qui en débat. C'est au terme de ce processus, dont la durée n'est pas précisée, que la période transitoire de cinq ans commence réellement ! Cette période est consacrée à régler tous les problèmes posés par la sécession au reste de l'Union — intérêts économiques, installations militaires et intérêts stratégiques de l'U.R.S.S., droit des personnes, etc. L'article 15 traite expressément de la situation des résidents étrangers à la république, qui, au moment de la sécession, doivent décider s'ils veulent rester. Dans ce cas, la république est alors tenue de les accueillir. S'ils veulent prendre sa citoyenneté, elle a aussi obligation de la leur accorder. S'ils souhaitent partir, l'État indépendant leur doit une compensation couvrant les avantages qu'ils ont perdus et leur installation ailleurs. A la fin de ce parcours, le Congrès, si tout est réglé, prononce la sécession. Le débat parlementaire sur le projet de loi a confirmé qu'il s'agissait alors d'un acquiescement automatique, non d'une approbation soumise à discussion.

A première vue, donc, le parcours semble ne présenter qu'un défaut : sa lenteur. Six mois au minimum pour organiser le référendum, quelques semaines ou mois pour organiser dans toute l'U.R.S.S. la diffusion des résultats et la collecte des commentaires, cinq ans pour régler tous les problèmes : en fait, les cinq ans en font au moins six. Pour des républiques impatientes, c'est fort long. Mais ce délai requis pour se séparer de l'U.R.S.S. n'est rien au regard des chausse-trappes qui parsèment la procédure.

Première d'entre elles : la majorité des deux tiers requise pour que le référendum ouvre la voie à la procédure de sécession. Toutes les républiques sont loin d'avoir une population nationale représentant les deux tiers de leur population totale ; et il est clair que les minorités ou les résidents russes y sont peu enclins à favoriser la sécession. Si l'Ukraine, la Biélorussie, l'Ouzbékistan, la Turkménie, l'Azerbaïdjan, l'Arménie, la Géorgie et la Lituanie sont dans ce cas, six autres républiques se trouvent au-dessous de cette barre des deux tiers et auront beaucoup de mal à convaincre leur corps électoral d'adhérer à un tel projet. (Rappelons que la loi française sur l'autodétermination de la Nouvelle-Calédonie ne requérait que 50 % des suffrages, ce qui paraît plus équitable.)

Plus grave, la loi offre aux minorités dotées d'un statut politique — républiques et régions autonomes, districts nationaux — de voter, lors du référendum, séparément ; en somme, leurs suffrages doivent être pris en compte de manière distincte. Autrement dit, elles peuvent non seulement voter contre la sécession, mais exprimer un projet propre, tel qu'une sécession à l'intérieur de la sécession républicaine, et leur rattachement éventuel à l'U.R.S.S. Il est clair que l'Azerbaïdjan, engagé dans une procédure de sécession, perdrait instantanément le Karabakh ; la Géorgie perdrait de même l'Abkhazie, etc. Pour les républiques candidates à la sécession, cette disposition est fort dissuasive. De surcroît, même si la sécession n'est pas réclamée, elle ne peut qu'approfondir les conflits entre la majorité, qui sait quelle menace ses minorités font peser sur ses rêves d'indépendance, et celles-ci qui seront tentées d'abuser du pouvoir qui leur est ainsi donné par la loi. Nul doute que l'Azerbaïdjan, par exemple, n'aura désormais de préoccupation plus urgente que de réduire les Arméniens du Karabakh à la plus extrême docilité, et ne regardera pas aux moyens d'y parvenir.

Cette disposition ne s'appliquant pas aux républiques qui sont administrativement homogènes, la loi est allée encore plus loin dans l'utilisation des minorités. Elle prévoit en effet que là où des minorités sans statut politique particulier vivent de manière groupée — c'est généralement le cas pour les Russes —, le vote séparé s'appliquera aussi. A cela, aucune république n'échappe. La loi stipule de surcroît que ces populations étrangères à la majorité nationale ont, comme les minorités dotées d'un statut territorial, le droit de choisir leur avenir ; ce qui implique, pour la république qui fait sécession, des pertes territoriales probables qui, dans nombre de cas, constitueraient autant d'enclaves rattachées à un autre État. La loi propose ainsi de reproduire, par la procédure de sécession, la situation du Karabakh ! Quelle république se risquerait à affronter sereinement une telle hypothèse ? Quelle république souhaitant faire sécession ne sera tentée, avant de s'y engager, de pousser hors de ses frontières, par tous les moyens, les minorités qui menaceraient son intégrité ?

Mais ces dispositions draconiennes ne mettent pas un terme aux épreuves qui attendent les candidats à la sécession. Dans la dernière année de la période transitoire, il suffit qu'un dixième de la population doute des bienfaits de la séparation pour imposer un nouveau référendum. En revanche, si le référendum ne rassemble pas deux tiers des suffrages en faveur de la sécession, il ne pourra être renouvelé avant dix ans. Disposition fort injuste, mais prudente du point de vue de Moscou : le retour des Russes vers leur république et la disparité des progrès démogra-phiques modifiant rapidement la composition des répu-bliques, certaines, qui ne peuvent en 1990 réunir la majorité requise, pourraient probablement y atteindre rapidement. Toutes les précautions sont donc prises pour qu'un réfé-rendum perdu le soit durablement et pour qu'un référen-dum gagné puisse être remis en cause.

On voit, à analyser ce texte si contraignant, que le pouvoir central n'avait pour intention que de gagner du temps en Lituanie. Sans compter que, du jour où celle-ci s'est prononcée pour la séparation, la Biélorussie a évoqué ses propres droits sur une partie du territoire de sa voisine : cette exigence pouvait fort bien s'appuyer, désormais, sur la loi du 3 avril !

Malgré son caractère antisécessionniste, ou à cause de lui, la loi est votée par les deux chambres à une large majorité : seulement 13 voix contre. Les Baltes ne prennent évidemment pas part au vote qui, disent-ils, ne les concerne pas, puisque, n'étant pas « entrés » dans l'Union, ils ne peuvent faire sécession. Quant aux députés des autres républiques, on peut expliquer leur vote par une certaine indifférence : cette loi paraît si peu applicable que nul, à l'évidence, ne la prend vraiment au sérieux.

Opposée, sitôt votée, à la Lituanie, la loi est évidemment récusée par elle : la Lituanie ne se sent pas concernée par ce texte. Le serait-elle qu'il arrive trop tard.

Il reste que cette loi est sans nul doute le fruit d'une erreur de jugement. Loi sur la « non-sécession », elle est perçue dans toutes les républiques comme un simple artifice, non comme une réelle prise en compte du problème national. Ajoutée à l'instauration du système présidentiel, elle conforte les républiques dans l'idée que Moscou n'est pas disposé à négocier le démantèlement ou la transformation de l'U.R.S.S. C'est encore un peu de confiance qui disparaît, alors qu'il n'en reste guère à dilapider ! Cette loi ne peut qu'aiguiser l'hostilité de la périphérie à Moscou.

Erreur aussi dans la mesure où elle porte en germes de nouveaux conflits, où elle aggrave les dissensions inter-ethniques à l'intérieur des républiques. Sans doute est-ce un moyen, pour Moscou, d'éloigner le danger. Mais l'expérience accumulée depuis les émeutes d'Alma-Ata atteste que les troubles périphériques rejaillissent sur le centre et ne contribuent en rien à le renforcer.

Erreur, enfin, parce que cette loi est inapplicable. La Lituanie l'a aussitôt démontré. Quand Gorbatchev obtient une suspension provisoire de la déclaration d'indépendance, il s'engage à ce que la négociation entre la république balte et Moscou soit rapide. Nul n'évoque plus le délai de cinq ans. On peut émettre l'hypothèse que cette loi n'était qu'un écran de fumée permettant à Gorbatchev d'organiser, sans soulever d'oppositions autour de lui, le départ de la Lituanie. Sans doute les stratégies de ce type sont-elles monnaie courante. Mais elles sont efficaces lorsque l'autorité d'un système politique est réelle et que nul, dans ses abandons successifs, ne lit autant de signes de faiblesse. Or Gorbatchev n'a plus d'autorité sur la périphérie. Ses pouvoirs présidentiels immenses ne lui permettent pas davantage d'imposer sa volonté, en quelque domaine que ce soit, aux mineurs grévistes, aux paysans récalcitrants à louer des terres, aux ménagères qui dévalisent les étals, etc. Le général de Gaulle a donné en Algérie l'exemple d'une politique ambiguë, faite de décisions successives qui aboutirent à l'indépendance. Mais on voit aussitôt la différence entre les deux situations. L'autorité du Général était réelle et il n'avait à traiter qu'un seul problème ; ses décisions en Algérie n'étaient pas susceptibles d'affecter le sort d'autres territoires, puisque la décolonisation française était pratiquement achevée. Au contraire, les choix opérés par le pouvoir soviétique dans les États baltes sont lourds de conséquences pour l'ensemble ou du moins pour une vaste partie de l'Empire. Au temps perdu pendant cinq ans à ne pas vouloir prendre en compte le problème national se sont ajoutés des décisions et des textes que nul ne tient pour définitifs. A la périphérie, l'impression prévaut que chez les dirigeants de Moscou, l'improvisation tient lieu de politique. S'il ne s'agissait que de se séparer de l'Empire, l'incompréhension d'un côté, le scepticisme de l'autre seraient de peu d'importance. Mais l'espace commun, les problèmes humains et l'interdépendance renforcée au fil des décennies commandent au pouvoir central de chercher, au-delà de la division, les formules d'une nouvelle cohabitation.

Les institutions au secours du pouvoir

Le progrès politique de l'U.R.S.S. est une incontestable réalité, en dépit du retard apporté à traiter sérieusement les problèmes de l'Empire. L'un des aspects de ce progrès est qu'il n'existe plus de tabous, alors que tel fut durablement le cas du problème national, dont la réalité était niée. Aujourd'hui, la réflexion sur les situations les plus complexes déborde la sphère étroite du pouvoir pour alimenter un

débat général. En quelques mois, le problème national a
ainsi été confié à diverses institutions nouvellement créées
qui contribueront peut-être à proposer des vues neuves.
Sans doute la création de commissions et de comités de
toute sorte est-elle, en politique, un moyen fréquemment
utilisé pour gagner du temps. Mais, en U.R.S.S. où la
société fut longtemps écartée du pouvoir politique, ces
commissions permettent d'associer à la réflexion une élite
souvent extérieure à la *nomenklatura* et qui, désormais,
pourrait en assurer la relève. Au sein du Congrès des
députés du peuple, une pléiade d'intellectuels poussent
continûment au changement, posent des questions qui
perturbent une classe politique attachée au *statu quo*, et
témoignent qu'ici comme en Tchécoslovaquie, l'apport de
l'intelligentsia pourrait se révéler décisif.

Première-née de ces institutions, la *Commission permanente du Soviet des nationalités,* spécialisée dans la politique
nationale et les relations interethniques. Présidée par le
Biélorusse Georges Tarazevitch, cette commission est for-
mée alors que le Congrès des députés du peuple tient sa
première session où nul problème, dira Gorbatchev, n'a été
débattu aussi longtemps et passionnément que celui des
nationalités[24].

Un fait mérite ici d'être noté : la représentation des
nationalités assez équitable, ou plutôt équilibrée, dans les
instances permanentes du nouveau Parlement et dans ses
commissions. En effet, la présidence du Soviet des nationalités est revenue à un Ouzbek, Rafiq Nichanov ; celle de
la Commission permanente à un Biélorusse. Dès lors que
le Soviet des nationalités n'est plus, comme jadis, une
simple chambre d'enregistrement réunie quelques jours par

an, mais une assemblée permanente travaillant huit mois sur douze, il n'est pas indifférent que la responsabilité de réfléchir au problème national rassemble des représentants d'une Asie centrale difficile à intégrer et d'une Biélorussie qui constitue plutôt un élément de stabilité au sein de l'Empire.

Le Parti communiste, une fois n'est pas coutume, a aussi compris la nécessité de consacrer plus d'attention à l'explosion du nationalisme. Son Comité central s'est doté d'un *Département des relations entre nations* où travaillent côte à côte des représentants de nationalités diverses. Trois sections — Républiques non russes, Russie, Prospective — devraient y assurer une réflexion qui dépasse le cadre des généralités. Sans doute le Comité central est-il tourné vers la recherche de solutions d'intégration plutôt que des moyens d'un changement radical ; mais la création d'un tel département montre déjà que, même ici, la question nationale a cessé d'être tenue pour une « non-question ».

Le réalisme progresse à grands pas. La nouvelle composition du Politburo, décidée au XXVIIIᵉ Congrès, en juillet 1990, confère encore plus de poids au problème national au sein du Parti. Le fait que le Politburo doive obligatoirement accueillir des représentants de *toutes* les républiques est en rupture totale avec le rejet de la représentation républicaine qui caractérisait cette instance dans les premières années du gorbatchévisme. Mais cette quasi-« fédéralisation » du Parti survient au moment où celui-ci, à l'instar de l'État fédéral, explose et où les plus prestigieux dignitaires du P.C. russe — Boris Eltsine, Anatoli Sobtchak et Gavril Popov — l'abandonnent. Dans les républiques, les fronts populaires se sont substitués dans l'opinion publique aux P.C. locaux comme instances d'autorité. Il est sans nul doute trop tard pour que cette ouverture aux nationalités d'un Parti déconsidéré ait le moindre effet sur leur évolution.

Le 6 avril 1990, un nouveau pas a été franchi avec la création d'un *Comité d'État aux questions nationales,* dont la fonction première est de proposer des solutions concrètes aux conflits existants. Parmi ses premières missions, la restauration des droits des nations déportées par Staline. Pour la première fois depuis 1945, les Tatars, Allemands, Meskhes ont des interlocuteurs permanents. Le *Conseil de la fédération* est une instance nouvelle liée à la création de la présidence[25]; tous les responsables des républiques (chaque président de Soviet suprême) doivent en faire partie.

Enfin, l'entrée au Conseil présidentiel[26] de deux écrivains nationaux aussi représentatifs de leurs peuples et aussi différents que Chinguiz Aïtmatov et Valentin Raspoutine, l'un libéral, attaché aux réformes, l'autre passionnément russe et conservateur, témoigne du souci nouveau du président Gorbatchev d'entendre et de faire s'exprimer toutes les tendances. Aïtmatov est, de surcroît, président de la *Commission permanente du Conseil des nationalités pour la culture, le langage, les traditions nationales et la protection de l'héritage historique.* Quant à Raspoutine, il se veut dans le Conseil présidentiel l'avocat d'une cause qui bouleverse toute la périphérie : l'écologie[27]. Enfin, l'Ukrainien Grigori Revenko, qui fut jusqu'en 1990 Premier secrétaire de la région de Kiev, est spécifiquement chargé au sein du Conseil des questions nationales.

Ainsi se met en place — on l'a insuffisamment perçu —

un réseau d'institutions, de groupes de travail réunissant des hommes issus des républiques où l'avenir des rapports avec l'U.R.S.S. constitue la première préoccupation de chacun, qui ont une expérience directe de ces revendications et des problèmes de la périphérie, qui travaillent en mettant en commun leur connaissance des situations les plus contraires et leurs propres aspirations. A certains égards, cette soudaine floraison de groupes spécialisés dans le problème national évoque les débuts du pouvoir soviétique et le *Commissariat aux nationalités* de Staline, où fut jadis élaboré tout le système fédéral. Est-ce le signe d'une volonté de considérer l'ensemble du problème, comme ce fut le cas au début des années 20 ? D'une volonté d'élaborer, à l'écart des grands débats du Parti et du Parlement, des propositions pour une nouvelle politique ? Ou bien ne s'agit-il que de disposer d'« instances-alibis » dissimulant l'absence de projets et le souci de gagner encore du temps ?

L'avenir seul apportera une réponse à ces questions. Mais tout suggère que dans le contexte de révolution nationale caractéristique de l'U.R.S.S. d'aujourd'hui, il est douteux que ces groupes puissent se contenter de faire de la simple figuration. Des hommes comme Aïtmatov ou Raspoutine sont déjà trop engagés dans le débat national pour accepter d'être réduits à une fonction passive. De tous côtés, d'ailleurs, dans les revues qui ouvrent sur ce thème des rubriques spécialisées ou organisent des tables rondes, dans les instituts scientifiques, les suggestions pleuvent. Une ligne commune se dessine même : on ne sauvera quelque chose de l'ancienne communauté des peuples de l'U.R.S.S. qu'à condition d'en reconnaître les différences radicales de culture et de niveau de développement. D'accepter, donc, de substituer au mythique *peuple soviétique,* uniformisé, une communauté multiforme et différenciée qui puisse trouver place dans une *maison commune* aux structures d'une extrême flexibilité.

Pourquoi pas des « statuts d'association » ouverts aussi bien à ceux qui tenteraient d'emblée l'aventure de la *maison commune* qu'à ceux que l'expérience de l'indépendance — que l'U.R.S.S. devra d'abord entériner — aura convaincus que les États ne peuvent vivre que dans la solidarité[28] ? Association, confédération d'États égaux, etc. : les formules proposées sont nombreuses. Toutes ou presque incluent la Russie dans ce droit à la formation d'un État indépendant et considèrent que l'élément fédérateur souple devra en être distinct, y compris géographiquement. A la Russie sa capitale ; à la confédération ou au nouveau *commonwealth* la sienne.

Dans cette conception de l'avenir, l'U.R.S.S. s'efface peu à peu des esprits. La conclusion générale est qu'à l'heure où la *société civile* sort de sa longue léthargie et devient l'acteur privilégié du changement, il serait inconséquent d'ignorer que la communauté ethnoculturelle est le cadre naturel de toute société digne de ce nom, celui où se nouent et s'expriment ses solidarités.

CHAPITRE XI

Un nouveau peuple :
les « personnes déplacées »

Après la Seconde Guerre mondiale, un nouveau peuple apparut en Europe. Il reçut une qualification encore inédite, mais dont l'usage allait se révéler infini : les « personnes déplacées ». Pour les accueillir, on créa des camps-refuges ; pour organiser leur vie, des institutions. Le phénomène allait gagner peu à peu une large partie du monde, des Palestiniens, dont personne ne voulait dans les États arabes voisins, aux peuples d'Indochine parqués dans les camps de Thaïlande ou fuyant sur des bateaux de fortune.

Pour l'U.R.S.S., il ne s'agissait pas d'une catégorie humaine inconnue. Staline avait transformé la société de son pays en déplaçant les hommes : paysans jetés sur des routes désolées menant à des chantiers inhumains, peuple innombrable et anonyme du Goulag, puis, plus tard, peuples entiers déportés. Mais, en ce temps où l'U.R.S.S.

n'était plus qu'un immense camp de concentration, un peuple de personnes déplacées, cette situation était le fruit d'une stratégie délibérée. Celle-ci consistait à briser une société par la mobilité — géographique, des statuts, des occupations — associée à la terreur et à l'imprévisibilité totale des destins individuels, en vue de donner le jour à la société de l'avenir.

Au moment où elle se désagrège, comme c'est généralement le cas lors de la liquidation des empires, l'U.R.S.S. se trouve à nouveau confrontée — mais ce n'est pas, cette fois, le résultat d'un choix délibéré — au problème des personnes déplacées. Problème infiniment complexe qui touche des catégories diverses d'individus. Problème d'autant plus dramatique que le sort des personnes déplacées doit être réglé à l'intérieur de l'espace soviétique alors que le pays entier sombre dans la désorganisation et la pénurie.

Les « pieds-noirs » : combien sont-ils ?

Premier groupe concerné par les déplacements imposés, celui que constituent les Russes et Ukrainiens que le pouvoir soviétique a dispersés durant des décennies aux quatre coins de l'Empire afin d'y contribuer à l'intégration de peuples trop éloignés du centre pour en accepter de bon gré les orientations. Ces Russes et ces Ukrainiens qui, aujourd'hui, à l'échelle soviétique, tendent à se séparer les uns des autres sont perçus à la périphérie — ou le furent durablement — comme membres d'un groupe unique, russe. Il est vrai que, depuis la Seconde Guerre mondiale, Staline puis ses successeurs ont réservé aux Ukrainiens un sort particulier, celui de *Second Frère aîné,* partageant la mission d'étendre à la périphérie le contrôle central et la culture politique commune. Longtemps subie en silence, cette présence massive d'étrangers chargés de représenter le centre dans les républiques est devenue l'un des premiers éléments de discorde entre Moscou et la périphérie au cours des années 70. Des voix — celles des intellectuels et de leurs organisations — se sont élevées contre le peuplement russe, dénoncé comme une atteinte à la souveraineté des républiques. Les arguments utilisés contre cette politique de brassage forcé des populations ont pris pour cible tantôt le contrôle politique centralisateur, tantôt la destruction de l'unité culturelle des nations, tantôt la confiscation de tous les postes de responsabilités, des emplois qualifiés ou bien rétribués[1]. A la fin des années 70, ces accusations se précisent : la russification systématique et la mainmise sur tous les emplois dits « techniques » ou « modernes » conduisent à la dépendance politique, culturelle et économique des peuples ainsi encadrés.

Vingt ans plus tôt, Khrouchtchev proclamait que la mobilité humaine dans l'espace soviétique était un fait acquis et volontaire conduisant à l'effacement de toutes les différences et des préjugés nationaux[2]. D'un recensement à l'autre, on a plutôt constaté que la dispersion des Russes et des Ukrainiens à travers l'U.R.S.S. les isole et nourrit des antagonismes nationaux grandissants. Même si la politique du pouvoir central n'a pas varié en ce domaine au cours des trente dernières années, Russes et Ukrainiens ont d'eux-mêmes tiré la leçon de l'hostilité croissante à leur encontre et se sont déplacés des zones où la vie leur était plus difficile vers celles où ils trouvent encore avantage à s'installer. De 1959 à 1989, les déplacements

des Russes d'une république à l'autre sont assez remarquables pour mériter d'être rassemblés et analysés (ceux
des Ukrainiens sont relativement analogues) :

PROPORTIONS DES RUSSES
DANS LA POPULATION TOTALE DES RÉPUBLIQUES

Républiques	1959	1970	1979	1989
R.S.F.S.R.	83,3	82,8	82,6	81,3
Ukraine	16,9	19,4	21,1	21,9
Biélorussie	8,2	10,4	11,9	13,1
Moldavie	10,2	11,6	12,8	12,9
Lituanie	8,5	8,6	8,9	9,3
Lettonie	26,4	29,8	32,8	33,8
Estonie.	20,1	24,7	27,9	30,3
Géorgie	10,1	8,5	7,4	6,2
Azerbaïdjan	13,6	10	7,9	5,6
Arménie.	3,2	2,7	2,3	1,6
Kazakhstan	42,7	42,4	40,8	37,6
Kirghizie	30,2	29,2	25,9	21,4
Ouzbékistan.	13,5	12,5	10,8	8,3
Tadjikistan.	13,3	11,9	10,4	7,6
Turkménistan	17,3	14,5	12,6	9,5

Tableau riche d'enseignements[3] : la proportion de Russes
a régulièrement baissé en Russie, en raison du mouvement
des Russes vers l'extérieur qui dépeuple la république des
membres du groupe titulaire au bénéfice d'autres nationalités qui y sont installées. Ce recul des Russes chez eux

n'a pas peu contribué à nourrir leur mécontentement et, avec le temps, à fournir des arguments aux mouvements nationalistes qui plaident pour un repli de la Russie sur son territoire[4].

La population russe, en revanche, n'a cessé d'augmenter, en pourcentage et souvent en nombre réel, dans les deux autres républiques slaves, Biélorussie et Ukraine, en Moldavie et dans les trois républiques baltes. Le peuplement russe recule dans tout le Caucase, chrétien ou non, et à la périphérie musulmane.

Il n'est guère surprenant, dans ces conditions, que les données du recensement de 1989 concernant les mouvements migratoires à l'intérieur de l'U.R.S.S., que les services centraux de statistique tardaient à révéler, aient été rendues publiques trois mois auparavant en Estonie[5]. En période de confrontation nationale ouverte, on comprend que les Estoniens aient souhaité conforter leur dossier par une évidence accablante pour le pouvoir central : la progression spectaculaire des Russes dans leur république. Ils ne formaient que le cinquième de la population en 1959 ; ils sont près d'en atteindre le tiers trente ans plus tard. Est-il meilleure justification de la volonté des Estoniens de fermer leurs frontières à toute immigration et de se rendre seuls maîtres de leur politique de population ?

Le départ des Russes du Caucase et d'Asie centrale s'est accéléré au fil des ans. Il traduit la montée des sentiments antirusses dans ces républiques. Mais, en quittant des lieux qui leur sont hostiles, les Russes n'en reviennent pas pour autant chez eux. Quand ils le peuvent, ils s'installent dans les États baltes, où le niveau de vie très supérieur à celui de la Russie centrale, la possibilité d'acquérir des biens de

consommation qui évoquent les marchés occidentaux (vête-
ments, meubles, appareils domestiques de technologie avancée) les attirent irrésistiblement. Dans les États baltes, un
Russe a déjà l'impression d'avoir franchi les frontières de
son pays ; mais il y trouve un milieu humain qui lui paraît
moins éloigné du sien que celui qu'il a connu en pays
musulman.

La ruée vers la partie occidentale de l'U.R.S.S. a été de
toute évidence spontanée. En Ukraine et en Biélorussie, la
présence russe a dissimulé un temps le désastre démographique de ces deux républiques, déjà antérieur à Tchernobyl, mais qui, depuis lors, n'a fait que s'accentuer[6]. Si les
Caucasiens et les peuples de l'Asie centrale s'accordent à
penser qu'il y a encore trop de Russes chez eux, que ceux-
ci ne partent pas assez vite, ils savent que le mouvement
est irrésistible et qu'il leur suffit d'accentuer la pression —
vexations permanentes, manifestations d'hostilité — pour
que les Russes soient encouragés à fuir. Il en va tout
autrement dans les pays baltes et en Ukraine, mais surtout
chez les premiers : s'ils ne veulent pas être submergés par
eux, ce qui est déjà presque le cas en Lettonie, il leur
faudra d'une manière ou d'une autre fermer leurs frontières
à l'afflux des Russes.

Contre cette poussée des immigrants, favorisée jusqu'à
présent par le pouvoir central, les lois ne suffisent pas. Au
demeurant, là où les Russes sont trop nombreux, il est
malaisé de voter des textes qui visent à réduire leur nombre
ou leurs droits. C'est une véritable course contre la montre
que les pays baltes ont engagée pour enrayer cette invasion
avant qu'elle ne devienne trop pesante et, par là, ne modifie

le peuplement de la république et sa capacité d'agir souverainement.

L'indépendance proclamée a eu aussi pour but de protéger les républiques contre les migrants russes. Mais, une fois cette indépendance acquise, il apparaît clairement que les Russes sont trop nombreux, trop homogènes par endroits, et qu'il faut non seulement en stabiliser le nombre, mais le réduire.

Repoussés des pays musulmans où la vie leur est devenue intenable, les Russes le sont tout autant des républiques où ils souhaiteraient rester. Partout ils doivent affronter les mêmes griefs qui, à terme, devraient conduire à un conflit violent ou à des départs massifs. Les nations titulaires entendent reprendre tout le contrôle de leur vie politique et administrative. La *nomenklatura* russe ne peut donc s'y maintenir. Elles réclament aussi de pouvoir occuper les emplois qualifiés. Si, en Asie centrale, les remplaçants manquent et si nombre de postes abandonnés par les Russes demeurent vacants alors que le nombre de chômeurs croît, dans les pays baltes, en Géorgie, en Arménie, les remplaçants qualifiés abondent et le départ des Russes répond à une véritable aspiration économique. Enfin, partout on exige des Russes, s'ils restent, qu'ils renoncent à manifester leur identité culturelle et acceptent de se couler dans le cadre linguistique contraignant de républiques qui se veulent homogènes. Habitués à vivre en vase clos, protégés par le pouvoir central dont ils se sentaient les lointains représentants, apportant avec eux dans leur exil leur langue, leurs habitudes, leurs comportements, comment les Russes pourraient-ils s'adapter à des sociétés qui ne les toléreront qu'à condition qu'ils renoncent à toute manifestation de russité ? Peuvent-ils accepter de devenir les colonisés de ceux qu'ils colonisèrent ?

Comme d'autres avant eux, les Russes seront rapidement contraints de tirer les conséquences de la fin de l'Empire, quelles que soient les formes de coopération qui y succéderont.

Le peuple des « pieds-noirs », qui grandit d'année en année, est potentiellement considérable : 1 340 000 en Ukraine, 1 341 055 en Biélorussie, 1 652 179 en Ouzbékistan, 6 226 000 au Kazakhstan, 339 000 en Géorgie, 392 000 en Azerbaïdjan, 51 500 en Arménie, 474 815 en Estonie, 343 597 en Lituanie, 905 515 en Lettonie, 560 000 en Moldavie, 386 630 au Tadjikistan, 916 543 en Kirghizie, 334 477 au Turkménistan[7]. Soit plus de vingt-cinq millions de personnes s'ajoutant à celles qui déjà sont parties sans pour autant avoir trouvé asile dans une république autre que la leur. Si l'on songe que près de sept millions d'Ukrainiens vivent aussi hors de leurs frontières, avec des communautés compactes au Kazakhstan, en Ouzbékistan, en Kirghizie, sans parler de celles établies dans les deux autres États slaves et en Moldavie, on peut estimer à environ trente millions le nombre de ces personnes déplacées potentielles. Que les républiques du Sud se ferment réellement aux Slaves et l'exil s'imposera brutalement à eux.

Les peuples en quête d'un territoire

Les peuples déportés jadis par Staline n'ont plus leur place dans les lieux d'exil où ils furent assignés à résidence ; mais, en même temps, leur retour dans leur pays d'origine se heurte à de multiples obstacles. Les Tatars de Crimée, qui veulent à toute force retrouver la terre de leurs ancêtres, se heurtent à l'opposition des Ukrainiens à qui la région fut attribuée après leur déportation. Toute trace de vie tatare y a été effacée. Les noms ont disparu des lieux, on a détruit des édifices publics et souvent des habitations. En dépit de cela, les Tatars reviennent constamment à la charge et si Moscou a refusé durablement de les entendre, rien n'assure que dans un accès d'intolérance, les Ouzbeks et les Kazakhs, qui en abritent respectivement 467 000 et 327 871, ne les contraindront pas un jour à fuir vers des lieux où ils seront encore des exilés. Car l'Ukraine, à l'heure des indépendances, n'entend pas rétrocéder un pouce de son territoire[8].

Après les récentes émeutes de la Ferghana[9], un mouvement de panique s'est emparé de toute la population non ouzbèke vivant dans cette région, et la presse soviétique, qui commence à suivre de près les mouvements migratoires liés aux violences, relève que les candidats au départ encombrent les voies de communication, rendant les déménagements presque impossibles en un temps rapide[10]. Certes, c'est toujours une aventure, en U.R.S.S., que de se déplacer avec tout son mobilier, mais dans le climat de peur qui s'instaure, les lamentations se multiplient sur les conditions désastreuses de ce genre d'exode. Et où fuir ? Pour certains peuples, la réponse est difficile à trouver. Les Russes peuvent éventuellement s'installer en Russie, mais, dans leur Caucase d'origine, nul ne veut entendre parler des Caucasiens exilés.

Autre cas complexe, celui des Allemands. Depuis que l'Allemagne est devenue pour l'U.R.S.S. un partenaire politique et économique de premier plan, le pouvoir cherche à rendre une région à la communauté allemande du Kazakhstan. Les bords de la Volga, d'où elle fut chassée jadis, ne l'attire guère. Les Allemands ont recréé des lieux de vie commune en Asie centrale ; mais s'ils n'y suscitent aucune hostilité, le Kazakhstan n'envisage nullement de céder un territoire administratif à un groupe non kazakh. Faudra-t-il, pour régler ce problème, pousser à l'exode ou déplacer plus de 900 000 Allemands ? Et que faire de ceux qui sont regroupés dans la république de Russie et qui sont tout aussi nombreux[11] ? L'idée de leur attribuer la région de Kaliningrad (Kœnigsberg) paraît pour l'heure assez peu sérieuse.

Depuis que les frontières se sont entrouvertes pour eux, les Juifs n'ont cessé de quitter l'U.R.S.S. D'un recensement à l'autre, leur nombre baisse. En 1989, la chute est particulièrement spectaculaire, puisqu'ils ne sont plus que 1 376 910, alors qu'on en comptait entre 2,5 et 3 millions trente ans plus tôt[12]. Ce n'est évidemment pas parce qu'ils n'ont pas de territoire que leurs départs s'accélèrent. La *République autonome juive* — c'est ainsi qu'elle figure désormais dans les recueils statistiques — est probablement l'exemple le plus absurde des appellations territoriales soviétiques. Alors que la population de cette région augmente dans des proportions supérieures à la moyenne générale de l'U.R.S.S., les Juifs n'y étaient plus que 8 887 sur 214 000 habitants au 1er janvier 1989, et probablement sont-ils en passe de disparaître complètement de ce territoire qui continue à porter leur nom[13]...

Entre la situation de peuples dynamiques comme les Tatars, acharnés à réclamer le retour sur leur terre d'origine et le droit d'y disposer d'une autonomie culturelle et politique, et celle des Juifs à qui l'on conserve un territoire qu'ils ont définitivement déserté, la contradiction, étonnante, souligne la nécessité de réviser sérieusement et rapidement la carte ethno-administrative de l'U.R.S.S.

En attendant, candidats au déplacement ou candidats à l'émigration hors d'U.R.S.S., ces peuples ajoutent à l'anxiété générale et aux difficultés matérielles des personnes déplacées ou de celles qui s'apprêtent à partir.

Il est enfin une catégorie de Soviétiques dont on a empêché ou freiné le déplacement, parce que le pouvoir n'a jamais été capable d'assumer pleinement la vérité : c'est la population qui vit dans les zones irradiées par l'explosion de Tchernobyl[14]. L'étendue du territoire atteint, en Ukraine et en Biélorussie, dépasse de loin tout ce qui a été avancé ; le reconnaître conduirait à ouvrir un nouveau dossier de personnes à déplacer. Sans doute, Ukrainiens ou Biélorusses, ces Soviétiques pourraient-ils être réinstallés dans leur république même et ainsi n'allongeraient-ils pas l'interminable cohorte des réfugiés qu'on ne sait où diriger et à qui toutes les républiques entendent fermer leurs portes. Mais, au fur et à mesure que la vérité gagne du terrain, que le pouvoir reconnaît l'existence de nouvelles zones impropres au maintien des populations, celles-ci désirent s'en aller au loin ; elles soupçonnent que l'ensemble de leur république est à jamais dangereux. Les vérités partielles, distillées par intervalles pour éviter la panique et contrôler les mouvements de population, ont eu en définitive l'effet inverse et risquent fort d'aggraver considérablement l'exode des populations originaires des républiques touchées par l'explosion de Tchernobyl.

Que faire des personnes déplacées ?

Depuis que la guerre civile dans le Caucase a poussé des Russes terrorisés à fuir — mais aussi des Arméniens et des Azéris —, le problème est devenu public et mobilise l'attention de l'opinion, consciente d'assister au tout début d'un vaste mouvement migratoire. Les articles abondent, posant en termes concrets le problème immédiat des réfugiés[15]. Mais, surtout, ils s'interrogent sur la capacité du pays à faire face, dans un avenir proche, au problème plus général de l'installation de millions de Soviétiques hors de leurs lieux d'origine.

L'avenir à court terme est déjà inquiétant pour les Soviétiques qui découvrent l'incapacité des pouvoirs publics à assurer un accueil minimal à ceux que la guerre chasse de leurs foyers sans leur avoir permis de préparer leur départ. Parqués sous des tentes ou dans des baraques, recevant un très maigre pécule (de 100 à 200 roubles) pour parer aux besoins les plus pressants, les réfugiés du Caucase sont, en fait, totalement abandonnés et vivent de l'aide que leur apporte la population environnante[16]. Les lettres de lecteurs adressées aux journaux témoignent tout à la fois de la détresse matérielle des réfugiés, de l'incapacité des pouvoirs publics à faire face à leur afflux et de l'attitude ambiguë de ceux qui les accueillent[17]. Pitié spontanée dans un premier temps, certes, mais aussi crainte pour l'avenir. La vie difficile des grandes villes soviétiques ne peut devenir qu'encore plus compliquée si leur population vient à augmenter soudainement.

A long terme, le problème est presque insoluble et générateur de graves conflits. Les réfugiés qui fuient les violences, les Russes installés à la périphérie et qui, par vagues successives, devront dans des proportions encore inconnues la quitter, viennent souvent de grandes villes où les conditions d'existence étaient relativement faciles. Contraints au départ, ils souhaitent retrouver une vie similaire dans la mère patrie. Ils ont d'ailleurs le sentiment que celle-ci a contracté une dette envers eux. Ne l'ont-ils pas représentée aux confins ? N'y ont-ils pas assuré la permanence du système ? Dès lors, ils attendent de pouvoir s'installer dans les villes russes importantes, de préférence à Moscou. Or, déjà mal accueillis dans leur fuite précipitée, ils sont conviés, pour l'avenir, à aller là où un déficit de population freine le développement[18] : en Sibérie, dans l'Oural, c'est-à-dire dans des régions où le climat et des conditions d'existence difficiles ont dissuadé les candidats au déplacement. Des salaires élevés, des conditions de logement parfois plus décentes qu'ailleurs n'ont pas suffi à y attirer une population permanente. Le pouvoir espère une fois encore résoudre ce problème en incitant les réfugiés à s'y rendre. Mais ceux-ci s'y refusent d'autant plus qu'ils ont le sentiment d'être déjà deux fois victimes de leur dévouement : en ayant assuré à la périphérie une présence russe, puis en en ayant été chassés. Pour eux, l'aventure doit logiquement s'achever à Moscou. Or, à Moscou comme dans la plupart des villes de la Russie centrale, il n'y a ni logements ni emplois (le chômage gagne, s'il n'est déjà installé), et la pénurie règne.

De plus, l'arrivée de ces réfugiés coïncide avec le retour des militaires cantonnés dans l'est de l'Europe et que les révolutions de 1989 contraignent l'U.R.S.S. à rapatrier. Les accueillir, leur assurer des conditions d'existence plus ou moins semblables à celles dont ils jouissaient en Allemagne ou en Hongrie est impossible. Les responsables soviétiques s'inquiètent des effets engendrés au sein de l'armée par ce difficile retour des siens. Pour eux, on construit en hâte des baraquements que les chefs militaires contemplent avec désapprobation. Toute la politique de Gorbatchev est en butte à de vives critiques parce qu'elle aboutit à ce rapatriement précipité d'une armée qui, à l'extérieur, symbolisait la puissance soviétique. Essayer de désamorcer le mécontentement de l'armée en réglant le moins mal possible le retour de ses hommes est déjà une gageure et s'impose comme une priorité absolue. Ce qui implique qu'il y ait encore moins de places pour ceux que la montée des hostilités nationales chasse de la périphérie.

Peut-on imaginer que cette masse de Russes, indésirables dans la mère patrie qu'ils ont pourtant le sentiment d'avoir bien servie dans ses possessions lointaines, soient prêts à accepter un statut de citoyens de seconde zone, contraints à un nouvel exil ? Quel que soit le nombre réel de Russes à rentrer rapidement en Russie, ils seront soutenus dans leurs revendications par ceux qui, demeurés encore au loin, se sachant néanmoins menacés de devoir partir à leur tour à plus ou moins brève échéance, se solidariseront avec ces « pieds-noirs » mécontents d'une Russie qui ne sait pas payer les services rendus. C'est quelque trente millions des siens que le pouvoir soviétique devra ainsi affronter et satisfaire. Or, il est d'ores et déjà dépassé par l'accueil d'un demi-million de militaires ! Trente millions de mécontents représentent pour l'U.R.S.S. un péril potentiel majeur qui vient ainsi s'ajouter à la menace que font peser sur son équilibre les nations en voie d'émancipation.

Mais le mécontentement grandit aussi en Russie même, parmi les Russes qui y vivent, inquiets à l'idée de voir leurs conditions d'existence, déjà dramatiques, se dégrader encore sous la pression de tous ceux qui la regagnent subitement. La crise du logement, jamais résolue, prend des proportions catastrophiques auxquelles la *glasnost'* donne désormais une publicité qui aggrave d'autant l'inquiétude de chacun. A l'heure où le pouvoir cesse de promettre que tout finira par s'arranger et qu'en l'an 2000 chaque Soviétique disposera d'un logement individuel, on apprend par la presse que les militaires rapatriés, et parfois des officiers de haut rang, doiven¹ eux aussi se contenter de « coins » dans une chambre qui fait à elle seule office d'appartement communautaire. Les gares, où s'empilaient des provinciaux en mal de chambre d'hôtel, abritent désormais des fuyards avec les biens qu'ils ont pu sauver du désastre, et Moscou présente de plus en plus le spectacle d'une ville en temps de guerre. La solidarité mesurée de la population locale, qui a déjà manifesté tant de fois son rejet des clandestins qui tentent de se fixer à Moscou, tourne à la franche hostilité. La Russie renaissante et nationaliste est aussi en passe de devenir une Russie divisée, opposant Russes de Russie et Russes de la périphérie.

A ces tensions croissantes, imprévisibles il y a peu, quelles solutions apporter ? Le pouvoir ne peut oublier qu'autour de Moscou, dans les entreprises, des batailles rangées opposent Moscovites, c'est-à-dire résidents réguliers nantis d'une autorisation de séjour dans la capitale, aux habitants de la banlieue qui tentent de gagner le droit de s'y installer ou qui le prennent. Les résidents se heurtent aussi aux travailleurs venus des autres républiques, notamment d'Asie centrale, qui, du temps de Brejnev, quand la main-d'œuvre manquait en Russie centrale, étaient exhortés à s'y rendre. A tous, avec une violence montante, les Russes reprochent d'aggraver les conditions de logement et d'emploi, d'allonger les queues, bref, d'être parfaitement indésirables. Dans cette atmosphère, tout nouvel afflux de population risque de provoquer des affrontements immédiats et, en tout cas, de nourrir des hostilités profondes Mais que faire de ceux qui ne peuvent rester à la périphérie ? Le pouvoir n'en sait rien.

Depuis 1917, les responsables de l'U.R.S.S. ont été habitués à utiliser les populations à leur guise, les déplaçant, découpant l'espace en dépit de la logique humaine, selon des critères purement politiques, car les exigences de l'économie n'entraient guère plus en ligne de compte. « L'homme est notre capital le plus précieux », disait Staline. Ce capital fut utilisé sans ménagements.

Au moment où, pour la première fois depuis la révolution, le pouvoir tente de prendre les volontés humaines en compte, de démocratiser — l'émergence de la société civile témoigne qu'il y réussit —, tous les problèmes liés à l'action brutale, souvent absurde, des prédécesseurs de Gorbatchev surgissent et s'additionnent pour compromettre sa propre politique.

Celle-ci se heurte avant tout à des problèmes humains : c'est la résistance de la société qui interdit d'appliquer certaines réformes indispensables ; et leur non-application entraîne un désastre grandissant. En ce domaine si difficile des réactions sociales, le poids des quelque trente millions de Soviétiques, Russes pour l'essentiel, qui ne vont pas trouver à s'intégrer dans le pays, risque de se révéler particulièrement déstabilisateur, voire franchement explosif.

Bien qu'il s'agisse là d'une accumulation de problèmes qui sont le fruit de politiques antérieures, la société qui, dans son ensemble, en pâtit, les impute à ceux qui se trouvent actuellement au pouvoir, les accusant d'avoir, par leurs initiatives, ajouté aux innombrables tragédies de l'U.R.S.S., celle des cohortes de réfugiés d'aujourd'hui et surtout de demain[19]. Le pouvoir soviétique et la société découvrent tout à la fois que le *peuple soviétique* n'a jamais existé et qu'un peuple auquel nul ne pensait vient s'ajouter aux autres, déjà si difficiles de faire vivre ensemble : le peuple des personnes déplacées. Double mauvaise surprise !

Conclusion

Nation contre démocratie
ou nation et démocratie ?

Au début des années 1990, la question chère à Lénine :
« Qui l'emportera sur qui ? » a trouvé sa réponse en
U.R.S.S. et dans l'Europe qu'elle a dominée pendant près
d'un demi-siècle. Cette réponse est dénuée d'ambiguïté : le
sentiment national a fait basculer le communisme dans
l'histoire des utopies mortes.

Cette défaite subite du communisme sous les coups
conjugués de communautés nationales acharnées à décider
seules de leur destin s'est d'abord jouée en U.R.S.S. Cette
primauté est naturelle : le communisme est parti de Russie,
l'U.R.S.S. qui succéda à la Russie s'est employée à l'imposer
à l'extérieur ; ce n'est que de son affaiblissement que
pouvait venir la crise générale du système qu'elle incarnait.
La solidarité des peuples, cette communauté d'États toujours étendue et voulue par Moscou, s'est un jour retournée
contre le système pour l'achever. C'est parce que les
peuples de l'U.R.S.S. se sont soulevés, ôtant par là toutes
chances à Gorbatchev de reconstituer la puissance de son

pays, qu'il s'est replié sur ses frontières et a dû tout tolérer à l'extérieur, attaché désormais à sauver l'essentiel.

Partie de l'U.R.S.S., la contestation du système impérial a ainsi gagné l'extérieur, puis, de là, est revenue en boomerang à l'intérieur, contribuant encore à accélérer la décomposition de l'Empire. Rien ne pousse tant à l'échec que les échecs, dit un vieux proverbe anglais. L'effondrement du communisme en est l'illustration.

Dans cet effondrement, il faut d'abord retenir le rôle inégal des hommes. Au cœur du système, présidant à cette extraordinaire faillite, Mikhaïl Gorbatchev était pourtant un acteur d'exception. Ce qu'il a accompli est au demeurant exceptionnel. Dès lors qu'il a décelé le désastre général où tous ses prédécesseurs avaient précipité le pays, il a eu le mérite de ne pas s'arc-bouter à un système condamné.

Le choix d'un homme doté de si grandes responsabilités n'est pas indifférent. En peu de mois, Mikhaïl Gorbatchev a su renoncer à ses certitudes premières — on peut reconstruire vite l'U.R.S.S. — pour reconnaître l'étendue de la faillite et tenter, dans la foulée, une démocratisation du pays. Il n'a pas recouru à la force pour essayer de préserver encore un moment un système condamné, alors que c'est à ce type de solutions qu'il avait été formé. Jetant toute son autorité dans la balance pour amener l'U.R.S.S. à regarder en face le bilan des sept dernières décennies, il a substitué au rêve communiste une tentative de modernisation.

Pourtant, à cet homme courageux et généralement lucide, il aura manqué quelque chose : la compréhension du fait national. En ce sens, il est bien l'héritier de Lénine pour qui la nation, condamnée par l'Histoire, n'avait qu'un intérêt stratégique. A camper ainsi sur une position idéologique si contraire à son pragmatisme habituel, Gorbatchev aura été réduit à n'être que le témoin passif des convulsions nationales qui menacent toute son action, suivant le cours des événements sans jamais pouvoir l'infléchir.

Face à cet homme d'État de grande qualité, mais qui se trouve dépassé par des difficultés en cascade, l'absence de responsables nationaux d'une stature égale est une donnée historique fort étrange. Aucune nation de l'U.R.S.S., aucun mouvement politique de la périphérie n'a produit, au cours de ces années décisives, de véritable homme d'État. Il est vrai que c'est l'épreuve du pouvoir qui révèle, ailleurs, la dimension d'un Mazowiecki ou d'un Havel, alors que la lutte précédant leur accession au pouvoir leur avait seulement permis de faire montre de courage et d'imagination.

Néanmoins, force est de constater qu'aucun nom ne domine les luttes nationales en U.R.S.S. Au début du siècle, quand les nationalités de l'Empire russe s'éveillèrent. des intellectuels remarquables, des hommes politiques capables de s'imposer surgirent de tous côtés. Irakli Tseretelli en Géorgie, Sultan Galiev chez les musulmans, combien d'autres encore jouèrent un rôle de tout premier plan dans le cours de cette histoire ! L'indépendance lituanienne, épreuve encore inimaginable en 1985, où le pot de terre aura eu raison du pot de fer, est conduite par un professeur de musique inconnu, dépourvu de charisme, dont la personnalité effacée ne s'affirme guère au fil d'événements qu'il conduit pourtant non sans habileté. Il est douteux que Vitautas Landsbergis revête un jour la dimension d'un mythe, à l'instar d'un Walesa. Ce qu'il a accompli dans son pays n'est cependant pas moins remarquable.

Pas de héros, donc, pas de meneurs de foules, pas de

personnages charismatiques, et pourtant la périphérie soviétique se soulève et change à jamais l'U.R.S.S. et le paysage
politique européen. C'est qu'ici, ce sont des mouvements
issus de la passion populaire qui représentent les sociétés.
Leur objectif, le rétablissement de l'existence nationale, est
plus compréhensible aux sociétés concernées, plus proche
de leurs aspirations que l'objectif imprécis — et pourtant
combien urgent ! — de la modernisation proposée à son
pays par Gorbatchev. Restaurer la puissance de l'U.R.S.S.
ou encore la moderniser n'intéresse directement personne,
alors que restaurer la nation est un but que tout membre
d'une nation comprend et partage. La tragédie de Gorbatchev aura été de percevoir trop tard ce qui pouvait
mobiliser en priorité ses compatriotes. Sa place dans
l'Histoire, il la devra probablement au fait qu'il n'a pas
tenté de briser par la force — à quelques exceptions près
— ces énergies nationales qu'il découvre trop tardivement
et qui l'ont condamné à l'impuissance.

La décomposition de l'Empire soviétique implique-t-elle
qu'à sa place surgisse une multitude d'États-nations où
chaque État, chaque nation se consacrera à se forger un
destin particulier ? Au plus fort de la crise de la famille
des nations soviétiques (et non d'un mythique *peuple
soviétique*[1]), sans doute chaque nation ou presque songe-t-
elle au divorce, n'imaginant pas de compromis permettant
de préserver quelque lien sur des bases nouvelles. Mais
l'intransigeance présente des nations ne saurait dissimuler
les contraintes de la géographie et de l'histoire. La continuité territoriale de l'Empire russe, puis soviétique, a
favorisé la cohabitation de peuples d'origines différentes et
l'interpénétration de leurs cultures politiques et matérielles.

Un empire qui émancipe des possessions lointaines, ultra-marines, peut en retirer ses fonctionnaires et ses colons. En dépit de difficultés matérielles certaines, l'U.R.S.S. peut aussi retirer d'Europe de l'Est et du Centre ses troupes et ses conseillers qui y campaient, voire rompre éventuellement tous liens avec ses anciens alliés. Mais où se situent exactement les frontières de chaque composante de l'U.R.S.S. ou de la Russie ? L'Histoire les a si souvent déplacées, déplaçant en même temps des populations entières, que délimiter le territoire de chaque État-nation n'est guère aisé. Ce qui est vrai de la Russie l'est aussi des autres États. Où est la vraie frontière entre Ouzbékistan et Tadjikistan ? Où, la frontière entre l'Ukraine et un pays tatar que les enfants des exilés de Staline revendiquent ? Où, celle qui sépare la Lituanie, tournée vers la Scandinavie, de la Biélorussie slave ? On n'en finirait pas d'énumérer ces espaces imprécis, champs de rivalités entre les nations renaissantes.

Les contraintes de l'économie ne sont pas moins importantes. Certes, les liens d'interdépendance imposés par Moscou à la périphérie — spécialisation économique, voies de communications imbriquées, etc. — peuvent, avec le temps, être distendus. Mais, une fois l'indépendance conquise, chaque nation doit assurer sa survie et elle ne le peut en s'isolant d'un coup de l'ensemble dont elle dépend. La Lituanie l'a éprouvé lorsqu'elle a été soumise à un blocus qui, au demeurant, était loin d'être total.

Pour dénouer les conflits existants, éviter ceux qui se préparent, régler les problèmes d'interdépendance, il n'est que deux solutions : les déplacements forcés de populations et de frontières ou le compromis. La première solution s'impose en général au sortir des guerres, dans le sang. La Pologne est, en cette fin de siècle, un modèle de cohésion nationale. A trop y insister, on oublie qu'elle fut jusqu'en 1939 le champ clos de conflits nationaux et que Juifs, Ukrainiens, Biélorusses se sont plaints amèrement, jadis, d'y être réduits au statut de citoyens de catégorie inférieure. Le problème n'a été résolu, si l'on peut dire, que par le génocide dont s'est chargé l'Allemagne et par l'annexion de l'Ukraine occidentale dont s'est occupé Staline... Qui voudrait de telles solutions dans l'espace encore soviétique ?

Reste le compromis qui permettrait à des communautés différentes de vivre côte à côte dans des États souvent multi-ethniques. Il est clair que pour qu'un équilibre inter-communautaire s'y développe, les États-nations ont tout à gagner à s'insérer dans des ensembles plus vastes où les conflits particuliers pèseraient d'un moindre poids. Cela explique que, par-delà le discours de rupture, fronts et partis politiques nationaux incluent dans leurs programmes une réflexion sur le cadre dans lequel l'indépendance pourrait s'inscrire. Regroupement des trois États slaves au sein d'une alliance entre égaux ? Beaucoup de Russes y pensent ; le RUKH ukrainien n'y est pas totalement hostile, le Front populaire de Biélorussie non plus. Dans une telle hypothèse rassemblant plus de 220 millions d'hommes, un espace immense, des ressources garantes de prospérité pour l'avenir, une question se pose : où s'achèverait la terre russe ? S'étendrait-elle seulement jusqu'à l'Oural ? Non, sans aucun doute. Pour la plupart des groupes russes, elle devrait atteindre le Pacifique et probablement englober tout le nord du Kazakhstan, peuplé de Russes et possédant un riche sous-sol.

Peut-on imaginer, aux frontières d'une grande Russie ou d'une communauté des États slaves, une juxtaposition d'États musulmans dont l'Ouzbékistan se veut déjà le chef de file ? Ou encore un État musulman unifié ? Si, à la périphérie centro-asiatique, des partis politiques en formation — l'ERK, par exemple — avancent de telles hypothèses, en Russie, l'idée de côtoyer un État musulman à la démographie galopante ne peut qu'effrayer et suggérer aux plus isolationnistes — à ceux qui, quotidiennement, déplorent le « coût » de cette périphérie — qu'il pourrait être plus prudent de trouver avec elle aussi les voies d'un compromis plutôt que la dresser contre la Russie. Comment ignorer en effet que l'Asie centrale accuse l'U.R.S.S. de l'avoir ruinée par la spécialisation, privée des moyens d'un développement ultérieur, condamnée à régresser ? Le dynamisme démographique des musulmans, leur assurance politique commandent à la Russie de ne pas céder à la tentation du repli sur une vocation uniquement européenne et slave. Mais que faire des États du Caucase ? Les abandonner à leurs haines ? Livrer à un avenir imprévisible la Géorgie et l'Arménie chrétiennes environnées de peuples musulmans ?

L'U.R.S.S. ou ce qu'il en reste est ainsi placée devant un sérieux dilemme. La nécessité de mettre fin à l'Empire, d'inscrire dans les faits sa dislocation, de laisser les peuples libres de choisir leur destin, est évidente. A Moscou, nul ne peut — rares sont probablement ceux qui le veulent — refuser aux nations qui le demandent le droit à l'autodétermination et à la séparation. Mais, en même temps, la Russie, héritière de l'U.R.S.S., doit, si elle souhaite éviter d'innombrables tragédies, imaginer pour ceux dont elle a partagé le destin des solutions communes sur une base d'égalité. Un nouveau *traité d'union* ou pacte fédéral est en chantier[2]. Sur ce qu'il doit être, les débats sont animés ; toutes les constructions sont envisagées[3]. Mais il y faudra du temps. Il n'est pas sans intérêt de noter qu'à l'occasion d'un sondage effectué durant le XXVIIIe Congrès du P.C.U.S., les délégués, interrogés sur leur vision de l'avenir de l'U.R.S.S., se sont prononcés à 70 % pour le maintien de la fédération, à 11 % en faveur d'une confédération, à 14 % pour une combinaison des deux systèmes. Voilà qui éclaire l'abîme entre un P.C. conservateur et un pays en proie à des changements vertigineux[4] !

Ce qui est assurément fini, c'est le temps de l'Empire construit autour d'une idéologie commune (la Russie monarchique et chrétienne ou le communisme) imposée à tous, légitimant la domination par le fallacieux prétexte de la puissance ou d'une nécessité historique et d'un progrès continu. L'U.R.S.S. a été le dernier empire de ce type, ce qui lui a assuré une force considérable, mais l'a aussi condamnée à tourner le dos à une véritable modernisation. Une fois l'Empire décomposé, c'est aux nations — à chacune d'elles — de décider de la voie à suivre pour tenter cette modernisation jusqu'à présent manquée.

Il est clair que le cadre en sera l'État-nation, seul ou dans des configurations diverses : l'aspiration des peuples de cette partie extrême de l'Europe à consolider la nation retrouvée ne saurait disparaître instantanément. La fin de l'Empire des tsars avait jadis laissé entrevoir que l'âge des nations était venu. La révolution en a repoussé l'avènement de près d'un siècle. Mais cette étape ne saurait être esquivée sans nouveaux désastres. Parce qu'il fut longtemps brimé, le sentiment national ne saurait s'affaiblir subitement. Au contraire, il va se nourrir de l'indépendance conquise ; sans aucun doute, rencontrant de vieux conflits, des contentieux non réglés (ceux des territoires revendiqués, des dominations subies ou refusées), il va susciter de vives oppositions entre intérêts nationaux. On le constate déjà dans l'Est européen où bien des vieux démons resurgissent, et l'on ne peut imaginer que les États-nations issus des décombres de l'U.R.S.S. en seront préservés.

Est-ce à dire que le nationalisme est un développement déplorable de l'histoire présente de l'Europe qui fut communiste ? Que le développement souhaitable eût dû n'être que marche vers la démocratie ? Que nationalisme et démocratie s'excluent ?

Cette conception fondée sur l'expérience contemporaine des grandes nations à qui tout est acquis de longue date — indépendance et démocratie — conduit à oublier que la nation inscrite dans un État est une étape décisive du processus de modernisation des sociétés. La nation en Europe, fût-ce dans l'est de l'Europe, n'est pas la tribu ; vouloir passionnément la consolider dans le cadre d'un État n'entraîne aucun glissement vers le tribalisme. L'attachement à la nation, c'est-à-dire à la communauté élargie, soudée par la proximité territoriale et par un passé commun, dotée de structures acceptées, est le propre de l'homme civilisé ; c'est un progrès sur la société primitive, non une régression vers elle.

La nation se construit autour d'une mémoire commune. Il est naturel, inévitable même qu'en renouant avec cette mémoire qui leur fut durablement interdite, les peuples qui se libèrent y trouvent aussi les traces de conflits et les rancœurs qui les ont opposés a d'autres peuples. Recouvrer la mémoire, frayer les voies de la cohésion nationale n'est pas une démarche simple ni exempte de souffrances ; le tri s'opère plus tard. Dans ce dur processus de reconquête de la nation, les tensions dissimulées ne peuvent que resurgir. C'est l'aspect regrettable, sans doute, mais inévitable de la renaissance des peuples et de la découverte de leur identité. Leur nationalisme est sans doute trop souvent agressif et vindicatif, mais il l'est parce qu'il est le fruit d'une longue période au cours de laquelle la nation fut opprimée, humiliée, voire supprimée.

Le nationalisme apaisé et ouvert ne vient que plus tard, quand, pour la nation, la certitude de pouvoir s'épanouir a reçu la garantie du temps. L'oublier, imaginer que ces peuples qui renaissent à une vie propre pourraient se moderniser et donc accéder à la démocratie en dépassant la nation et le puissant sentiment national autour duquel elle se consolide, c'est raisonner une fois encore à la manière de Lénine et penser qu'au nom d'un simple postulat, on peut faire l'économie de certaines étapes du développement social. Nul, au demeurant, ne l'imagine en U.R.S.S., et, passé la phase durant laquelle le fait national a été ignoré ou sous-estimé, c'est aujourd'hui autour de lui que s'organisent les réflexions et les projets de tous ceux qui ont une responsabilité politique.

Est-ce à dire que la décomposition de l'U.R.S.S., produit de cette explosion de nationalisme, est unanimement tenue pour irréversible ? Qu'aucune réaction ne viendra tenter d'enrayer ou à tout le moins freiner la chute de l'Empire ?

La situation présente de l'U.R.S.S. est étonnante. En termes de puissance militaire, l'État soviétique conserve des capacités d'action presque illimitées. En dépit des accords de désarmement qu'elle a souscrits, sa puissance est encore pratiquement intacte. Armée très nombreuse, superbement équipée, potentiel stratégique considérable, tout cela ne peut-il servir à arrêter le démembrement du pays ? Car la fin de l'Empire signifie à court terme un effondrement de la puissance stratégique. Comment imaginer que ceux qui incarnent la puissance — État, armée, K.G.B. — assistent passivement à sa destruction alors qu'ils disposent encore des moyens de réagir ?

Pourtant, force est de constater qu'à quelques sursauts près — à Tbilissi ou en Azerbaïdjan —, la puissance soviétique et ceux qui la détiennent semblent accepter leur propre liquidation. Volontairement, ou parce que cette puissance même est déjà gangrenée comme l'Empire ?

La seconde hypothèse est sans doute la plus plausible. Si les chefs militaires expriment souvent avec vigueur leur désapprobation face à la décomposition de l'Empire, ils ne sont pas unanimes. Ils expriment de plus en plus vivement la méfiance que leur inspire une armée multi-ethnique qui devient le champ clos de conflits nationaux, voire raciaux[5]. Peut-on engager une armée si peu sûre dans une opération de rétablissement de l'ordre qui devrait porter sur la quasi-totalité du territoire soviétique ? De plus, en tant qu'institution, l'armée a perdu la confiance de la société. Cela aussi, ses chefs le savent et le disent. Ils ont tout lieu de douter que la société accepte que son armée rétablisse par la violence l'ordre à la périphérie[6]. Lors de l'intervention en Azerbaïdjan, n'a-t-elle pas déjà signifié son désaccord avec cette utilisation des forces armées à l'intérieur du territoire ? Le décret présidentiel du 26 juillet 1990, par lequel Gorbatchev a exigé la dissolution immédiate des milices nationales et menacé ceux qui ne s'y soumettraient pas de recourir contre eux à la force, peut à bon droit laisser sceptique : si quelques opérations « coups de poing » sont certes envisageables, peut-on s'y livrer à la fois dans le Caucase et en Asie centrale ? Comment récupérer partout tant d'arsenaux soigneusement dissimulés ? Qui voudrait se charger d'une telle opération ?

Ce qu'une armée démoralisée, profondément atteinte par le virus des oppositions nationales, ne peut et ne veut plus faire, le K.G.B. ne paraît pas non plus disposé à le tenter. Il en découle qu'aucune force ne viendra probablement arrêter la course irrésistible des nations vers un destin qu'elles se sont choisi. La situation de l'U.R.S.S. en 1990 n'est pas sans évoquer celle de la Russie au printemps 1917. A ces deux moments de l'Histoire, la puissance de l'État est encore presque intacte, et pourtant il est comme paralysé devant les forces qui le défient et vont l'anéantir. Mais, en 1917, une société et des nations aux prises avec la guerre, ignorantes des voies et moyens du totalitarisme, se laissèrent confisquer leur révolution par les bolcheviks et ne surent pas résister à la domination absolue qui leur fut imposée. En cette fin de siècle, les peuples de l'U.R.S.S. ont le savoir tragique de l'expérience totalitaire, et ceux qui conduisent le combat national — en Russie ou à la périphérie — se sont employés à leur rendre la mémoire et la compréhension non seulement du stalinisme, mais des sources profondes de l'oppression. N'est-ce pas là, pour ce mouvement national en développement, la meilleure chance de rencontrer la démocratie ?

Notes

INTRODUCTION

1. Amalrik (A.), *L'Union soviétique survivra-t-elle en 1984 ?*, Paris, 1976, publié en U.R.S.S. : « Variante pour un journal », *Ogoniok*, n° 9, 1990, pp. 18 à 23.

CHAPITRE I

1. *Pravda*, 26-2-1986 ; et Gorbatchev (M.), *Perestroïka*, New York, 1987, p. 18.
2. *Pravda*, 26-2-1986.
3. *Pravda*, 28- 2-1986.
4. Tadevosian (E.V.), « Internationalizm sovietskogo mnogonatsional' nogo gosudartsva », *Voprosy filosofii* n° 11, 1982, pp. 28 *sq.*
5. *Pravda*, 27-11-1985 ; 2-1-1986.
6. *Pravda*, 27-11-1985.
7. *Pravda*, 28-11-1987 ; et rapport Gorbatchev pour le 70ᵉ anniversaire de la Révolution in *Octobre et la restructuration, la révolution se poursuit,* A.P.N., 1987, p. 47, et *Réponses de M. Gorbatchev aux questions du* Washington Post *et de* Newsweek, A.P.N., 1988.
8. *Cf.* l'éditorial de la *Pravda,* 16-6-1986 ; et Bagramov (E.) dans la *Pravda* du 14-8-1986.
9. Sur les problèmes du changement de personnel politique à dominante plus russe, *cf.* l'excellent ouvrage de Tatu (M.), *Gorbatchev,* Paris, 1987, notamment pp. 168-169.
10. Prigogin (A.I.), *in Vek XX i Mir*, n° 12, 1988, p. 10.

CHAPITRE II

1. *Archipelag Gulag,* Paris, éd. russe, Ymca Press, 1974, tome II, chap. 16, « Socialement proches ».

2. Medvedev (J.), *Andropov au pouvoir*, Paris, 1983, pp. 158-168 ; et Coulloudon (V.), *La Maffia en U.R.S.S.*, Paris, 1990.

3. *Pravda*, 11-12-1982 : « Le Politburo a attiré l'attention du procureur général de l'U.R.S.S. sur la nécessité de prendre des mesures pour *améliorer* le respect de la légalité socialiste. »

4. Cela sera exposé par Gorbatchev au plénum de janvier 1987. *Cf. Pravda*, 28-11-1987 ; et aussi l'article de Sokoloff, « Bandokratiia », in *Literaturnaia Gazeta*, n° 33, 1988, p. 12.

5. Les « russophones » seraient passés d'un million en 1970 à cinquante-cinq millions dix ans plus tard.

6. *Pravda*, 1-11-1983 et 23-12-1983.

7. *Pravda*, 28-2-1986 (interview d'Usman Khodjaev), et *Pravda Vostoka*, 7-6-1986 (annulation du décret de décembre 1983 honorant Rachidov).

8. *Pravda*, 2-4-1987 et 25-4-1987, où il est souligné que les Ouzbeks sont incapables de réduire la corruption.

9. Likhanov (D.), in *Ogoniok* n°ˢ 1 à 4, 1989, pp. 25 à 30 ; 28-31 et 18-23, et *Ogoniok*, n° 29, 1988, pp. 20 à 23, sur Rachidov.

10. *Moskovskie Novosti*, n° 14, 3-4-1988 (enquête de Gdlian).

11. *Literaturnaia Gazeta*, 10-6-1987.

12. Nekritch (A.), *Nakazannye Narody*, New York, 1978.

13. *Literaturnaia Gazeta*, 12-8-1987.

14. *Pravda Vostoka*, 14-7-1985.

15. Dans la *Pravda* du 7-6-1985, Usubaliev fait le procès des malversations en Kirghizie.

16. *Pravda*, 22-7-1985, où est critiquée la situation au Kazakhstan.

17. *Pravda*, 9-2-1986, contre Kunaev.

18. *Izvestia*, 7-9-1986.

19. *Narodnoe Khoziaistvo S.S.S.R.*, *1922-1982*, Moscou, 1982, p. 33.

20. *Natsional'nyi sostav naseleniia*, Moscou, « Finansy i statistika », II, p. 68, cité plus loin.

21. En juin, la région de Taldy-Kurgan, à peuplement en majorité kazakh, est placée sous l'autorité d'un Russe, *Natsional'nyi sostav...* et *Pravda*, 21-9-1989, p. 2.

22. *Cf.* Kolbin, dans la *Pravda* du 10-3-1987, sur les mesures prises pour « épurer » la république.

CHAPITRE III

1. *Cf. L'Archipel du Goulag*, Paris, Seuil, 1975, t. III, pp. 434-440.

2. *Tass.*, 19-2-1986 ; *Literaturnaia Gazeta*, 14-1-1987 ; *Argumenty i Fakty*, n° 16, 1987.

3. Ceci est mis en doute par les Kazakhs, *Izvestia*, 8-6-1989 (Mukhtar

Sakarov au Congrès des députés du peuple) ; sur la nomination d'une commission d'enquête, *Izvestia*, 15-11-1989, et *Literaturnaia Gazeta*, n° 51, 1989.

4. *Komsomol'skaia Pravda*, 7-1-1987 (« hooligans »), et 16-1-1987 (« provocations »).

5. *Pravda*, 22-7-1986 (éloge de Kolbin), et 9-2-1986 (contre Kunaev).

6. *Pravda*, 11-1-1987.

7. Tableau compilé à partir de : *Itogi vsesoiuznoi perepisi naseleniia, 1959 g.*, Moscou, 1962-1963 ; *Itogi... 1970 g.*, *Narodnoe Khoziaitvo S.S.S.R., 1922-1982, op. cit.*, p. 35, *Natsional'nyi sostav, op. cit.*, p. 68.

8. Wild (G.), *Économies nationales*, pp. 5 à 20 (les informations économiques données ici ont pour source G. Wild).

9. *Ibid.*, p. 18.

10. *Pravda*, 21-1-1987, éditorial dirigé contre le nationalisme et les désordres publics.

11. *Pravda*, 12-6-1987 et 16-7-1987.

12. Sur le sort de cette communauté, *cf. Argumenty i Fakty*, n° 22, 1986, p. 3.

13. *Kazakhstanskaia Pravda*, 12-6-1987.

14. *Kazakhstanskaia Pravda*, 9-2-1987.

15. *Natsional'nyi sostav..., op. cit.*, p. 68.

16. Les accusations croisées revêtent une force particulière au début de 1987, quand le C.C. du P.C. kazakh accuse l'écrivain Suleimanov, connu pour ses prises de position nationalistes et son prestige auprès de la jeunesse, d'avoir montré de l'indulgence pour une affaire de corruption et d'avoir participé à la préparation d'un film hagiographique sur Kunaev. Cette polémique témoigne d'une volonté de mêler nationalisme kazakh et corruption. *Cf. Kazakhstanskaia Pravda*, 15-3-1987.

17. *Naselenie S.S.R.R., 1988*, Moscou, 1989, pp. 26-28.

18. *Kazakhstanskaia Pravda*, 6-5-1987, et *Pravda*, 11-2-1987, article de Esilbaev (T.).

19. Aitmatov (T.), in *Literaturnaia Gazeta*, 13-8-1986.

CHAPITRE IV

1. Ter Minassian (A.), *La République d'Arménie*, Bruxelles, 1989, pp. 129 et 259-262. *Dossier Karabakh. Faits et documents sur la question du Haut-Karabakh, 1918-1989*, Paris-Cambridge, 1988

2. *Natsional'nyi sostav..., op. cit.*, p. 80.

3. Soljénitsyne (A.), *Lettre aux dirigeants de l'Union soviétique*, Paris, 1974, pp. 11, 23, 32.

4. « Opasnye goroda », *Trud*, 3-6-1989.

5. Entretien avec M. Feshbach, Washington, 25-4-1990. (En 1986, un document du samizdat indiquait que le nombre d'enfants mentalement déficients avait quintuplé, et celui des cancers quadruplé). Et *Naselenie S.S.R.R.*, *op. cit.*, pp. 678 et 684.

6. *Natsional'nyi sostav...*, *op. cit.*, pp. 78-79.

7. *Glasnost'*, n°s 10 et 11, 1987 ; *Literaturnaia Gazeta*, 24-6-1987.

8. Texte publié à Erevan et à Bakou : *Komunist*, 27-2-1988 ; *Bakinskii rabotchi*, 27-2-1988.

9. *Komsomol'skaia Pravda*, 21-2-1988.

10. Mouradian (C.), *De Staline à Gorbatchev. Histoire d'une république soviétique, l'Arménie*, Paris, 1990, p. 431.

11. *Izvestia*, 25-3-1988.

12. *Pravda*, 21-3-1988 et 24-3-1988 (résolution du Soviet suprême).

13. *Pravda*, 10-6-1988.

14. *Pravda*, 20-7-1988 (réunion du Soviet suprême). *Izvestia*, 17 et 19-6-1988 (votes des soviets d'Arménie et d'Azerbaïdjan).

15. Publié le 25-11-1988 par une revue littéraire azérie et édité en document ronéoté en russe (ce que j'ai pu utiliser) et en azéri.

16. *Vedomosti Verkhovnogo Soveta S.S.S.R.*, n° 49, 1988. (Une utile traduction dans *Les Institutions de l'U.R.S.S.*, P. Gélard éd., Paris, D.F., 1989, pp. 39-43.

17. *Trud*, 21-1-1989, déclaration du major général Kolomintsev.

18. *Izvestia*, 2-6-1989.

19. *Moskovskie Novosti*, n° 39, 1989, p. 2.

20. *Izvestia*, 9-10-1989 ; *Komsomol'skaia Pravda*, 12-10-1989.

21. Le Congrès a eu lieu à Erevan les 4 et 5 novembre 1989 en présence de 400 délégués. *Cf.* Mouradian, *op. cit.*, pp. 452-455.

22. *Izvestia*, 20-10-1989 : « Les chemins de fer ne doivent pas être des moyens de chantage dans les conflits interethniques. »

23. Le 4 janvier, en dépit de réactions négatives sur le terrain, le Soviet suprême d'U.R.S.S. nomme Vladimir Foteev président de la Commission de contrôle.

24. *Pravda*, 11-1-1990, inconstitutionnalité des décisions arménienne et azérie.

25. *Komsomol'skaia Pravda*, 18-1-1990.

26. *Pravda*, 16-1-1990 (Karabakh) et 20-1-1990 (Bakou).

27. *Izvestia*, 8-2-1990.

28. Communiqué *Tass* du 19-1-1990.

29. *Cf.* le témoignage de Gari Kasparov : *Moskovskie Novosti*, n° 14, 28-1-1990, p. 9 ; et dans le même numéro, p. 8 : « Bakou : Tcho dal'che ».

30. *Radio Liberty Report on the U.R.S.S.*, n° 35, 1-9-1989, pp. 30-31.

31. *Ibid*, n° 35, pp. 29 à 32.

32. *Moskovskie Novosti*, p. 4, 1990, p. 9 : « Armeniia — tretiia blokada »

33. « Bakinskii Sindrom », in *Moskovskie Novosti,* n° 9, 4-3-1990, p. 13.

CHAPITRE V

1. *Natsional'nyi sostav...,* op. cit., pp. 71 et 73-75.
2. *Ibid.,* p. 73.
3. *Revoliutsiia i natsional'nosti,* n° 61, mars 1935, p. 51.
4. Nekritch (A.), *Nakazannye Narody, op. cit.*
5. *Sur l'origine de la confrontation, cf.,* dans le journal informel *Referendum,* Moscou, n° 26, 1-15 février 1989, pp. 9 à 12, l'enquête de E. Edelkhanov.
6. *Zaria Vostoka,* 19-2-1989.
7. *Zaria Vostoka,* 25 et 26-2-1989.
8. *Natsional'nyi sostav...,* op. cit., p. 71.
9. *Izvestia,* 10-4-1989.
10. *Referendum,* n° 31, 18-4-1989, l'article de Galina Kornilova, et *Reuters,* 10-4-1989.
11. *Izvestia,* 12-4-1989.
12. Les *Izvestia* et la *Pravda,* 12-4-1989, soulignent le retour au calme. A l'inverse, la *Krasnaia Zvezda* du 11-4-1989 insiste sur la persistance des tensions.
13. « Zakliutchenie Komissii Verkhovnogo soveta Gruzinskoi S.S.S.R. po rassledovaniiu obstoiatel'stv imevchikh mesto 9 Aprelia 1989 g.v. gorode Tbilissi », publié dans *Zaria Vostoka,* 5-10-1989, et le rapport de la commission Sobtchak, « O. Sobytiiakh V. gorode Tbilissi », 29-12-1989. *Cf.* aussi le dialogue Sobtchak-Ligatchev in *Ogoniok,* n° 10, 1990, pp. 26-27.
14. *Zaria Vostoka,* 15-4-1989.
15. *Zaria Vostoka,* 25-4-1989.
16. *Ogoniok,* n° 11, mars 1990, p. 6.
17. *Ibid.,* p. 5.
18. *Cf.* l'interview d'Eltsine in *Sovetskaia Estonia,* 20-2-1990.
19. *Zaria Vostoka,* rapport de la commission Chaugoulidzé, 5-10-1989, pp. 2-4.
20. *Kommunisti,* 18-5-1989.
21. *Cf.* le reportage de I. Rost publié par *Referendum,* n° 30 ; Kornilova, *ibid.,* n° 31 ; et le supplément non daté de *Russkaia Mysl',* « Gruziia na stranitsah nezavisimoi petchati ».
22. *Ogoniok,* texte cité, n° 11, 1990, p. 6.
23. Le 30 mai, devant le Congrès des députés du peuple, les Géorgiens demandent, outre la démission de Rodionov et de Nikol'ski, deuxième secrétaire du P.C. de Géorgie, la suppression pure et simple du poste de deuxième secrétaire russe, « satrape de Moscou ».

24. Les rapports Sobtchak et Chaugoulidze, *op. cit.*, le confirment pleine-ment. *Cf. aussi : Ogoniok*, n° 10, 1990, pp. 26-27.

25. *Cf.* l'article du général Chataline, *Krasnaia Zvezda*, 3-4-1990.

26. *Moskovskie Novosti*, n° 37.

27. Sur le problème des armes en Géorgie, *cf. Moskovskie Novosti*, 8-7-1990, p. 2. Et « Patrony navynos », *Izvestia*, 19-8-1987 ; *Pravda*, 26-7-1990.

28. *Izvestia*, 17 et 20 juillet 1989.

29. *Zaria Vostoka*, 30-9-1989.

30. *Natsional'nyi sostav*, *op. cit.*, pp. 3-4 ; 71 et 76.

31. *Zaria Vostoka*, 2-12-1989.

CHAPITRE VI

1. *Komsomol'skaia Pravda*, 12-5-1989.

2. *Pravda*, 8-6-1989 et 9-6-1989.

3. *Pravda*, 12 et 13-6-1989 ; *Krasnaia Zvezda*, 11-6-1989.

4 *Pravda*, 21-6-1989.

5. *Izvestia*, 23-6-1989.

6. *Pravda*, 25-6-1986.

7. *Komsomol'skaia, Pravda*, 10-7-1990.

8. *Izvestia*, 15-2-1990. Et, pour un tableau général des événements au Tadjikistan depuis 1985, *Sotsialistitcheskaia Industriia*, 18-1-1989.

9. *Komsomolskaia Pravda*, 12-6-1989 : « Les violences sont dues, entre autres causes, à la drogue. »

10. Déclaration du général Chataline, responsable des forces du M.V.D., *Sel'skaia Jizn'*, 11-6-1989.

11. *Izvestia*, 20-1-1990.

12. *Stroitel'naia Gazeta*, 11-6-1989.

13. *National'nyi sostav*, *op. cit.*

14. *Natsional'nyi sostav*, *op. cit.*, p. 70.

15. Leur nombre est imprécis, car ils ne sont pas recensés comme tels.

16. « L'Ouzbékistan est un paradis pour vous, comparé à la situation ethnique que vous trouveriez chez nous ! » (Goumbaridzé à une délégation de Meskhes.)

17. Chechko (V.), in *Sovetskaia Etnografiia*, juin 1988, pp. 5-6.

18. *Nastional'nyi sostav...*, *op. cit.*, p. 92.

19. *Cf.* le discours du président de l'Union des écrivains tadjiks au plénum de l'Union des écrivains de l'U.R.S.S., *Literaturnaia Gazeta*, 9-3-1988.

20. Les Tatars de Crimée constituent un autre exemple de ces imbroglios territoriaux. Leur république, supprimée après leur déportation, a été rattachée à l'Ukraine. En 1987, une commission présidée par Andreï Gromyko a été créée pour étudier le problème de leur retour, qui supposait la restauration

d'une république autonome, donc l'amputation du territoire ukrainien. Le 9 juin, un communiqué laconique annonçait que la commission avait rejeté leur demande. *Cf. Pravda*, 9-6-1988.

21. Konstantinov, in *Pravitel'stvenny'i vestnik*, n° 29 (55), 1990, p. 12.

22. Le procès du bloc des « droitiers et des trotskystes » antisoviétiques, compte rendu sténographique des débats (du 2 au 3 mars 1938). Moscou 1938, pp. 239-240, interrogatoire de Faizullah Khodjaev.

23. « Aral ugrojaet planete », *Sotsialistitcheskaia Industria*, 20-6-1989 ; sur le lien avec la mortalité infantile et les malformations de nouveau-nés, *Cf. Literaturnaia Gazeta*, 27-1-1988, p. 2, *Ogoniok*, n° 13, 1988, p. 26 et *Moskovskie Novosti*, n° 26, 1990, p. 26.

24. *Sovetskaia Kirghizia*, 7-6-1989, cité in *R.L.-R.F.E. : Report on the U.S.S.R.*, 14-6-1989, p. 18.

25. Achirov, *Musulmanskaia propoved*, Moscou, 1978, p. 75.

26. « Kremlin orders special flights for Mecca Trips », *New York Times*, 24-4-1990. Et *Ogoniok* n° 6, 1990 (Muphti Muhammad Yussuf).

27. Interview de Khartchev, in *Nauka i religiia*, n° 11, 1987, pp. 21-23.

28. La consommation de drogue a presque doublé entre 1985 et 1990. *Sotsialnoe razuitie i uroven' jizni naseleniia*, Moscou, 1989, p. 145.

29. *Naseleniie S.S.S.R.*, *op. cit.*, pp. 665-666.

30. Tsipko (A.), *Rodina*, n°ˢ 2 et 3, 1990.

CHAPITRE VII

1. Migranian (A.) in *Voprosy Filosofii*, 8-1987, pp. 78-80 et Gorbatchev au plénum du 5-2-1990, *Pravda*, 8-2-1990.

2. Kurachvili (B.), « Aspekty perestroïki », in *Sovetskoe Gosudarstvo i Pravo*, 12-1987, p. 4.

3. Interventions des écrivains nationaux aux plénum de l'Union des écrivains de l'U.R.S.S., 27-28 avril 1987, *Literaturnaia Gazeta*, 29-4 et 6-5-1987, *Russkaia Mysl'*, 11-3-1988, p. 4.

4. *Literaturnaia Gazeta*, n° 38, 1988, p. 1.

5. Programme de télévision *Vremia*, 23-6-1988 ; et « Documents. The May Baltic Assembly », *Nationality Papers*, fall 1989, pp. 242-259.

6. *Pravda*, 26, 27, 28-12-1988 ; *Izvestia*, 26-12-1988.

7. Sondages et commentaires de M. et A. Kirch de l'Académie des sciences d'Estonie - publiés par *Nationality Papers*, *op. cit.* pp. 171 à 177.

8. *Rodnik*, n° 12 (24), décembre 1988. Document non paginé : « Otkrytoe pismo russko — iazytchnomu naseleniu Litvy ».

9. Nahaylo (B.), *R.L. Research*, 10-10-1988, et, du même, in *R.L. Report on the U.S.S.R.*, 24-2-1989, pp. 15 à 17.

10. A Riga, l'Union démocratique de l'Estonie soviétique tient son congrès

le 28-1-1989 ; elle se prononce pour l'autodétermination des Baltes et la non-ingérence de Moscou dans le Caucase.

11. *Report on the U.S.S.R.*, nᵒˢ 12, 1989, pp. 24-27 ; 14, 1989, pp. 25-27 et 19, 1989, pp. 17-20.

12. *Krasnaia Zvezda*, 6-1-1989.

13. *Ogoniok*, nᵒ 47, 1988, p. 31.

14. *Pravda*, 1-7-1989.

15. *National'nyi sostav, op. cit.*, p. 62.

16. Conquest (R.), *The Harvest of Sorrow : Soviet Collectivization and the Terror Famine.* New York, 1986 ; Barka (V.), *Le prince jaune*, Paris 1981, 364 p. ; *Sotsiologitcheskie issledovaniia*, 6-1990, sur le recensement de 1937 et les conséquences de la famine.

17. *Cf.* l'éloge qu'en fait Gorbatchev lors de sa mise à la retraite. *Pravda*, 30-9-1989.

18. *Pravda*, 15-9-1989. Fondation du RUKH et son programme, document ronéoté, s.l., s.d., 8 pages.

19. Du nom de Stepan Bandera qui commanda la résistance ukrainienne à la soviétisation de l'Ukraine occidentale.

20. *Komsomol'skaia Pravda*, 24-9-1989 ; *Pravda*, 30-9-1989 ; *Krasnaia Zvezda*, 7-10-1989.

21. Interview de I. Pakaltchuk, in *R.L. Report on the U.S.S.R.*, nᵒ 47, 13-10-1989, pp. 27-31.

22. Avec 218 891 habitants en 1989 (258 000 en 1979), les Polonais viennent en cinquième position en Ukraine. *Cf. Natsional'nyi sostav...*, *op. cit.*, p. 61.

23. *Moskovskie Novosti*, nᵒ 26, 1-7-1990, pp. 6 7 (A. Mikhadze, G. Javoronkov).

24. *Ogoniok*, nᵒ 49, décembre 1989, p. 21, pleine page consacrée à Solih, poète.

25. Faline (V.), *Izvestia*, 21-8-1989.

26. 14 des 33 membres de la Commission sont pour. Le très libéral A. Iakovlev n'a pas signé le document. *Cf.* son interview, *Pravda*, 18-8-1989.

27. Commentaires : *Pravda*, du 23 au 25 août 1989, sur « les germes de division » laissés par les manifestations, et *Krasnaia Zvezda*, 3-9-1989.

28. Joukov (I.), *Pravda*, 2-9-1989.

29. Même un journal aussi conservateur que *Sovetskaia Rossiia* (28-2-1989) s'est ému, durant la campagne électorale, que des districts entiers soient condamnés à la candidature unique.

30. *Vedomosti Verhovnogo soveta S.S.S.R.*, nᵒ 49, 1988.

31. Loi du 18-1-1989, texte dans *Sovetskaia Estonia*, 22-1-1989.

32. Loi du 25-1-1989, texte dans *Sovetskaia Litvia*, 26-1-1989.

33. Loi du 5-5-1989, texte dans *Sovetskaia Litvia*, 7-5-1989.

34. Loi du 1-9-1989, *Pravda*, 28 et 29-8 et 3-9-1989.

35. D'où le 24 juin 1990 la journée « Frontière ouverte » organisée par les Moldaves et les Roumains pour marquer le 50ᵉ anniversaire de l'annexion de la Bessarabie à l'U.R.S.S.

36. *Pravda*, 21-7-1989 ; voir Tchebrikov (V.), *Kommunist*, n° 8, 1989.

CHAPITRE VIII

1. XIXᵉ conférence du P.C.U.S. Cité par le général d'armée N. Popov, *Partiinaia Jizn'*, n° 2, 1989, pp. 61-65.

2. Ibragimbeili « Natsional'nye formirovanie », *Sovietskaia Voennaia Entsiklopediia*, vol. V, Moscou, 1978, p. 522 ; et Ichmaev (N.), *Sovetskaia armiia, armiia drujby narodov*, Moscou, 1955, p. 56.

3. « Les organisations du Parti de république, de territoire, de région... et leurs comités se guident, dans leurs activités, sur le programme et les statuts du P.C.U.S. Ils procèdent dans la république, région..., à tout le travail de mise en œuvre du Parti et organisent l'exécution des directives du C.C. du P.C.U.S. ». *Statuts du Parti*, chapitre V, art. 45.

4. La difficulté tient à l'usage du mot « souveraineté ». Le substantif « souveraineté » s'applique dans la Constitution à l'U.R.S.S. et définit l'État soviétique (article 75). Les républiques n'ont droit qu'à l'adjectif « souverain ». (État, droits, article 76 et 81). Constitution de 1977, vocabulaire inchangé en 1988 et en 1990.

5. *Cf.* l'article de A. Tchoubarian, directeur de l'Institut d'histoire mondiale de l'Académie des sciences de l'U.R.S.S., in *Izvestia*, 1-7-1989 ; celui de V.M. Kulich, *Komsomol'skaia Pravda*, 24-8-1988 ; et la création de la Commission d'enquête du Congrès, *Izvestia*, 3-6-1989.

6. *Sovetskaia Estoniia*, 17-11-1988 ; *Sovetskaia Litva*, 19-5-1989 ; *Sovetskaia Latvia*, 29-7-1989.

7. *Pravda*, 17-8-1989.

8. *Sovetskaia Estoniia*, 6-10-1989.

9. Cela n'empêche pas Gorbatchev d'émettre de grandes réserves sur les projets baltes d'autonomie économique, lors du plénum du C.C. du P.C.U.S. de septembre 1989, *Pravda*, 20-9-1989.

10. Le texte a paru dans *Bakinskii Rabotchi*, 5-10-1989.

11. Le professeur Tamaz Chaugulidzé a présenté un projet détaillé de cette autodétermination par étapes.

12. *Zaria Vostoka*, 21-3-1990.

13. Résolution votée par le Congrès du P.C. moldave le 18-5-1990, *cf. Tass*, 19-5-1990.

14. Interview du colonel Borodin, *Soiuz*, n° 4, 22 et 28-1-1990, p. 6.

15. Général Popov, *Partiinaia Jizn'*, n° 2, 1989, pp. 61-65.

16. Wimbush (E.), Alexeiev (A.), *The Ethnic Factor in the Soviet Armed Forces,* Santa Monica, 1983, 13 p..

17. *Krasnaia Zvezda,* 22-12-1989, p. 2, *Komsomol'skaia Pravda,* 13-4-1989.

18. *Krasnaia Zvezda,* 2-4-1988, p. 2.

19. Iazov (général) in *Krasnaia Zvezda,* 22-9-1989, p. 2. Parfenov (général-major) in *Krasnaia Zvezda,* 13-10-1989, p. 2.

20. Poliakov (J.) in *Iounost',* n° 11, 1987, pp. 46-48. Jakoubov et Poulatov in *Ogoniok,* 10-3-1990, p. 20.

21. *Pravda,* 15-9-1985 ; *Komsomol'skaia Pravda,* 15-6-1987 ; Dolgikh (A.), « Chkola internatsionalizma i drujby », *Agitator,* n° 3, 2-1988, pp. 17-20 ; *Krasnaia Zvezda,* 13-9-1989, p. 1 (V. Moroz).

22. *Homeland,* 4-4-1990 : 105 jeunes Estoniens ont demandé l'asile politique pour échapper au service militaire.

23. Landsbergis (V.) : « In Lituania, we regard soviet forces as an army of occupation », *International Herald Tribune,* 22-8-1989.

24. *Zaria Vostoka,* 8-6-1986.

25. Iazov (D.), in *Krasnaia Zvezda,* 7-3-1989, p. 2 ; Lizytchev (général), in *Kommunist,* n° 3, 1989, pp. 16-17 ; Moiseev (général), in *Krasnaia Zvezda,* 10-2-1989, p. 1 ; et *Pravda,* 16-4-1989 : « Voprosy Kvoennym. »

26. Kuzmin (général), in *Krasnaia Zvezda,* 16-3-1989, p. 6 ; et *Krasnaia Zvezda,* 26-2-1989, p. 2.

27. Interview du colonel Durnev, *Argumenty i Fakty,* n° 8, 1990.

28. *Moskovskie Novosti,* 18-3-1990, p. 1, sondage effectué à l'échelle fédérale sur 2 896 personnes.

29. *Pravda,* 20-9-1989.

30. C'est cette bataille contre la tendance fédéraliste de ses collègues du Caucase qui le rapproche de Staline en 1913. Il lui confia le soin d'écrire *Le Marxisme et la Question nationale,* publié en deux livraisons dans *Prosvechtchenie.*

31. Le lendemain, les congressistes qui avaient voté contre l'indépendance ont fondé l'Organisation lituanienne du P.C.U.S., instance dissidente dont on n'a guère entendu parler par la suite.

32. *Novosti,* 16-1-1990.

33. *Pravda,* 12 au 15-1-1990.

34. *Izvestia,* 16-1-1990.

35. *Cf.* les propos de I. Rechetov, responsable des problèmes humanitaires au ministère des Affaires étrangères, *Izvestia,* 28-3-1990.

36. *Tass,* 13-4-1990.

37. Interview à la B.B.C., citée par *R.F.E.-R.L. Daily Report,* n° 79, 24-4-1990.

38. *Cf.* intervention du colonel Petruchenko devant le Congrès des députés du peuple, *Izvestia,* 17-3-1990.

39. Les Estoniens agitent en échange la menace de réclamer la région de Petseri, située au sud-est de la république, qui fut annexée par la Russie en 1945 en raison d'un fort peuplement russe.

40. Les *Izvestia* du 30-4-1990 avaient publié les résultats d'un sondage effectué en Lettonie sur l'indépendance. 92 % des Lettons et 45 % des résidents en Lettonie se disaient favorables à la sécession.

41. Le Conseil des États baltes avait été créé par un traité signé à Riga le 12 septembre 1934 et avait donné aux Baltes une représentation à la S.D.N., où la Lettonie représenta les trois États.

42. *Cf.* l'étude de Mihailisko (K.), « For our freedom and yours. Support among Slavs fort Baltic Independence », *R.L. Report on the U.S.S.R.*, 25-5-1990, pp. 17-18.

43. *Cf.*, dans le même numéro, p. 16, Aslan (Y.), « Muslim support for Baltic Independence ».

44. *Natsional'nyi sostav, op. cit.*, p. 19.

45. C'est ce qu'expriment les nationalistes ukrainiens, tel l'écrivain Ivan Drach, l'un des fondateurs du RUKH, *cf. Literaturnaia Gazeta*, n° 15, 1990, p. 11.

46. Interview de Landsbergis, *Moskovskie Novosti*, n° 26, 1990, p. 7.

47. *Pravda*, 10-7-1990, p. 1, décret formant la délégation de l'U.R.S.S. à la négociation : 22 personnes dont le Premier ministre Ryjkov.

CHAPITRE IX

1. Sur le nationalisme russe, *cf.* Dunlop (J.), *The Faces of Contemporary Russian Nationalism*, Princeton, 1983, et *The New Russian Nationalism*, New York, 1985.

2. *Sovetskaia Rossiia*, 3-1-1986.

3. Maxime Gorki, « Sur la paysannerie russe », in *S.S.S.R. vnutrennie protivoretchiia* (V. Tchalidzé éd.), Tchalidzé Publications, 1987, p. 218.

4. Belov I., *Kanuny*, en français *Veilles*, Paris, 1985, 420 p.

5. Lettre publiée dans *Ogoniok*, n° 51, 1986, p. 11, cosignée par Iuri Bondarev.

6. Entretiens avec Murray Feshbach, Washington, 23-25-4-1990. Informations qui proviennent d'un livre de cet auteur à paraître prochainement.

7. Litvinova (G.), *Svet i teni progressa*, Moscou, 1989, pp. 251-252. Et Bromlei (I.), *Pravda*, 13-2-1987.

8. *Argumenty i Fakty*, n° 33, 1987. Cité par Litvinova, p. 252.

9. Litvinova, *op. cit.*, p. 269 et Bromlei, *art cit ;* et Tichkov (V.) in *Kommunist* n° 1, 1989, p.54.

10. Gorbatchev in *Pravda*, 28-1-1987.

11. Litvinova, *op. cit.* p. 253.

12. *Ogoniok*, n° 42, 1988, p... Lettre à l'éditeur du journal.

13. S. Averintsev, « Vizantiia i rus'. dva tipa dukovnosti », *Novyi Mir*, n° 3, 1988, pp. 210-221 ; et *Literaturnaia Gazeta*, 3-8-1988, p. 7, sur ce projet.

14. *Pravda*, 30-4-1988.

15. Un sondage de l'Institut de sociologie de l'Ac. des sciences de l'U.R.S.S. a demandé s'il fallait revenir aux noms pré-révolutionnaires des villes et des rues. De 77 % à 46 % de *oui*, *cf. op. cit.* p. 44, tableau 41, et interview de A. Sobtchak « bez diktatury », *Ogoniok*, n° 28, 1990, p. 3.

16. Voir les propos d'Averintsev in *Drujba narodov*, juin 1988, pp. 245-262, ou d'Alla Latynina, *Novyi Mir*, août 1988, p. 240.

17. Cité par Hammer (D.), « Glasnost' and the russian idea », *R.L.*, in *Russian Nationalism Today*, 19-12-1988, p. 15.

18. *Cf. Moskovskie Novosti*, 4-3-1990, p. 16, et les interviews de l'historien américain Stephen Cohen pour sa biographie de Boukharine.

19. *Nach Sovremennik*, n° 4, 1988, pp. 160-175, et sa polémique avec B. Sarrov, in *Literaturnaia Gazeta*, n° 10, 1989, p. 2..

20. Latynina (A.), « Kolokol'nyi zvon... ne molitva », *Novyi Mir*, août 1988, pp. 232-245.

21. *Ibid.*, p. 24, et débat avec S. Tchuprinin, *Literaturnaia Gazeta*, n°⁵ 14 et 17, 1989.

22. *Moskovskie Novosti*, 1-8-1988.

23. Andreieva (N), *Sovetskaia Rossiia*, 13-3-1988, p. 3. Voir aussi l'article de Prokhanov, *Literaturnaia Rossiia*, 6-8-1988.

24. *Cf.*, sur le développement du mouvement, l'article d'Anichtchenko, « Kto vinovat », *Glasnost'*, n° 15.

25. Tsipko, « Russkie ukhodiat iz rossii ? », *Izvestia*, 26-5-1990, p. 1 ; « Istoki stalinizma », in *Nauka i jizn'*, n°⁵ 11 et 12, 1988, et 1 et 2, 1989. Et « Neobhodimo potriasenie mysli », *Moskovskie Novosti*, n° 26, 1990, p. 3.

26. Ainsi du projet des « 500 jours » de Eltsine, *cf.* interview du vice-président du soviet de la RSFSR, R. Khasbulatov, *Moskovskie Novosti*, n° 28, 1990, p. 10.

27. Après sa nomination au Conseil, interrogé par *Literaturnaia Gazeta* sur sa contribution (la lettre des 74 écrivains) à un texte fortement antisémite, Raspoutine déclara que les formules en étaient excessives et malheureuses.

28. *Sovetskaia Rossiia*, 8 et 9, 9-1989, (sur le front).

29. *Literaturnaia Gazeta*, 13-6-1990, p. 2 ; *Moskovskie Novosti* n° 24, 1990, p. 4 ; *Argumenty i Fakty* n° 24, 1990, p. 5.

30. *Kommunist*, n° 15, 1986, p. 17.

31. « esli my pridem k vlasti », N. Andreieva, *Argumenty i Fakty* n° 22, 1990, p. 4.

32. Dunlop (J.), « The contemporary russian nationalist spectrum » in *Russian Nationalism Today, op. cit.* p. 9.

33. Loi électorale. *Sovetskaia Rossiia*, 2 et 3-11-1989.

34. Interview de N. Travkin, *Argumenty i Fakty*, n° 8, 1990, p. 8.

35. *Literaturnaia Rossiia*, n° 52, 1989, pp. 2 et 3.

36. *Pravda*, 25-3-1990 ; *Sovetskaia Rossiia*, 28-3-1990, *Trud*, 14-3-1990 ; et détail des votes de la première session, *Argumenty i Fakty*, n° 26, 1990, pp. 4 à 6.

37. Vlassov se retire le 25 mai puis revient dans la compétition parce que Polozkov qui lui a succédé, n'a pas réussi à battre Eltsine au premier tour.

38. « Dva pretendenta, dve programmy » *Izvestia*, 26-5-1990.

39. *Moskovskie Novosti*, n° 26, 1990, p. 2, et Popov (G.), *Ogoniok*, n° 10, 1990, pp. 4 et 5.

40. Déclaration sur la souveraineté de la Russie, 12-6-1990, *Argumenty i Fakty*, n° 24, 1990, p. 1. Décret sur le pouvoir en Russie, *Argumenty i Fakty*, n° 25, 1990, p. 1. Et sur le multipartisme, article 6 de la Constitution russe, adopté par 788 députés contre 32, et 17 abstentions. *Argumenty i Fakty*, n° 25, 1990, p. 2.

41. *Ogoniok*, n° 8, 1990, p. 5, et Egorov, *Moskovskie Novosti*, 9-1990, p. 14.

42. Sur les partis politiques : *Moskovskie Novosti*, n° 28, 1990, p. 8 et 9.

43. Tsipko (A.), *Izvestia*, 26-5-1990, p. 1.

44. Tsipko (A.), *Moskovskie Novosti*, n° 24, 1990, p. 6.

45. Nivat (G.) in *La Lettre internationale*, printemps 1990, p.24.

CHAPITRE X

1. Table ronde de *Voprosy Filosofii*, septembre 1988 ; discussion in *Vek XX i Mir*, n° 12, 1988.

2. *Vek XX i Mir*, *op. cit.*, pp. 10 à 13.

3. *Izvestia*, 22-10-1988 (projet).

4. Rapport du président du Soviet suprême d'Estonie, *Sovetskaia Estonia*, 17-11-1988.

5. *Sovetskaia Estonia, ibid.*

6. *Izvestia*, 3-12-1988 (texte final).

7. Après la révision constitutionnelle du 14-3-1990, c'est devenu l'article 124.

8. *Pravda*, 12-11-1988, (débat sur le « plénum national »).

9. « Natsionalnaia politika Partii v sovremennyh usloviiah », *Pravda*, 17-8-1989, et *Pravda*, 16-7-1989.

10. « Stepen Svobody », *Ogoniok*, n° 31, 1989, pp. 26-27.

11. Le vocabulaire russe ne connaît pas d'autre mot pour souveraineté que *Suverenitet*.

12. *Pravda*, 19-8-1989.

13. *Pravda*, 20-9-1989. Plénum : *Pravda*, 22-9-1989 et 24-9-1989, p. 1.

14. *Vek XX i Mir*, mars 1989, pp. 10 *sq.*

15. Entretien personnel avec G. Tarazevitch au Soviet suprême, 2-11-1989.

16. Le projet Abalkine a été combattu par le Soviet suprême à la fin de 1989. Pour Abalkine, la fédération ne peut survivre sans préserver une certaine propriété de l'Union dans certains secteurs clés.

17. *Pravda*, 6-2-1990.

18. Muksinov (I.), in *Sovetskoie Gosudarstvo i Pravo*, octobre 1989, pp...

19. Projet in *Pravda*, 6-3-1990 ; texte approuvé par le Congrès in *Pravda*, 16-3-1990.

20. Conférence de presse, Paris, 11-3-1990 (dans les locaux des éditions Calmann-Lévy). Interview dans *Argumenty i Fakty*, n° 9, 1990, p. 4, « ia vse taki optimist ». Sur la confiance : Popov (N.) in *Ogoniok*, n° 7, 1990, pp. 2 à 5.

21. Rapport de B. Gidaspov, président de la Commission des mandats, *Izvestia*, 26-5-1989.

22. *Pravda*, 7-4-1990.

23. *Pravda*, 4-8-10-6-1989.

24. *Izvestia*, 10-6-1989, p. 2.

25. Article 127-4 de la loi du 14 mars 1990,

26. Composition du conseil présidentiel, *Izvestia*, 25-3-1990, p. 1.

27. *Literaturnaia Gazeta*, n° 14, 1990, p. 1.

28. Tadevosian, in *Kommunist*, n° 6, 1990.

CHAPITRE XI

1. *Pravda Vostoka*, 25-11-1989.

2. *XXII s'ed Kommunistitcheskoi Partii Sovestokogo Soiuza*, Moscou, 1961, pp. 362 et 402.

3. Tableau compilé à partir des recensements de 1959, 1970, 1979, et *Natsional'nyi sostav, op. cit.*, pp. 3, 5, 59, 62, 64, 68, 71, 77, 81, 83, 85, 87, 90, 93, 94, 96 et 97.

4. *Cf.*, par exemple, Critchlow (J.), in *R.L. Report on the U.S.S.R.*, 18-5-1990, pp. 8-9.

5. Analysé par A. Sheehy, *R.L. Report on the U.S.S.R.*, 4-2-1989, p. 2.

6. *Natsional'nyi sostav, op. cit.*, pp. 97-98, et *Naselenie S.S.S.R., op. cit.*, pp. 106-108.

7. *Ibid.*, p. 97.

8. *Cf.* Girenko in *Pravda*, 30-11-1989, qui souligne la difficulté de restaurer un État tatar.

9. « Och, nacha tragediia », *Moskovskie Novosti*, n° 24, 1990, pp. 1 et 5.

10. *Izvestia*, 25-8-1989.

11. *Cf.* dans *Pravda*, 20-9-1989, l'intervention de N. Gellert au « plénum

national » sur l· problème du territoire allemand. Et *Moskovskie Novosti*, n°
24, 1990, p. 11

12. *Natsional'nyi sostav, op. cit.* A noter qu'à côté de la rubrique « Juifs » à
laquelle correspondent ces chiffres, on retrouve dans la même page des
rubriques inexistantes dans le passé : « Juifs de la Montagne » (Daghestan
probablement), 9 389 en 1979 et 19 516 en 1989 , Juifs géorgiens : 8 455 en
1979 et 16 123 en 1989, et Juifs d'Asie centrale 28 308 en 1979 et 36 568 en
1989.

13. *Natsional'nyi sostav, op. cit.*, p. 40.

14. « Tchernobyl soverchenno Sekretno », *Oppozitsia* (publié à Tartu), n° 1,
(7) janvier 1990, pp. 5 et 8.

15. *Moskovskie Novosti*, n° 5, 1990, p. 4 ; et n° 26, 1990, p. 6. *Ogoniok*,
n° 52, 1989, p. 5, lettre d'un lecteur de Tchimkent.

16. *Cf.* dans *Ogoniok*, n° 28, 1990, p. 4, la proposition d'un lecteur de verser
les cotisations du Parti communiste à un fonds d'aide aux réfugiés.

17. *Moskovskie Novosti*, n° 26, 1990, p. 6, résultat d'un sondage effectué à
Moscou où 56 % des habitants ne veulent pas accueillir de réfugiés.

18. *Ibid.*

19. *Intelligentsia o sotsial'no polititcheskoi situatsii v strane, op. cit.*, p. 43,
tableau 39. Pour la majorité des sondés le problème national préexiste à la
Glasnost'.

CONCLUSION

1. *Sovetski narod. Novaia istoritcheskaia obchtchnost'liudei.* Moscou 1975,
520 pp. *Cf.* la bibliographie consacrée au peuple soviétique et à l'amitié des
peuples.

2. *Izvestia*, 24-7-1990, p. 2. *Ogoniok*, n° 28, 1990, p. 4, lettre du soldat
Avilov.

3. Débat Travkin-Amsbartsumov, *Moskovskie Novosti*, n° 11, 1990, p. 9.
Entretien Burlatski Chmelev, *Literaturnaia Gazeta*, n° 29, 1990, p. 3.

4. *Pravitel'stvennyi Vestnik*, n° 28, 1990, p. 3.

5. Le Comité pour la défense et la sécurité de l'État du Soviet suprême de
l'U.R.S.S. a procédé à des auditions sur les meurtres d'officiers : *Krasnaia
Zvezda*, 13-6-1990, p. 1.

6. A la question : « Pour régler les conflits nationaux dans une république,
faut-il décréter l'état de siège ? », la majorité des sondés toutes catégories
sociales confondues a répondu négativement (moyenne 60 %). *Intelligentsia o
sotsial'no polititcheskoi situatsii v strane, op. cit.*, p. 43, tableau 40.

Indications bibliographiques

Cet ouvrage consacré à une période récente et troublée est fondé essentiellement sur les publications soviétiques. On ne reprendra pas ici la bibliographie qui figure dans les notes ; seules quelques sources et publications récentes sont indiquées.

Principaux journaux et revues consultés

Pravda.
Izvestia.
Krasnaia Zvezda.
Komsomolskaia Pravda.
Sovetskaia Estonia.
Zaria vostoka.
Kazakhstanskaia Pravda.
Bakinskii rabotchii.
Sovetskaia Rossiia.
Vedomosti verkhovnogo soveta S.S.S.R.
Literaturnaia Gazeta.
Moskovskie Novosti.
Argumenty i Fakty.
Pravitelstvennyi vestnik.

Ogoniok.
Novyi Mir.
Kommunist.
Izvestia tsk K.P.S.S.
Voprossy istorii K.P.S.S.
Oktiabr'.
Nach sovremennik.

Ouvrages de références — annuaires

Natsional'nyi sostav naseleniia, Moscou, 1989, tchast'II.
Naselenie S.S.S.R., 1987. Statistitcheskii spravotchnik, Moscou, 1988.
Naselenie S.S.S.R., 1988. Statistitcheskii ejegodnik, Moscou, 1989.
Slovari natsional'nosteii i iazykov, Moscou, 1988.
Narodnoe Khoziaistvo S.S.S.R., 1922-1982, Moscou, 1982.
Narodnoe Khoziaistvo S.S.S.R., 1983 à 1989, Moscou (annuaire annuel).
Narodnoe Khoziaistvo S.S.S.R., Za 70 let, Moscou, 1987.
Narodnoe obrazovanie i kultura v S.S.S.R., Moscou, 1989.
S.S.S.R., administrativno-territorial' noe delenie soiuznykh respublik, Moscou, 1987.
Materialy XXVII s'ezda K.P.S.S., Moscou, 1986.
Materialy plenuma tsk K.P.S.S., 27-28 ianv. 1987, Moscou, 1987.
Materialy XIX vsesoiuznoi konferentsii. Kommunistitches koi partii sovetskogo soiuza it stenografitcheski i otchet, Moscou, 1988, 2 vol.
Narodnyi Kongress. Sbornik materialov Kongressa narodnogo fronta Estonii 1.2. oct. 1988, Tallin, 1989.

GORBATCHEV (M.), *Perestroïka, New Thinking for our Country and the World,* New York, 1987, éd. française, Paris, Flammarion, 1987.

ELTSINE (B.), *Jusqu'au bout,* Calmann-Lévy, Paris, 1990.

Ouvrages sur l'U.R.S.S. de Gorbatchev

KERBLAY (B.), *Gorbatchev's Russia,* New York, 1989.

MARIE (N.), *Le Droit retrouvé. Essai sur les droits de l'homme en U.R.S.S.,* Paris, 1989.

MEDVEDEV (J.), *Gorbatchev,* Londres, 1986.

MURARKA (D.), *Gorbatchev,* Paris, 1987.

NOVE (A.), *Glasnost' in Action. Cultural Renaissance in Russia,* Londres, 1989.

ROMANO (S.), *La Russia in Bilico,* Bologne, 1989.

TATU (M.), *Gorbatchev, l'U.R.S.S. va-t-elle changer?* Paris, 1987

THOM (F.), *Le Moment Gorbatchev,* Paris, 1989.

Ouvrages récents sur les problèmes nationaux

Hérodote, « Géopolitique de l'U.R.S.S. », n° 47 ; « Les marches de l'U.R.S.S. », n° 54.

RADVANYI (J.)., *L'U.R.S.S. : régions et nations,* Paris, 1990.

ALEXEIEV (H.) et WIMBUSH (E.), *Ethnic Minorities in the Red Army : Asset or Liability?* Boulder Co., Londres, 1987.

BIALER (S.), éd., *Politics, Society, and Nationality inside Gorbatchev's Russia,* Boulder Co., Westview Press, 1989.

BILINSKY (J.), *A Successful Perestroïka in Nationality Relations,* New York, à paraître en 1990.

CONQUEST (R,), *The Last Empire : Nationality and the Soviet Future*, Standford, 1986.

ENLOE (C.), *Police, Military and Ethnicity : Foundations of State Power*, Londres, 1980.

KARKLINS (R.), *Ethnic Relations in the U.S.S.R. : the perspective from below*, Boston, 1986.

MOTYL (A.), *Will the Non-Russian Rebell ? State, Ethnicity and Stability in the U.S.S.R.* Ithaca, Londres, 1987.

MOURADIAN (C.), *De Staline à Gorbatchev. Histoire d'une république soviétique, l'Arménie*, Paris, 1990.

RYWKIN (M.), *Moscow's Muslim Challenge*, New York, 1988.

TER MINASSIAN (A.), *La République d'Arménie*, Bruxelles, 1989.

WIZNIEWSKA (I.), *Paroles Dégelées. Ces Lituaniens qu'on disait soviétiques*, Paris, 1990.

L'Église en Ukraine. De la contrainte à la liberté, Paris, 1989, Publications Istina.

Sur la nation

ARMSTRONG (M.), *Nations before Nationalism*, Chapel Hill N.C., 1982.

BROMLEI (I. V.), *Sovremennye etnitcheskie protsessy V. S.S.S.R.*, Moscou, 1975 et, du même auteur : *Etnosotial'- nye protsessy i teoriia, istoriia, sovremennost*, Moscou, 1987.

DEUTSCH (K.), *Nationalism and Social Communication.* New York, 1966 (2ᵉ éd.).

GELLNER (E.), *Nations and Nationalism*, Oxford, 1983, éd. française, Paris, 1989.

SETON WATSON (H.), *Nations and States*, Londres, 1977.

Index

[On a omis, dans cet index, Gorbatchev, Lénine, Staline, ainsi que les Fronts populaires qui font l'objet d'un chapitre spécial.]

A

B

Table

Table 431

Composition réalisée par C.M.L., Montrouge
Achevé d'imprimer en décembre 1990
sur presse CAMERON
dans les ateliers de la S.E.P.C.
à Saint-Amand-Montrond (Cher)
pour le compte de la librairie Arthème Fayard
75, rue des Saints-Pères — 75006 Paris

Dépôt légal : décembre 1990.
N° d'Édition : 1516. N° d'Impression : 2935.
35.57.8211.06
ISBN 2.213.02439.1
Imprimé en France